权威·前沿·原创

皮书系列为
"十二五""十三五""十四五"时期国家重点出版物出版专项规划项目

BLUE BOOK

智库成果出版与传播平台

福建蓝皮书

BLUE BOOK OF FUJIAN

福建省文化和旅游发展报告
（2024）

ANNUAL REPORT ON THE DEVELOPMENT OF CULTURE AND TOURISM

IN FUJIAN PROVINCE (2024)

组织编写／福建省文化和旅游研究联盟

主　　编／谢宏忠
副 主 编／储德平

社会科学文献出版社
SOCIAL SCIENCES ACADEMIC PRESS（CHINA）

图书在版编目（CIP）数据

福建省文化和旅游发展报告 . 2024 ／ 福建省文化和旅游研究联盟组织编写；谢宏忠主编；储德平副主编 . 北京：社会科学文献出版社，2024.12. -- （福建蓝皮书）. --ISBN 978-7-5228-4549-4

Ⅰ. G127. 57；F592. 757

中国国家版本馆 CIP 数据核字第 2024CZ5905 号

福建蓝皮书
福建省文化和旅游发展报告（2024）

组织编写／福建省文化和旅游研究联盟
主　　编／谢宏忠
副 主 编／储德平

出 版 人／冀祥德
组稿编辑／刘　荣
责任编辑／单远举
文稿编辑／李惠惠　王　娇　王雅琪　张　爽
责任印制／王京美

出　　版／社会科学文献出版社（010）59367011
　　　　　地址：北京市北三环中路甲 29 号院华龙大厦　邮编：100029
　　　　　网址：www. ssap. com. cn
发　　行／社会科学文献出版社（010）59367028
印　　装／天津千鹤文化传播有限公司

规　　格／开本：787mm×1092mm　1/16
　　　　　印 张：23.25　字 数：348 千字
版　　次／2024 年 12 月第 1 版　2024 年 12 月第 1 次印刷
书　　号／ISBN 978-7-5228-4549-4
定　　价／168.00 元

读者服务电话：4008918866

主要编撰者简介

谢宏忠 男，1969 年 12 月生，福建政和人，福建师范大学文化旅游与公共管理学院院长、教授，兼任福建省文化和旅游研究联盟、福建省高校文旅经济学科联盟和福建省文旅经济政产学研用金联盟盟长，福建省文化和旅游厅首批福建省文化和旅游研究基地"世界知名旅游目的地"研究基地主任，福建省高校科技创新团队"文旅融合与产业治理研究"带头人。主要研究方向为文旅融合与产业治理，在《思想理论教育导刊》《福建师范大学学报》《福建论坛》《南京理工大学学报》《光明日报》等期刊和报纸发表学术论文 20 多篇，出版著作 9 部。主持国家社科基金一般项目 1 项，福建省社科规划项目、福建省教育厅项目多项，参与教育部人文社科规划项目 2 项。

储德平 男，1976 年 5 月生，安徽潜山人，福建师范大学文化旅游与公共管理学院院务委员、副教授，兼任福建省文化和旅游研究联盟秘书长，福建省高校文旅经济学科联盟、福建省文旅经济政产学研用金联盟秘书处负责人。主持国家社科基金一般项目 1 项、省部级项目 10 项，出版专著 3 部，在《地理研究》《中国人口·资源与环境》《旅游学刊》等期刊发表学术论文 80 多篇，获福建省优秀教学成果二等奖 3 项，福建省优秀科研成果二等奖 1 项、三等奖 1 项，原国家旅游局二等奖 1 项，民政部民政政策理论优秀研究成果三等奖 1 项，全国 MTA 优秀教学案例奖 2 项，钱学森城市学金奖提名奖 1 项。

序

岁末时节，《福建省文化和旅游发展报告（2024）》满载福建文旅学界研究成果，散发着书香，来到读者面前。

今年适逢新中国成立 75 周年华诞，习近平总书记再次回到福建考察，为新时代新征程福建改革发展把脉定向、指路引航，在福建发展历程中具有重大里程碑意义。这一年，福建文旅市场"热"力十足，文旅消费"热"潮涌动，新兴业态"热"辣火爆，演艺市场"热"情高涨，小城闲游"热"态尽显，特色夜游"热"度不减，文旅惠民"热"忱暖心。2024 年 1~9 月，全省接待旅游总人数 5.02 亿人次，比 2019 年同期增长 42.7%；实现旅游总收入 6372.12 亿元，比 2019 年同期增长 22.0%。

在福建文化和旅游蓬勃发展的大背景下，福建师范大学作为福建省文化和旅游研究联盟的牵头单位，受福建省文化和旅游厅委托，组织省内文旅领域专家学者精心编著了《福建省文化和旅游发展报告（2024）》。本书注重创新形式和内容，力求在行业政策导向与地方特色、发展实际之间找到最佳结合点。文化事业发展篇中，详细分析了如何使八闽文化"种"下去、"植"进去，形成文化事业发展的长效机制。旅游产业发展篇中，有关于福建旅游演艺产品、自驾车旅居车营地、非遗旅游项目技术创新等多方面的深入调研，还通过生态旅游、邮轮旅游产业发展等专题探讨，助力福建在实现文旅经济增长的同时，践行生态文明理念，探索可持续的高质量发展之路。此外，本书特别设立了两岸融合发展篇，从两岸文旅融合的现状与实践路径、闽台研学项目合作等角度入手，力求为闽台文旅交流合作提供多样化的

对策和思路。

2025 年是"十四五"规划的收官之年，也是"十五五"规划编制的开局之年。习近平总书记来福建考察并发表重要讲话，为新时代新征程做好文化旅游工作提供了根本遵循。我们要坚定自觉地把思想和行动统一到习近平总书记重要讲话精神上来，紧紧围绕"在提升文化影响力、展示福建新形象上久久为功"和"推进文化和旅游深度融合发展，把文化旅游业培育成为支柱产业"的重要要求，深化打造世界知名旅游目的地"11537"思路和布局，加快建设更高水平的文化强省，全面做大做强做优文旅经济，奋力书写中国式现代化福建文旅实践新篇章。

福建师范大学党委书记　潘玉腾

2024 年 11 月 26 日

摘　要

《福建省文化和旅游发展报告（2024）》是关于福建省文化和旅游发展的年度研究报告，由福建省文化和旅游研究联盟组织福建省各高校文旅学者、行业专家编撰，全书由总报告、文化事业发展篇、旅游产业发展篇、两岸融合发展篇、专题研究篇五个部分组成，多维度勾勒2024年福建省文化和旅游发展全貌，剖析文化和旅游发展中的热点和重点问题，分析发展趋势，并提出解决问题的对策。

总报告在总结2024年福建省文旅经济发展成效和现状的基础上，对未来文旅经济发展进行了展望，并提出福建省文旅经济发展存在旅游城市竞争力偏弱、文旅经济主体性不够强、文旅品牌影响力不足等问题，从着力完善顶层设计、丰富文旅产业产品和业态、深化文旅产业跨界融合、强化数字文旅创新赋能、持续扩大宣传营销、优化公共服务高效供给、推动文旅消费持续扩大7个方面为福建省文旅经济发展提出对策建议。

文化事业发展篇由3篇文章组成。研究者立足福建"千年文脉"的深厚底蕴，深挖八闽文化、朱子文化、侯官文化等特色文化内涵，致力于推动福建文旅融合发展走深走实。

旅游产业发展篇由8篇文章组成，对2024年福建省旅游演艺产品、自驾车旅居车营地、非遗旅游项目技术创新、幸福旅游目的地建设、新时代福建文旅产业体系建设、生态旅游可持续高质量发展、文旅产业数据资产价值化、邮轮旅游等文旅产业发展的现状、问题和趋势进行深入研究，对业界、学界旅游产业管理工作和学术研究大有裨益。

两岸融合发展篇由2篇文章组成。《两岸文旅融合发展的现实基础及实践路径研究》提出当前两岸文旅融合已在文化底蕴、政策支持、特色项目发展、人才水平以及平台搭建等方面形成良好的现实基础，但仍存在产业融合不足、产品吸引力欠佳、产业带动性不强、支撑性人才不足等问题，未来可围绕政策、区域、资源、市场、产业和人才等方面继续探索融合实践路径。《闽台研学发展现状、难点与对策研究》从保障赴闽研学通道畅通、打造优质对台研学项目、优化闽台研学人才供给三个维度提出推动闽台研学发展的对策建议。

专题研究篇由9篇文章组成，内容丰富，是蓝皮书的最大亮点。本书向福建省文化和旅游研究联盟成员单位广泛征集选题，由福建省文化和旅游厅筛选出文旅新质生产力、福厦高铁开通的旅游效应、高端文旅装备、旅游高水平开放、入境旅游、文旅经济高质量发展的财政政策、夜间文旅消费集聚区、人工智能、演出经济等专题，有针对性地开展深入调查研究。

关键词： 文化事业　旅游产业　文旅融合　文旅经济　福建省

Abstract

*Annual Report on the Development of Culture and Tourism in Fujian Province
(2024)* is an annual research report on the development of culture and tourism in
Fujian Province. This book is organized by the Fujian Province Culture and
Tourism Research Alliance and compiled by culture and tourism scholars from
universities in the province, as well as industry experts. The book studies and
outlines the overall development of culture and tourism in Fujian Province in 2024
from culture undertakings, tourism industry, cross-strait integration, and special
research. It analyzes the hot spots and key issues in the development of culture and
tourism, examines development trends, and put forwards strategies to solve
problems.

General report is based on a comprehensive review of the achievements and
current state of Fujian Province's culture and tourism economy in 2024, offers a
forward-looking perspective on its future development. It highlights several key
challenges, including the relatively weak competitiveness of tourism cities,
insufficient subjectivity of the culture and tourism economy, and the limited
influence of culture and tourism brands. In response, the report provides strategic
recommendations for the province's culture and tourism economy, focusing on
seven areas: enhancing top-level design, diversifying industry products and
formats, promoting deeper cross-industry integration, leveraging digital innovation
to empower the culture and tourism sectors, expanding publicity and marketing
efforts, optimizing the efficient delivery of public services, and promoting the
sustained expansion of culture and tourism consumption.

The cultural undertakings development section consists of three papers. The
researchers, drawing upon the rich culture heritage of Fujian, explore the

distinctive cultural connotations of the Bamin culture, Zhuzi culture, Houguan culture, and other regional traditions. Their aim is to promote the in-depth and practical integration of culture and tourism development in Fujian.

The tourism industry development section consists of eight individual studies, which examine the current status, challenges, and trends in the development of various culture and tourism sectors in Fujian Province in 2024, including tourism performance products, self-driving travel vehicle campsites, technological innovation in intangible cultural heritage tourism projects, the construction of happy tourism destinations, the development of a modern cultural and tourism industry system in the New Era in Fujian, sustainable and high-quality development of ecotourism, value-realization of cultural and tourism industry data assets and cruise tourism. The findings provide valuable insights for both industry professionals and academics, particularly in the areas of tourism industry management and scholarly research.

The cross-strait integration development section consists of two reports. The "Research on the Practical Foundation and Implementation Pathways for Cross-Strait Culture and Tourism Integration Development" points out that the current development of cross-strait culture and tourism integration is supported by a solid foundation in areas such as culture heritage, policy support, the development of distinctive projects, talent cultivation, and platform building. However, several challenges remain, including insufficient industry integration, weak product appeal, limited industry-driving power, and a lack of supporting talent. The report suggests that future efforts should focus on exploring integration pathways in areas such as policy, regional cooperation, resources, market development, industry, and talent cultivation. The "Research on the Current Status, Challenges and Countermeasures for Fujian-Taiwan Educational Tourism Development" offers strategic recommendations to promote cross-strait educational tourism from three key areas, including ensuring smooth access to educational tourism in Fujian, developing high-quality educational tourism programs for Taiwan, and optimizing the supply of talent for cross-strait educational tourism.

The special research section consists of nine reports, offering rich content and serving as the highlight of the blue book. Topics were widely solicited from members of the Fujian Province Culture and Tourism Research Alliance, and were then selected by the Fujian Provincial Department of Culture and Tourism. These include key issues such as the new quality of culture and tourism productive forces, the tourism effects of the opening of the Fuzhou-Xiamen high-speed rail, high-end culture and tourism equipment, high-level opening of tourism, inbound tourism, fiscal policies for culture and tourism economic development, night-time culture and tourism consumption clusters, artificial intelligence, and the performance economy.

Keywords: Culture Undertakings; Tourism Industry; Culture and Tourism Integration; Culture and Tourism Economy; Fujian Province

目 录 ▷

Ⅳ 两岸融合发展篇

Ⅴ 专题研究篇

皮书数据库阅读**使用指南**

CONTENTS ⟩

I General Report

II Culture Undertakings Development

Ⅲ Tourism Industry Development

IV   Cross-strait Integration Development

V   Special Research

总报告

B.1

福建省文旅经济发展成效、现状和展望

福建省文化和旅游厅政策法规处课题组*

摘　要： 　近年来，福建文旅经济蓬勃发展，成为推动福建经济社会高质量发展的重要力量。当前，福建要准确理解把握文旅经济发展的机遇挑战、实践内涵和发展要求，充分发挥政策、资源、区位等优势，统筹政府与市场、供给与需求、保护与开发、国内与国际、发展与安全等关系，加快推进文化和旅游深度融合发展，着力完善现代旅游产业体系，全力以赴做大做强做优文旅经济，为奋力谱写中国式现代化福建篇章做出更大文旅贡献。

关键词： 　文旅经济　现代旅游产业体系　福建省

---

* 课题组成员：赵宏伟、欧星、陈永昱、周成旺、胡小军、李彩霞。主要执笔人：欧星、周成旺、胡小军。欧星，福建省文化和旅游厅政策法规处副处长，主要研究方向为文化旅游政策；周成旺，福建省华通市场研究有限公司总经理，主要研究方向为文旅经济运行；胡小军，福建省华通市场研究有限公司工作人员，主要研究方向为文旅经济运行。

文旅产业一头连着经济发展、一头连着民生福祉，一业兴则百业旺。大力发展文旅经济，是深入贯彻落实习近平文化思想、打造文化强省的具体行动，是推动绿色发展、加快形成新质生产力的重要抓手，是打造有福之地、创造高品质生活的关键举措。福建省委、省政府高度重视文旅经济发展，2021年第十一次党代会明确将文旅经济作为全省"四大经济"之一，先后出台了《福建省推进文旅经济高质量发展行动计划（2022—2025年）》《新形势下促进文旅经济高质量发展激励措施》等支持政策，推动全省文旅经济繁荣发展。福建省文旅系统按照省委、省政府的部署要求，聚焦"做大做强做优文旅经济"工作主线，持续发挥优势、彰显特色、提升能级，扎实做好人气聚合、产业融合、资源融合"三篇文章"，推动文旅经济高质量发展，奋力实现高质量发展和高品质生活的"双向奔赴"。

一　福建省文旅经济发展成效

近年来，全省充分发挥历史底蕴深厚、文化资源丰富、自然风光秀美等优势，聚焦做大做强做优文旅经济，精准发力，全省文旅经济建设取得新进展、新成效。

（一）文旅经济规模持续扩大

全省文旅系统坚持以文塑旅、以旅彰文，积极推进文化和旅游深度融合发展，大力培育文旅消费新增长点，持续打响"海丝起点 清新福建"文旅品牌，文化强省建设和世界知名旅游目的地建设成效不断彰显，文旅经济成为全省经济社会高质量发展的新增长极。2023年，全省实现文旅经济总产值1.38万亿元，增长8.8%；实现文旅经济增加值5458亿元（见图1），增长9.5%，占全省地区生产总值的比重为10%左右。全省旅游市场加快恢复发展，2023年以来福建省国内旅游、国内旅游收入两项指标恢复程度均高于全国水平。2024年上半年全省接待旅游总人数2.92亿人次（见图2），同比增长15.2%，比2019年同期增长34.6%；游客旅游总花费3807.44亿元（见图3），同比增长23.0%，比2019年同期增长21.0%。

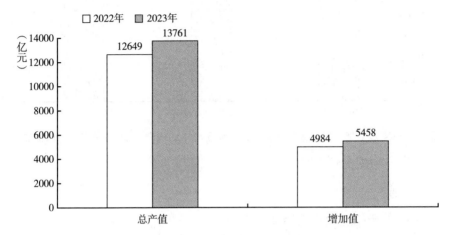

图1　2022~2023年福建省文旅经济规模

资料来源：福建省文化和旅游厅。

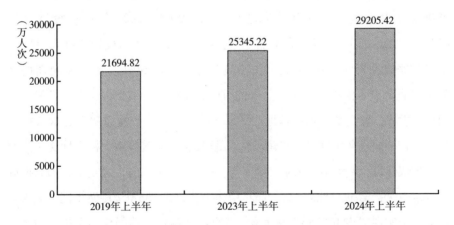

图2　2024年上半年福建省旅游总人数及其与2019年和2023年同期对比情况

资料来源：福建省文化和旅游厅。

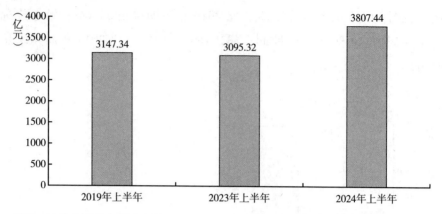

图 3　2024 年上半年福建省游客旅游总花费及其与 2019 年和 2023 年同期对比情况

资料来源：福建省文化和旅游厅。

（二）产业基础不断夯实

重大文旅项目带动战略稳步推进，围绕文旅产业强链延链补链，引进一批具有示范引领作用的项目，为文旅经济高质量发展注入强劲新动能。每年推进 200 多个重点文化和旅游建设项目，2021～2023 年计划投资合计 613.32 亿元，实际完成投资 665.49 亿元。2024 年计划投资 180.85 亿元，上半年完成投资 123.09 亿元，占年度计划的 68.06%，① 比上年同期提高 5.36 个百分点。福州朱紫坊、上下杭历史文化街区、泉州古城保护开发、厦门海上世界、厦门影视拍摄基地、平潭国际演艺中心等重点项目建成并投入运营，长征国家文化公园（福建段）、1 号滨海风景道等重大标志性文旅产业项目加快建设，武夷山、永泰、武平等 16 个县（市、区）成功创建国家全域旅游示范区，莆田湄洲岛、厦门园林植物园获评国家 5A 级旅游景区，成为全国第二个实现"市市有 5A"的省份。"百姓大舞台"等群众性文化活动蓬勃开展，文化吸引力进一步增强；游客集散中心、旅游风景道、观景平台、旅游交通标识等公共服务设施不断完善，高品质旅游环境加快建成。

---

① 资料来源于福建省文化和旅游厅。

（三）文旅融合持续深化

坚持"文化赋能、旅游带动"，聚焦"文化味""烟火气"，大力培育景城共建、日夜共美、主客共享的业态场景，着力破解文化和旅游、城区和景区、淡季和旺季等发展差异瓶颈。支持福州、厦门、泉州及平潭等加快发展音乐产业，打造厦门鼓浪屿音乐节、平潭蓝眼泪音乐节等节庆活动。全面激活文化遗产旅游，推动万寿岩国家考古遗址公园、城村汉城国家考古遗址公园、平潭壳丘头遗址群等打造考古文物旅游示范项目。做精旅游演艺，积极发展小剧场、"剧本杀"、沉浸式演出等线上线下新业态，涌现出《雀起无声》《最忆船政》《天涯共此楼》《风从茉里来》等一批沉浸式文旅新产品。福州市鼓楼区和南平市武夷山市获评国家文化产业和旅游产业融合发展示范区建设单位。认真落实与瑞典斯德哥尔摩中国文化中心"部省合作项目"，与越南广宁省签署文化合作备忘录，赴日本、马来西亚、南非、菲律宾、马尔代夫、西班牙等国开展文旅推介活动；率先推出恢复与澳门开展团队旅游的工作方案，创新举办"清新福建"港澳社区行活动，成功举办两岸（福州）艺术青年钢琴音乐节，积极探索闽台文旅融合发展新路。

（四）跨界融合激发新活力

实施"+旅游"战略，深化海洋、体育、影视等领域与旅游产业跨界"联姻"，海洋旅游、康养旅游、研学旅游、工业旅游、体育旅游等新业态蓬勃发展。推动海洋旅游加快发展，平潭岛、东山岛、湄洲岛、嵛山岛等重点海岛建设卓有成效，三都澳、坛南湾等滨海旅游目的地人气旺盛；厦门国际邮轮母港建设和平潭县金井邮轮码头改造提升加快推进，2024 年初均迎来国际邮轮到港。促进康养旅游活力迸发，福州"中国温泉之都"名片持续响亮，温泉休闲旅游发展态势良好；森林康养发展如火如荼，至 2023 年底全省已建成 114 处省级森林康养基地、42 个森林康养小镇和 16 个森林养生城市，[①] 自然疗愈、睡眠康养、

---

① 《森林康养，福建绿色经济新引擎》，国家林业和草原局网站，2024 年 1 月 19 日，https：//www.forestry.gov.cn/search/542918。

观鸟休闲、食疗养生等特色森林康养产品备受欢迎。推进工业旅游蓬勃发展，创建4家国家工业旅游示范基地，培育多条工业旅游精品线路，进一步丰富工业旅游体系，工业遗产游、观光工厂游、工美文创游、研学科普游等新模式成为旅游热点。促使体育旅游渐成新风尚，厦门马拉松、环福州国际公路自行车赛、平潭国际风筝冲浪节、CBA全明星周末、茶BA等规模以上品牌赛事常态化开展，体育赛事引流成效明显，其中2024厦门马拉松吸引近3万名跑者参赛。[①]

（五）文旅IP频频出圈

创新培育"市长谈文旅经济""市长带你游""跟着演出、赛事去旅行""'清新福建'度假旅游列车"等文旅营销新模式，"'四时福建'——'气候+旅游'文旅融合营销项目"入选全国国内旅游宣传推广十佳案例，"福建'市长带你游'大型全媒体系列宣传活动"获评全国国内旅游宣传推广优秀案例，推动文旅营销"火出圈"。加强与长三角、粤港澳和北京等地市场合作，用好浙皖闽赣国家生态旅游协作机制，积极开展援藏、援疆、援宁区域营销合作，全面拓展重点客源市场。突出国际元素的市场营销主题，分别以中国—东盟人文交流年、福建省文旅经济发展大会、"鼓岭缘"中美民间友好论坛、国际性旅展等为季度主题，采取"1+N""省+市县"模式，聚焦戏曲演艺、美食民俗、非遗展演等业态，联动举办特色文旅活动，形成"月月有活动、季季有高潮"营销格局。"清新福建"日益成为海内外游客的心仪之地，"海丝起点 清新福建"品牌影响力和吸引力不断增强。

二 福建省文旅经济发展现状分析

（一）发展优势

习近平总书记曾在福建工作17年半，始终高度重视文化和旅游事业发

---

① 《开跑！2024厦门马拉松集结近3万名跑者展开角逐》，"央广网"搜狐号，2024年1月7日，https://roll.sohu.com/a/750156310_362042。

展，召开全省旅游发展工作会议，大力保护福州三坊七巷、三明万寿岩等历史遗产，亲自推动鼓浪屿、武夷山、泉州等申遗，这一系列前瞻性、开创性、战略性的理论创新和实践探索，与党的十八大以来提出的一系列新理念、新思想、新战略一脉相承，为福建文旅经济发展指明了前进方向、提供了根本遵循，也为福建创造了大量文旅资源"富矿"。

在习近平总书记的指引下，历届福建省委、省政府高度重视文旅经济发展，2021 年省委提出做大做强做优"四大经济"，文旅经济位列其中；2023年和 2024 年连续两年高规格召开全省文旅经济发展大会，出台了《新形势下促进文旅经济高质量发展激励措施》等支持文旅经济发展的政策措施。

文旅资源丰富。红色文化、朱子文化、闽南文化、客家文化、妈祖文化、船政文化等影响广泛深远，独具魅力；拥有武夷山、鼓浪屿等 5 处世界遗产、2 个世界地质公园、1 个国家公园、2 个国家考古遗址公园；9 个①项目入选联合国教科文组织人类非物质文化遗产代表作名录（名册），是我国唯一在国际非遗保护三个系列上获得大满贯的省份。全省生态环境秀美，森林覆盖率连续 45 年居全国首位。

区位优势明显。福建北连长三角，南接粤港澳大湾区，西与长江经济带毗邻，东与台湾隔海相望，是全国第一个市市通高铁、县县通高速、镇镇通干线、村村通客车的省份，6 个民航机场通达世界主要城市，厦门港、福州港等连通全球，全省"海陆空"三位一体的交通体系完善便捷。

（二）发展瓶颈

一是旅游城市竞争力偏弱。主要城市竞争力与全省地区生产总值在全国的位置不匹配，福州、厦门和泉州等主要城市旅游接待人数和旅游收入与杭州、苏州、武汉、西安、成都等城市相比差距较大，旅游城市总体竞争力偏弱，旅游目的地魅力不足。二是文旅经济主体不够强。全省文旅企业、项目普遍规模较小、带动能力不足，缺乏大型文旅综合体、爆点文旅项目、领军

---

① 资料来源于福建省文化和旅游厅。

龙头企业等，以龙头带动延展文旅产业链，重构文旅发展新动能、发展新空间、产品新业态能力总体较弱。三是文旅品牌影响力不足。鼓浪屿、武夷山、福建土楼等文旅资源提炼包装不足，尚未形成具有广泛代表性和全国影响力的 IP 和品牌，在全国范围内声量较小，影响力、辐射带动力都相对较弱。

（三）发展机遇

一是国家政策大力支持。党中央、国务院高度重视福建发展，先后赋予福建省建设两岸融合发展示范区、21 世纪海上丝绸之路核心区、自由贸易试验区等一系列先行先试政策，形成了多区叠加的政策集成优势。2024 年 5 月，国家首次召开全国旅游发展大会，习近平总书记作出重要指示，为旅游业高质量发展指明了方向，为福建文旅经济发展创造了新机遇。二是全球旅游市场强劲复苏。2024 年以来，我国扩大 144 小时过境免签政策适用范围，不断优化便利人员往来举措，"China travel"（中国旅游）风靡全球，上半年全省入境旅游市场持续回暖，接待入境旅游人数 112.28 万人次，同比增长 66.8%，[①] 为全省文旅经济发展创造了良好的国际环境。三是文旅消费带动力强。据世界旅游组织数据，旅游业消费乘数可达到 7，在文旅消费逐渐成为大众刚需情况下，文旅产业将在刺激居民消费，构建以国内大循环为主体、国内国际双循环相互促进的新发展格局中扮演重要角色。

（四）发展挑战

一是文旅新质生产力发展的挑战。旅游目的地竞争加剧，数字化发展压力增大，福建省文旅企业在以技术投入带动生产要素创新配置、产业深度转型升级催生新质生产力方面基础相对薄弱，在为文旅产业高质量发展提供足够的新动能方面存在困难。二是年轻群体多元消费需求的挑战。福建省旅游产品大众化、同质化问题较为严重，尚未摆脱对山水资源的依赖，旅游新业

---

① 资料来源于福建省文化和旅游厅。

态新产品开发不足，难以很好地满足未来市场"求新、求异、求趣"等多元体验式消费需求。三是区域文旅产业竞争的挑战。福建与长三角和粤港澳大湾区相连，具有良好的区位优势，但也面临长三角、粤港澳大湾区旅游市场强大的虹吸效应，如何在激烈的区域竞争中抓住机遇、抢占新风口、赢得新优势成为重要课题。

三　福建省文旅经济展望

以习近平新时代中国特色社会主义思想为指导，贯彻落实全国旅游发展大会与全省文旅经济发展大会精神，聚焦"做大做强做优文旅经济"工作主线，统筹政府与市场、供给与需求、保护与开发、国内与国际、发展与安全等关系，加快推进文化和旅游深度融合发展，着力完善现代旅游产业体系，让旅游产业更好服务美好生活、促进经济发展、构筑精神家园、展示中国形象、增进文明互鉴，着力将福建省打造成我国重要的自然和文化旅游中心、21世纪海上丝绸之路旅游核心区、世界知名旅游目的地、多元文化遗产保护先行省、数字文旅示范省，为奋力谱写中国式现代化福建篇章贡献文旅力量。

（一）着力完善顶层设计

围绕打造世界知名旅游目的地"11537"思路和布局，着眼山海联动、城乡统筹，强化区域"整合"，从供给侧、需求侧、服务质量、科技含量等方面协同发力，统筹做好人气聚合、产业融合、资源融合"三篇文章"，着力打响"海丝起点 清新福建"品牌，做大做强做优文旅经济。

1. 强化"一个核心"

借鉴世界级旅游目的地发展经验，建设游客友好型旅游环境与服务设施，提升福建对国际游客的吸引力，实现从文旅资源大省向文旅经济强省转变，打造世界知名旅游目的地。

2. 打响"一个品牌"

突出"海丝"核心要素，提炼福建文化符号、讲好福建文旅故事，赋予"清新福建"品牌国际色彩、福建味道，全面打响"海丝起点 清新福建"品牌。

3. 推进"五圈"集聚

以武夷山、泰宁丹霞、福建土楼、鼓浪屿、泉州古城等5处世界遗产为核心吸引物，建设一批世界级旅游景区和度假区，构建具有鲜明福建特色、国际风范、世界水准的旅游产品体系。

4. 推动"三带"拓展

依托长征国家文化公园（福建段）建设，串联龙岩、三明，建设红色文化旅游带；依托武夷山国家森林风景道建设，串联南平、三明、龙岩，建设绿色休闲旅游带；依托1号滨海风景道建设，串联福州、厦门、泉州、宁德等，建设蓝色海丝旅游带。

5. 谋划"七沿"延伸

策划和延伸长征国家文化公园（福建段）、1号滨海风景道、沿武夷山国家森林步道、沿戴云山森林步道、沿古驿道、沿江河、沿绿道等七大文旅线路和产品，开发文旅新业态，提升全域旅游质量，让来闽游客"在画中行、做画中人、享画中福"。

（二）丰富文旅产业产品和业态

1. 强化项目支撑

持续实施"311"重大项目带动行动，进一步完善项目工作机制，突出做好重点签约落地项目等全过程管理、全周期服务，强化项目审批、用地用林用海用能等要素保障，以及地方政府专项债、中央预算内投资等政策支持。建立"五圈三带七沿"支撑项目库，策划生成一批具有国际范、福建味的文旅产品项目，创新推出一批具有辨识度的产业支撑项目，开展对接洽谈、招大引强，线上线下同步发力，"请进来""走出去"双向结合，瞄准重点央企、行业领军企业等，开展产业链精准招商，争取引进一批重大产业合作项目，推动形成文旅项目滚动接续的良好局面。

2.丰富产品体系

加快世界遗产地、5A级旅游景区、国家级旅游度假区、平潭国际旅游岛发展建设，引导休闲度假业态集聚发展，培育世界级旅游景区和旅游度假区。积极推动闽南红砖建筑、妈祖文化史迹申报世界文化遗产工作，丰富世遗资源体系。支持福州三坊七巷、上下杭、泉州中山路、莆田兴化府等丰富休闲业态，厚植文化内涵，打造一批文化特色鲜明的国家级旅游休闲街区。进一步推进国家全域旅游示范区、省级全域生态旅游示范县（市、区）创建，推动国家级、省级旅游度假区和A级旅游景区品质提升。实施乡村旅游精品工程，培育一批全域生态旅游小镇、金牌旅游村、省级休闲农业示范点、美丽休闲乡村和特色精品民宿品牌。

3.壮大市场主体

实施文旅市场主体壮大行动、文旅企业梯度培育计划，支持通过整合资源、技术创新、品牌输出、跨界经营、改革重组等方式，分产业、分层次培育一批骨干企业和创新企业。支持和指导符合条件的本土文旅企业上市融资或在新三板精选层等平台挂牌，支持文旅上市企业"走出去"，大力发展文化出口贸易和IP授权。培育数字文旅"闽军"，支持文旅企业与国内先进信息科技企业和在线旅游平台开展项目化合作，实现资源互换、优势互补，培育一批数字文旅"独角兽""瞪羚"企业和优质中小企业。

（三）深化文旅产业跨界融合

坚持"宜融则融、能融尽融"原则，积极推进文旅与其他产业融合发展，不断拓展"+文旅"的深度和广度，进一步丰富和完善文旅产品体系，释放文旅发展活力。

1.发展"绿色+文旅"

着力扩大森林康养、休闲、探险、体验等生态旅游产品供给，高质量建设武夷山国家公园，加快推进武夷山国家森林步道、戴云山森林步道等重大项目，培育一批高品质绿色康养旅游产品，打造国际知名自然生态和文化旅

游长廊,推进浙皖闽赣国家生态旅游协作区建设,打造国家东部绿色生态屏障。

2.推进"海洋+文旅"

有序推进东山岛、惠屿岛、嵛山岛等重点海岛旅游开发;加快厦门邮轮母港建设、拓展近海邮轮旅游,培育"海上看福建"旅游品牌;发展渔港综合体、"渔市游"、"渔人码头"等渔旅融合产品业态,大力发展冲浪、帆船等海洋赛事,培育"海岛玩海"系列产品,打响海洋文旅品牌。

3.培育"影视+文旅"

依托厦门、平潭、泰宁三大影视基地及 20 个重点影视外景拍摄基地,拓展影视旅游线路、影视主题酒店等新业态,推动影视与城市旅游、乡村旅游、景区旅游、研学旅行等融合发展,创新提升厦门金鸡百花电影节、福州海丝电影节等活动,培育影视 IP 网红打卡地,推动福建打造全国影视文旅产业聚集地。

4.丰富"体育+文旅"

充分发挥福建体育产业优势,依托武夷山、泰宁丹霞等世界自然遗产及滨海旅游优势,重点发展登山、徒步、攀岩、翼装飞行、帆船、桨板、尾波冲浪等山地休闲旅游和海洋运动休闲旅游;加快推动低空飞行、游艇、海钓等休闲运动发展,培育电子竞技产业;提升厦门马拉松、福州中华龙舟大赛、平潭国际自行车公开赛等品牌赛事知名度和影响力,培育若干具有国际和国内影响力的体育赛事,将福建打造成国内外知名的山海运动休闲体验地。

5.做大"工业+文旅"

依托泉州七匹狼中国男装博物馆、三明市 1958 工业记忆馆、莆田中国百威啤酒博物馆等工业旅游示范项目,拓展工业遗产游、观光工厂游、工美文创游、研学科普游、国潮品牌游等新模式,打造国际工业旅游示范标杆,支持泉州等地依托制造业优势建设国际旅游商品研发生产基地。

6.做强"康养+文旅"

发挥福建温泉资源优势,推动温泉与非遗、文化、康养、民宿、美食等融合，培育一批温泉康养旅游品牌项目；推进森林康养与中医药养生、户外运动、文化体验等结合，创建一批森林康养基地和知名品牌，打响康养龙岩等康养旅游品牌。

（四）强化数字文旅创新赋能

1. 发展沉浸式数字文旅新业态

广泛运用云演艺、云直播、云旅游、云展览等方式，加快打造全景式夜游、主题性街区、沉浸式演艺等新场景；积极支持鼓浪屿、三坊七巷、武夷山、土楼、湄洲岛等重点景区智慧化运营；推动八闽文库、非遗技艺、民间工艺等传统文化资源数字化建设。适应以互联网为支撑的智能化定制生产方式需要，跟踪运用 Sora 文生视频、ChatGPT 语言处理工具、数字虚拟人等人工智能以及大数据、云计算、区块链技术，创新推进文化内容制作与分发，开发数字文物、数字非遗、数字戏曲等数字化文创产品，探索实现万寿岩、长征国家文化公园（福建段）等文化遗产场景还原，打造沉浸式生动文旅体验。

2. 加强文旅数据资源体系建设

强化全省文旅数据资源汇聚共享和开放开发，依托省市公共数据汇聚共享平台和国家文化大数据福建中心，融合各类已建和在建的文旅数据库，统一数据治理和分类标准，形成文物、旅游资源、戏曲艺术等专题文旅数据库，融合气象、交通、住宿、数字乡村、"拍在福建"等共享公共数据，建设"多跨融合、云边结合"的全省文旅大数据中心。推动头部互联网平台利用数据要素赋能传统旅游企业实现数字化转型升级。

3. 推进数字文旅应用场景建设

强化基础共建、设施共用、数据共享，将智慧旅游融入智慧城市建设。强化标准引领，引导福州、厦门、泉州等城市完善智慧旅游设施和网络，提升数字化服务和管理水平。创新支持举措，加强智慧旅游景区建设，打造一批智慧景区、数字博物馆、数字图书馆等。提升"畅游八闽"App 服务功能和产业数字化赋能水平。

（五）持续扩大宣传营销

1. 塑造文旅核心品牌

实施"海丝起点 清新福建"品牌塑造行动，推进"一市一品"，塑造个性鲜明的城市文旅品牌；构建"一品一策"，鼓励各地针对每个文旅品牌精准制定政策措施；打造"一策一业"，支持各地培育独具特色的文旅业态、场景、产品、线路；培育"一业一龙头"，分产业、分层次培育一批骨干企业和创新企业，促进资本、资源、政策等要素向优势企业集聚，激发各类市场主体活力。

2. 深化对外交流合作

健全文化旅游对外交流合作机制，加强与共建"一带一路"国家的交流合作，策划制作戏剧、影视、画册、书籍、音乐、舞蹈等文旅宣传品，为国际传播提供素材和内容。提升"一带一路"文化旅游影响力，借助海上丝绸之路国际文化旅游节、丝绸之路国际电影节等重大活动，面向海上丝绸之路沿线国家、主要客源市场靶向开展营销宣传，扩大国际"朋友圈"，依托福建国际传播中心（FJICC）、海丝国际旅游中心，打造以"海丝起点 清新福建"为核心的国际传播海外新媒体矩阵。加强与国外知名旅游企业合作，加大"国际客源引流入闽"力度，探索建立国际旅游交流合作机制。

3. 加强闽台港澳合作

充分发挥闽台港澳地缘相近、人缘相亲、文缘相通的发展优势，以妈祖文化、闽南文化、客家文化等祖地文化为纽带，开展形式多样的民间信俗交流活动，推出寻根谒祖、民俗进香、研学旅行、邮轮旅行等旅游线路，培育特色旅游产品。深化闽台旅游资源合作开发，加快打造福马、厦金"同城生活圈"，畅通台胞往来通道、鼓励台胞来闽就业创业，支持台胞台企参与福建旅游提质升级，建设台胞台企登陆第一家园。持续办好海峡论坛、海峡两岸（厦门）文化产业博览交易会、闽港澳经贸交流会等重大交流活动，积极参加台北国际旅展、香港国际旅游展、澳门国际旅游（产业）博览会等活动，利用台港澳国际节展平台，开拓国际旅游市场。

4. 促进区域协同发展

依托部省共建、对口支援等机制，加强与上海、广东、浙江等旅游大省（市）协作，推动旅游企业、产品、市场及线路全面对接，实现客源互引、资源共享、合作共赢。依托浙皖闽赣国家生态旅游协作区建设，加强省内外生态旅游市场互联互通，联合开展生态旅游市场营销，推动区域生态旅游协同发展。加强与长三角城市群、粤港澳大湾区等区域文旅市场交流协作，整合优势资源，挖掘新兴业态，凝聚区域发展合力，共建国际文旅品牌。

（六）优化公共服务高效供给

1. 完善"快旅慢游"交通网络

统筹国内航空、高铁、公路基础设施建设，抓紧实施厦门翔安国际机场、福州长乐国际机场二期扩建工程等航空项目，加快建设龙岩至龙川铁路、泉州—厦门—漳州城际轨道等铁路项目，构建以航空为引领，以高铁高速公路为主骨架，以干线公路、景区专用道路为补充的"快旅慢游"全域旅游综合交通体系。拓展"公共交通+定制出行+共享交通"多元化出行服务模式，构筑以中心城区为依托、以高等级景区和度假区为节点的旅游交通网络。推动休闲绿道、历史文化步道、旅游铁路、游艇、通用航空等新型体验客运系统建设，全面提升游客出行体验。

2. 提升旅游公共服务效能

鼓励各地因地制宜规划建设一批休闲步道和旅游风景道，新评定一批 C 级自驾车旅居车营地；推动老旧景区转型提质，提升景区接待能力；完善"旅游集散中心—游客中心—旅游咨询点"三级旅游咨询体系，提升景区新能源汽车充电设施覆盖率，规范和完善机场、车站、城市道路、主要旅游公路的多语种旅游引导标识，加强旅游景区、度假区、休闲街区、游客服务中心等配套服务设施建设管理。建立优质文化资源直达基层机制，扩大公共文化场馆错时延时开放试点覆盖面，提升公共文化场馆免费开放水平，鼓励文艺院团探索文旅融合创新项目，进景区、街区开展常态化驻场演出。

3.营造优质旅游服务环境

强化"景城一体、主客共享"理念，围绕"吃住行游购娱"，创新开发"闽式生活"消费产品，大力推动闽菜、闽茶、闽品等提档升级，加快建设精品酒店和特色民宿，健全旅游购物网络系统，增设市内免税店、口岸免税店；大力倡导景区和涉旅企业提供人性化温馨服务，加强对旅游从业人员礼仪、沟通能力、文化素养等方面的培训，培养高素质的导游队伍。完善文旅市场综合监管和联合执法机制，严厉打击欺客宰客、"不合理低价游"等扰乱市场秩序行为。落实"放心游福建"服务承诺，完善旅游投诉"一口受理、快速办结、先行赔付"机制，营造优质文旅市场环境。

（七）推动文旅消费持续扩大

1.实施文旅消费促进计划

大力开展文旅促消费，组织办好福建文化和旅游消费季等活动，鼓励各地围绕节假日及消费旺季等精心策划主题文旅促消费活动，推出系列优惠措施，持续提升文旅消费水平；鼓励文旅企业针对长假、周末等重要时间节点推出优惠券、打折让利等促消费措施，引导文旅消费。推进国家文化和旅游消费试点城市建设，支持厦门、福州创建国家文化和旅游消费示范城市，支持宁德等创建国家文化和旅游消费试点城市。

2.拓展文旅消费新场景

推动闽菜、闽茶、闽货进景区、进街区，支持大众茶馆和闽菜馆入驻景区、旅游集散服务中心、交通服务区、酒店、宾馆等。加大针对性政策扶持力度，支持各地培育和开发独具特色的文旅业态、产品、线路，丰富完善沉浸式、体验式系列旅游场景，加快培育"city walk"、旅游演艺、精品夜游、夜秀等新业态，有力激活文旅消费。围绕夜食、夜游、夜购、夜娱、夜演、夜市、夜展等，打造传统与时尚兼具、艺术与科技融合的文旅夜地标，评选出一批文旅消费不夜城、夜间文旅消费新场景，打响"清新福建"夜间文化和旅游消费品牌。

文化事业发展篇

B.2
八闽文化"种"下去、"植"进去的
路径研究*

蔡蔚萍　谢宏忠　储德平　黄 帆**

摘　要： 如何让八闽文化融入生活、浸润人心，在新的起点上继续推动福建文化繁荣、建设文化强省是亟须认真研究的课题。在习近平文化思想指引下，福建在着力赓续文脉的基础上把八闽文化"种"下去、"植"进去，取得了突出成效。但也存在文化有效供给不足、文化发展举措不新、文化人才队伍不强、文化传播效果不佳等问题与短板，为此需要：聚力以文化人，注重古为今用，让八闽文化走进人心；聚力以文惠民，注重城乡一体，让八闽文化浸润人心；聚力以文兴业，注重相互融合，让八闽文化深植人心；聚力

　＊　本文系 2024 年福建省文化和旅游研究重点咨询课题（编号：2024WLYJ01）阶段性研究成果。
＊＊　蔡蔚萍，博士，福建师范大学文化旅游与公共管理学院讲师，主要研究方向为文化社会学；谢宏忠，博士，福建师范大学文化旅游与公共管理学院院长、教授，主要研究方向为文旅融合与产业治理；储德平，博士，福建师范大学文化旅游与公共管理学院院务委员、副教授，主要研究方向为乡村旅游；黄帆，博士，福建师范大学文化旅游与公共管理学院副教授，主要研究方向为公共政策分析。

以文会友，注重内外合力，让八闽文化直抵人心。

关键词： 八闽文化　文旅融合　文化强省

引　言

习近平总书记在福建工作17年半，倍加珍爱八闽文化，倾心推动八闽文化保护传承。2021年3月，习近平总书记来闽考察时强调："我们要特别重视挖掘中华五千年文明中的精华，弘扬优秀传统文化，把其中的精华同马克思主义立场观点方法结合起来，坚定不移走中国特色社会主义道路。"[①] 2023年，习近平总书记在文化传承发展座谈会上擘画提出了"建设中华民族现代文明"[②] 这一新概念。福建文化多元、包容、开放，八闽大地文源深、文脉广、文气足，八闽文化与中华文明是一脉相承的共同体。在习近平文化思想指引下，福建在着力赓续文脉的基础上把八闽文化"种"下去、"植"进去，积极推动中华"福"文化的传承与创新、海洋文化的宣传与应用、朱子文化的研究与发展、侯官文化的挖掘与弘扬、"闽人智慧"的整理与传播、"闽派文艺"的发扬与光大，努力以高品质文化充盈人民美好生活。

当前福建正处于建设文化强省的上升期、关键期，如何让八闽文化融入生活、浸润人心，在新的起点上继续推动福建文化繁荣、建设文化强省是亟须认真研究的课题。基于此，本研究依托省文旅厅，对省文旅厅各处室以及相关单位进行调研走访，对各地市相关单位进行实地调查，总结福建省赓续繁荣八闽文化的主要做法与成效，分析问题与短板，并借鉴浙

---

① 《总书记在这里说文化传承发展·福建南平朱熹园》，人民网，2023年9月6日，http：//politics. people. com. cn/n1/2023/0906/c1001-40071481. html。

② 《习近平在文化传承发展座谈会上强调　担负起新的文化使命　努力建设中华民族现代文明》，新华网，2023年6月2日，http：//www. xinhuanet. com/politics/leaders/2023-06/02/c_1129666321. htm。

江、河南等省份创新举措，提出进一步优化八闽文化"种"下去、"植"进去路径的对策建议。

一　福建省赓续繁荣八闽文化的主要做法与成效

八闽文化扎根于中华民族精神谱系，孕育于福建青山碧海，是福建人民在长期历史演进中创造形成的各类特色文化的总和，内涵丰富，类型多样。其中，地域文化类有侯官文化、闽南文化、客家文化；名人文化类有朱子文化、妈祖文化；革命文化类有红色文化、船政文化；特色文化类有"福"文化、海丝文化、茶文化、南岛语族文化。八闽文化具备多元并蓄、开放包容，敦亲睦族、心系家国，向海而兴、明理笃行，敢为人先、爱拼会赢等精神特质。长期以来，福建省致力于赓续繁荣八闽文化，努力以高品质文化充盈人民美好生活。其主要做法与成效如下。

（一）坚持保护为先，守护八闽文化根脉

1. 摸清文物资源家底

落实全国文物普查任务，全省共登记 3.33 万处不可移动文物，认定 8 万多件（套）可移动文物。开展革命文物、海丝文物、涉台文物、朱子文物等专题调查，核定公布革命文物名录，其中可移动革命文物数量居全国首位，涉台文物约占全国的 3/4。

2. 推进文化资源申遗

推动"泉州：宋元中国的世界海洋商贸中心""鼓浪屿：历史国际社区"等成功列入《世界遗产名录》，世界遗产数量升至全国第 3 位。三坊七巷、海上丝绸之路等 5 个项目被列入《中国世界文化遗产预备名单》。"送王船"等入选联合国教科文组织人类非物质文化遗产代表作名录（名册），福建成为全国迄今在联合国教科文组织非遗保护 3 个系列上获得大满贯的唯一省份。[①] 武夷岩茶（大红袍）制作技艺等项目被列入联合国教科文组织人

---

① 郭斌：《守护文化根脉　谱写当代华章》，《福建日报》2023 年 11 月 30 日，第 1 版。

类非物质文化遗产代表作名录（名册）。

3. 强化文化资源保护

实施中华文明探源工程，推动城村汉城遗址等6个遗址列入国家文物局"大遗址保护规划"，万寿岩遗址入选考古遗址保护展示优秀项目。实施福建濒危剧种抢救工程和闽籍书画名家抢救工程。对福建省文化资源进行调查、挖掘、整理、研究和保护，相继出台一系列法规规章，如颁布施行泉州市海上丝绸之路史迹等5个保护条例，出台加强文化遗产保护利用传承等7项指导性政策。组织"记得住乡愁"计划，加强古街、古厝、古寺庙、古树、古桥保护，推动优秀传统文化创造性转化和创新性发展。

（二）坚持传承为本，激发八闽文化活力

1. 整体推进特色文化传承实践

实施"福建名老艺人薪传计划"，记录、复排一批传承艺脉文脉的地方戏曲经典。建设闽南文化、客家文化2个国家级文化生态保护实验区，设立湄洲妈祖文化生态保护实验区、朱子文化（南平）生态保护区，打造15个畲族文化生态保护示范点。[1]

2. 全面提升非遗传承能力

实施省级非遗记录工程，现有国家级非遗代表性项目、代表性传承人数量，分别居全国第9位、第5位。[2] 认定218家非遗工坊，建设政和白茶等一批非遗展示体验中心，打造福州上下杭、莆田兴化府等一批非遗特色街区。同时充分利用文化遗产资源禀赋，积极培育文化遗产旅游线路和产品。打造了一批富有文化内涵的旅游景区、旅游度假区、夜间文旅消费集聚区、金牌旅游村，促进了文旅市场强劲复苏，让文化遗产和旅游"融"起来。"惠女秀风采　匠心承非遗"体验游入选"2022全国非遗特色旅游线路"，土楼永定景区等8个项目入选"全国非遗与旅游融合发展优选项目"，蟳埔

① 郭斌：《守护文化根脉　谱写当代华章》，《福建日报》2023年11月30日，第1版。
② 郭斌：《守护文化根脉　谱写当代华章》，《福建日报》2023年11月30日，第1版。

女服饰等一批非遗产品火爆出圈。①

3.传承弘扬红色文化

积极开发红色旅游，持续推进龙岩、三明等革命文物集中成片区域保护利用项目，加快长征国家文化公园（福建段）等项目建设，打造全国红色旅游经典景区、国家 A 级旅游景区、党史学习教育参观学习点等红色旅游品牌。其中，古田旅游景区于 2015 年 10 月成为国家 5A 级旅游景区，这是全省第一个获评全国最高等级旅游景区的红色景区。② 在各级资金投入的带动下，全省红色旅游景区的修缮保护等也在推进实施中，景区品质持续提升，群众参与红色旅游的积极性和满意度也明显提升。③

（三）坚持传播为要，讲好福建文化故事

1.打造福建特色文化品牌

策划推出"为人民绽放"梅花奖演员演出季，创新"艺术党课""文艺倡廉"优秀剧目展演，举办音乐舞蹈节、街头文化艺术展演等系列活动。立足文源深、文脉广、文气足等特点，深度挖掘"福建故事"，大力拓展"八闽民俗"，不断丰富"福建美食"，策划推出"清新福建"旅游列车、蓝眼泪 AR 观景等一批沉浸式体验式场景，推动产品从"可观"向"可游"、游览从"观景"向"入景"转变，顺势而为扩大八闽文化"朋友圈"。④

2.打响"海丝起点　清新福建"品牌

实施"文化丝路"计划，连续多年举办海丝国际旅游节、海丝国际艺术节、世界妈祖文化论坛、海丝国际茶文化论坛等活动。省委、省政府主要

① 黄国勇：《八闽文化引领福建文旅经济浪潮》，《中国文化报》2024 年 3 月 14 日，第 1 版。
② 中共福建省委党史研究室课题组：《弘扬红色文化，促力全面发展——近年来福建省红色文化建设的实践与思考》，《福建党史月刊》2017 年第 1 期。
③ 黄玲：《大力繁荣新时代福建红色文化》，《海峡通讯》2018 年第 2 期。
④ 李志刚、郭子腾、范朝慧、刘玉萍、高慧、周晨：《勇担使命责任　凝聚奋进力量》，《中国旅游报》2024 年 1 月 10 日，第 1 版。

领导分别率团赴马来西亚、南非、美国等国开展文旅推介，创意举办"海丝起点 清新福建"文旅交流系列活动（马尔代夫）。

3. 深化台港澳文化交流

在台港澳设立福建旅游服务中心，持续举办海峡两岸文博会、"福建文化宝岛行"等活动，打造海峡论坛、海峡青年节等两岸文化交流对话平台，增强台湾同胞对祖国的认同感；深入挖掘优秀八闽文化中的特色教育资源，支持祖地文化、闽南文化走进校园，运用校园新媒体讲好祖国大陆发展和闽台融合故事。扎实开展"福"文化港澳社区行、"港澳校长带你游"等活动，不断拓展闽港澳文化交流范围。

（四）坚持发展为重，提升福建文化软实力

1. 推动"闽派"文艺勇攀高峰

实施福建省舞台艺术精品工程，探索建立"火花茶会"创作机制。近年来，50 多部（次）剧目入选国家级重要艺术工程和展演，实现全国精神文明建设"五个一工程"奖 7 届蝉联，5 位演员荣获中国戏剧梅花奖。建强文艺"闽军"，推动"闽派"文艺可持续发展。文艺"闽军"加快成长，获第五届全国中青年德艺双馨文艺工作者、"大国工匠"、中国文联终身成就曲艺艺术家等荣誉称号。

2. 推动公共文化服务浸心润民

建立省市县乡村五级公共文化设施网络，公共图书馆、文化馆上等级馆比例均超 90%，公共文化服务效能明显提升。建成 730 多个公共文化新空间，打造"四季村晚""乡村音乐会""百姓大舞台"等群众文化品牌，广泛开展优秀传统文化主题群众文化活动，开展活动近 3 万场，参与群众7000 万人次以上。

3. 推动文化和旅游深度融合

坚持以文塑旅、以旅彰文，推动出台新形势下文旅经济发展扶持政策，打造一批富有文化内涵的国家 A 级旅游景区、旅游度假区、夜间文旅消费集聚区、文化产业示范基地和金牌旅游村，创新"清新福建"旅游列车等

文旅消费新模式。① 以弘扬茶文化为引领，统筹推动茶文旅经济高质量发展，如打造茶旅精品线路、茶旅精品园区等。2023 年全省接待旅游总人数、实现旅游总收入分别为 5.72 亿人次、6981.08 亿元，恢复 2019 年水平。初步测算，全年实现文旅经济总产值 1.38 万亿元，对 GDP 贡献近 10%。

二　八闽文化"种"下去、"植"进去存在的问题与短板

八闽大地多元灿烂的历史地域特色文化，是文化强省建设的重要支撑，更是福建发展的内生动力。然而福建在让八闽文化融入生活、浸润人心的过程中仍然存在文化有效供给不足、文化发展举措不新、文化人才队伍不强和文化传播效果不佳等层面的问题与短板。

（一）文化有效供给不足

1. 以文化输送为主，文化融入嵌入不深

当前八闽文化的传播以单向的文化输送为主。被输送的各种文化产品，仅仅是被观赏和被动接受的客体，尚未形成内化于心的认知、外化于行的习惯。公共文化服务还停留于政府主力供给阶段，人民群众的参与意识、创造意识也还没被完全激发起来，人民群众还没有成为八闽文化的主人，社会力量较为零散，缺乏统筹，参与度不高。在各类公共文化服务或活动中，老年人、青少年、务工人员参与度均较低，乡村公共文化服务供给针对性不强。

2. 文化供需不平衡，文化设施标准不高

文化资源供给与人民群众日益增长的精神文化生活需求不匹配，公共文化服务供给滞后于居民文化消费需求，特别是音乐、美术类公共文化服务供不应求。省级公共文化设施有待提升，市县级公共文化场馆等级标准不高，乡镇级综合文化馆建设落后，一些乡村农家书屋"只见房子不见人"。公共

---

① 郭斌：《守护文化根脉　谱写当代华章》，《福建日报》2023 年 11 月 30 日，第 1 版。

文化服务产品和经费不足，目前福建省只在公共图书馆使用房屋面积、每万人公共图书馆面积、人均藏书量上高于全国平均水平，其他数据均低于全国平均水平。

3. 文化发展不均衡，文化赶超能力不强

相比福州、厦门、泉州、莆田，省内其他地市对城市文化基因的挖掘、整理、营销不足，文化资源潜力释放不充分，文化与旅游融合水平还不高、"形"融"神"未融。如闽南文化内部存在地域差异，如何平衡各地的文化特点和需求仍是一项挑战。同时，八闽文化"种"下去"、植"进去的顶层设计、制度保障、资金投入等机制不够健全，与北京、四川等先进省份存在较大差距。福建省文化和旅游融合发展水平落后于浙江、江苏、北京、天津、广东等相关省份，文化产业占 GDP 比重与广东、浙江和江苏等其他沿海发达省份相比偏低，文旅经济规模仍有待扩大。如"南岛语族起源与扩散的考古学研究"是一个长期且复杂的课题，对南岛语族文化的研究可能面临资金和人力资源的限制。

（二）文化发展举措不新

1. 科技赋能程度低

数字福建作为福建省一项重大战略工程持续推进，但数字技术在八闽文化"种"下去、"植"进去上应用较少，公共数字文化建设水平离用户期待仍有较大差距，内容线上供给有待加强；公共图书馆、博物馆、文化馆的智慧服务水平有待提升；数字技术驱动文化遗产保护传承的努力有待进一步加强，特别是在数字技术和互联网平台的应用方面，应更好地利用新技术手段来保护传承文化遗产。

2. 文化价值挖掘少

八闽文化的时代性、现实价值挖掘有待深化。在艺术作品上聚焦新时代伟大实践和人民火热生活的现实题材创作精品还不够多；文旅融合业态层次不一，现有业态多停留于街区、演艺、商品等浅层化阶段，高品质文旅融合案例较为缺乏，部分文化项目面临过度商业化导致文化价值流失的风险，可

持续性与经济利益之间的平衡尚未找到；文化遗产与旅游、现代文明、工农业生产、人民群众的日常生活等融合不够紧密，具有福建特色的文创产品较少，缺乏像陕西"长安十二时辰"和河南"只有河南·戏剧幻城"等在全国"出圈"、有热度的文旅融合活动品牌。

3. 文化的创造性转化、创新性发展不足

对福建本土特色的"福"文化、红色文化、朱子文化、闽南文化、海丝文化、船政文化、侯官文化、妈祖文化等重要文化资源还缺乏深层次、全面的开发，对多元文化的融合和借鉴不足，制约作品的艺术内涵和表现力，从而导致八闽文化辨识度不高、软实力不足。部分传统文化与现代社会脱节，年轻人表示"看不懂""欣赏不来"。如年轻群体对妈祖文化所涉及的传统宗教仪式和信仰活动兴趣不足、参与度不高，需要更多创新的方式来吸引他们的注意。文化"种""植"工作"删繁就简"、"生硬灌输"、重"量"不重"精"。部分受众还没从旁观者转变为参与者、创造者，对更深层次的朱子文化、船政文化及茶文化等挖掘、了解不足，文化自觉程度不高。如当前对朱子文化的现代解释不足，朱子文化的精髓在于其哲学思想，但在现代社会中的应用和解释尚不够充分。同时朱子文化的教育普及局限于特定的学者圈内，普通大众对其了解并不多。闽南文化则面临着与现代化融合及创新性应用不足问题，难以充分吸引年轻群体的关注。

（三）文化人才队伍不强

1. 缺乏创新人才

目前，八闽文化产品大多可复制、科技含量低、附加值低，文化产业从业人员缺乏一定的科技水平和创新能力，高层次艺术人才和优秀创作团队短缺。

2. 缺乏专业人才

目前省内仅少数高校开设了文化产业相关专业，阻碍了高校为八闽文化输送专业人才，省内部分高校如泉州师院文化产业专业已经停办。公共文化机构工作人员不足，全省村级文化协管员队伍中大多为兼职人员，部分村级

"文化能人"老龄化严重，一些乡镇文化站的工作人员只有初中或高中学历，本科及以上学历的偏少且专业不对口。

3. 传承人才断层

福建省是非遗大省，非遗保护传承工作点多面广，但非遗传承尚未形成规范、可行的人才培养模式，部分非遗代表性传承人队伍老化；对于难以开展生产性保护的非遗项目，代表性传承人梯队建设还有待加强。此外，艺术人才队伍建设也存在断层，缺乏在全国有影响力的中青年人才，尤其是缺乏青年创作、评论人才。

（四）文化传播效果不佳

1. 造血功能较弱

基层博物馆、非遗馆等文化场馆自身造血功能不足，创新发展存在差距，绝大多数市场盈利能力有限，亟须通过深化改革创新激发发展活力；群众性文化活动尚未遍地开花，诸如泉州簪花、福州游神等真正根植于八闽文化的非遗民俗文化活动不多、不精。

2. 新时代精品力作打造不足

福建省艺术创作部分类别缺乏在全国有影响的扛鼎之作，精品创作存在有"高原"缺"高峰"的现象，具有福建文化标识的艺术创作精品还不多，冲刺大奖的有竞争力的"高峰"之作仍在培育阶段，尚未像河南找到注入"唐宫夜宴""敦煌飞天""龙舞"等真正文化的密码，有数量缺质量、有作品缺精品的问题还没得到根本解决，福建省文化影响力和经济实力不匹配。

3. 文化对外影响力有限

全球性疫情对文化和旅游对外交流"走出去""请进来"的制约影响仍未完全消除，针对不同国家和地区民众接受习惯与消费特点的"私人定制"文化精品和差异化、有针对性、多维度的交流还比较缺乏。八闽文化在海外"种"下去一定程度上局限于华人华侨圈子，尚未融入西方主流社会，八闽文化传播面和影响力有待扩大，如妈祖文化在华人社区中有广泛的影响力，但在非华人社区中的知名度和影响力有限。

三 优化八闽文化"种"下去、"植"进去路径的对策建议

深入学习贯彻习近平文化思想，传承弘扬习近平同志在福建工作期间关于文化建设的重要理念，认真落实全国、全省宣传思想文化工作会议精神，扎实做好文化保护、传承、传播、发展"四篇文章"，推动八闽文化"种"下去、"植"进去，引领打造世界知名旅游目的地、做大做强做优文旅经济，更好担负起新时代新的文化使命，加快建设更高水平的文化强省，为奋力推动中国式现代化福建实践提供有利的文化条件。

（一）聚力以文化人，注重古为今用，让八闽文化走进人心

1. 加强文化研究阐释

传承弘扬习近平同志在福建工作期间关于文化建设的重要理念，加强研究阐释和项目立项，培育践行习近平文化思想的示范典型。深入开展红色文化、朱子文化、闽南文化、妈祖文化、客家文化等八闽优秀传统文化资源普查调查和研究阐释，加强文献搜集整理，通过组织重点课题研究攻关、邀请专家学者举办研讨活动等，深入挖掘八闽文化内涵、价值等，形成一批重大、重点理论研究成果，有效搭建八闽文化的"四梁八柱"。

2. 加强文物保护利用

持续深化中华文明探源工程、"考古中国"等重大工程，全面实施"南岛语族起源与扩散的考古学研究"，推进水下考古基地（平潭）建设和圣杯屿元代沉船保护利用工作，开展第四次全国文物普查，深入挖掘文物背后的"故事"，对代表性项目进行数字化记录，并通过互联网平台进行推广。同时，参考山东省在对孔庙、孔府、孔林等文化遗产的保护利用方面的丰富经验，对福建省内的世界文化遗产，如武夷山、土楼等制订详细的保护利用计划，并结合旅游开发，提高文化遗产的知名度和吸引力。

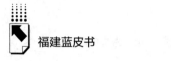

3. 加强非遗保护传承

实施八闽传统工艺振兴计划，大力扶持传统工艺品牌，开展代表性项目存续状况调研评估，加强非遗生产性保护和非遗技艺活化传承，引导传承人合理革新生产方式、提升工艺水平，建设一批非遗生产性保护基地、非遗传承示范基地、非遗研究基地。

（二）聚力以文惠民，注重城乡一体，让八闽文化浸润人心

1. 繁荣文艺创作生产

进一步激发八闽文化活力，做到"党和政府"主动送，基层群众"自己创"。坚持以人民为中心的创作导向，实施福建戏曲传承发展系列工程，记录、复排一批传承艺脉文脉的地方戏曲经典；要大力培育文艺精品，深化国有文艺院团改革，建强文艺"闽军"，创作更多满足人民文化需求和增强人民精神力量的优秀作品。

2. 协调城乡文化发展

加大文化投入，推进文化供给侧结构性改革。提升文化供给的总量和质量，均衡合理配置文化资源，精准施策大力提升公共文化设施的服务效能，抓住关键点发力，让文化投入、文化基建真正转化为"文化力量"。建设好福建省美术馆等一批公共文化场馆，打造一批标志性文化项目。推动优质公共文化服务向基层延伸，布局建设一批"小而美"的文化驿站、文化礼堂等公共文化新空间，补齐乡村文化设施、人才等短板，以文化振兴带动乡村振兴。

3. 深化群众文化活动

广泛开展群众文化活动，持续打造"四季村晚""乡村音乐会""百姓大舞台"等群众文化品牌，着力打响福建"小小文旅推荐官"品牌。持续开展"文艺倡廉"福建省优秀舞台艺术作品展演，打造"艺术党课"特色品牌。借鉴贵州村超文化、哈尔滨旅游等经验，以群众为主体、政府靠前服务、媒体助力，创新活动形式，突出地方文化特色，支持开展特色基层文体活动，鼓励地方文化创作者从本地文化中汲取灵感，由点到线串起整面国潮文化旗帜，努力推动特色八闽文化服务品牌"出圈"。

（三）聚力以文兴业，注重相互融合，让八闽文化深植人心

1. 推进文化融入教育

通过家庭教育、学校教育和主题教育让八闽文化潜移默化地融入日常生活，让八闽文化故事飞入寻常百姓家。推进朱子文化、"福"文化以及戏曲文化等优秀传统文化进校园、家庭和社区活动，持续推进"大美戏剧八闽校园行"系列活动，在公共文化场馆举办传统文化专题展，开展八闽文化讲座进校园，培育学校八闽文化相关社团，让学生在潜移默化中感悟八闽文化。将蔡襄、杨时等八闽名人的孝亲敬老故事融入家庭教育，将八闽文化中的孝文化等与家庭教育紧密结合，推动家教家风建设。传承弘扬薛令之以及福安廉村的廉文化，融入党员日常教育和廉洁文化建设，助力党员干部守好底线红线，提升八闽文化产业生命力。主动服务和融入主题教育、廉洁文化建设和党员日常教育，形成机制、树立典型、打造品牌，全省联动打造"文艺倡廉"特色品牌。如湖南省注重文化产业人才的培养，建立了完整的教育培训体系。福建省可在高校持续设立文化产业相关专业，加强与企业的合作，提供实习实训机会。同时开展文化产业人才培训项目，邀请行业专家开展讲座或培训，提高从业人员的专业技能。

2. 推进科技赋能文化产业

以科技创新驱动文化资源活力迸发，使丰富的文化资源借助科技手段活起来动起来，让游客在旅游的快乐中感受文化的新魅力，在科技赋能中感受文旅的新活力，打造有历史感、有时尚感、有质感、有辨识度的文旅新品牌。以数字福建建设推动八闽文化数字化，着力提升公共文化数字化水平，加快文化产业数字化布局，推进科技赋能文化产业，引导和鼓励文化企业运用大数据、5G、云计算、人工智能、区块链等新技术，改造提升产业链，重塑文化发展模式，培育一批文化科技重点企业。湖南省通过"芒果TV"等数字媒体平台，在影视、动漫、游戏等领域取得显著成就。福建省可发展以八闽文化为背景的影视作品、动漫及游戏产品，结合现代科技手段，如VR、AR技术，提升用户体验。

3. 推进文旅深度融合

依托武夷山、土楼、鼓浪屿等世界文化遗产地,以福州、厦门、泉州为重点,深入挖掘地域文化特色,将文化内容、文化符号、文化故事融入景区景点,把八闽优秀传统文化纳入旅游的线路设计、展陈展示、讲解体验,建设一批富有文化内涵的世界级旅游城市、旅游景区、旅游度假区和旅游廊道,打造一批文化特色鲜明的国家级旅游休闲城市和历史文化街区,大力发展滨海旅游、红色旅游、非遗游、博物馆游、考古游等文化旅游,延伸文化产业和旅游产业链条,让旅游成为人们感悟八闽文化、感受八闽魅力的过程。如山东省通过举办泰山国际登山节等活动提升当地文化品牌的影响力,福建省可举办闽南文化节、客家文化节等以福建特色文化为主题的节庆活动,打造八闽文化品牌活动与节庆活动。

(四)聚力以文会友,注重内外合力,让八闽文化直抵人心

1. 拓展八闽文化传播路径

用好优势拓展中华文化"走出去"的福建路径。用好八闽文化得天独厚的山海特色、海丝底蕴等优势,积极创作海丝题材和对台元素剧目,加强对外对台港澳艺术交流,形成"海洋文化看福建"体系,打响"海丝起点 清新福建"品牌;用好福建华侨和对台优势,重点抓好朱子文化、海丝文化、船政文化、侯官文化、南岛语族文化等福建独有选题创作。建立文化成果共享机制,将八闽文化抽象理论故事化、情境化、生动化,进而将福建故事、中华文明传播到世界各地,向各国人民展示真实、立体、全面的中国,增强中华文明认同。

2. 创新八闽文化传播方式

发挥"数字福建"优势,强化互联网思维,把握传播领域移动化、社交化、可视化趋势,充分运用声、画、影等现代视听技术和新媒体传播平台,探索建设沉浸式的博物馆、展览馆等,不断创新表达方式,打造立体多维的福建优秀文化传播矩阵。加大对根植福建文化、具有品牌影响力的文旅融合项目的投入。依托蓝色海丝、绿色休闲、红色文化三大旅游带和五个环

世界遗产地文化旅游圈，在旅游线路、旅游目的地、旅游产品设计中注入文化元素，增加旅游"文化味"。

3.引育八闽文化传播人才

以人为本，建立健全有步骤、有层次、系统化的人才培养体系，加强后备队伍建设，加强对文艺领军人物和中青年骨干人才的长期培养，举办紧缺人才培训班。发挥在外闽籍优秀艺术家的传统优势，争取全国名家和闽籍知名艺术家的支持和传帮带，建设一支德艺双馨、专业均衡、结构合理、数量稳定的文艺人才队伍，推进"闽派"文艺可持续发展。深化文艺院团改革，加快机构升格和艺术职业学院专升本步伐，畅通双向交流渠道。

针对乡村文化"种""植"薄弱环节，通过"发现一批，培养一批"，在农村建立一支专兼职相结合的"文艺种子"队伍，最终带动一片，逐渐提升农村的文化造血能力。在这方面，既可以利用回乡大学生、新乡贤等在地资源，也可以吸引城市里的艺术家、艺术职业学院师生等到农村参与艺术乡建。同时可借鉴河北省沧州市提出并实施的"文化干细胞"培育工程，支持培育各类民间文化团体和小微文化企业成为基层公共文化服务的"干细胞"，以其内生性造血功能，丰富基层群众文化生活，激活公共文化服务。

B.3

福建省朱子文化（南平）生态保护区
建设研究*

兰宗荣**

摘　要：　近几年，通过制定朱子文化（南平）生态保护区规章、保护一批朱子文化非物质文化遗产和物质文化遗产、建设一批重点基础设施项目、加强朱子文化宣传推广、开发朱子文化旅游主题精品线路和文创产品，朱子文化（南平）生态保护区建设取得了一定的成效，但也存在项目体验性不足、保障质量不高、亮点不够突出、市场开拓乏力等亟待解决的问题。基于调研和对产生问题的原因分析，为了实现朱子文化（南平）生态保护区高质量发展，本文提出应当多样化打造保护区体验性项目、多举措构筑保护区保障性体系、多方面彰显保护区新业态亮点、多渠道拓展保护区境内外市场。

关键词：　朱子文化（南平）生态保护区　文旅融合　福建省

　　朱子是历史留给中国极具世界影响的名片之一。福建省政协十一届四次会议、省十二届人大四次会议指出，要将"朱子文化"融入"一带一路"建设，全力打造朱子文化品牌。福建省旅发委出台了《福建省朱子文化旅游发展专项规划（2018—2022年）》，着力打造集观光、文化体验、研学旅

* 本文系福建省社科基金项目"福建朱子文化与旅游深度融合的路径与对策研究"（编号：FJ2022X017）、2024年科技创新智库课题"数智赋能背景下福建朱子文化与旅游深度融合发展研究"（编号：FJKX-2024XKB037）阶段性研究成果。
** 兰宗荣，武夷学院旅游学院教授，福建师范大学硕士生导师，主要研究方向为朱子文化旅游。

游等功能于一体的朱子文化旅游目的地，加强研学旅游与朱子文化的融合，彰显朱子文化旅游品牌效应。① 随着旅游发展环境不断改善，产业进入高速发展期，加强朱子文化（南平）生态保护区建设，打造朱子文化品牌，南平市具备了良好的基础，也具有独特的地位和担当。

一　朱子文化（南平）生态保护区建设的主要成效

（一）制定朱子文化（南平）生态保护区规章

一是出台以武夷山、建阳为核心的朱子文化（南平）生态保护区工作方案。围绕省委、省政府把朱子文化打造成福建文化第一品牌的战略布局，南平市委、市政府成立了朱子文化保护建设工作领导小组，办公室设在市委宣传部，并出台了《南平市朱子文化保护建设工作方案》。二是南平市文化和旅游局委托上海圣博华康城市规划咨询有限公司编制《朱子文化（南平）生态保护区总体规划》，于 2023 年 10 月通过评审。三是按照南平市人大立法规划，南平市文旅局牵头制定了南平市首部实体性地方性法规《南平市朱子文化遗存保护条例》，旨在通过立法保护朱子文化遗存。四是为落实《福建省"十四五"文化和旅游改革发展专项规划》，南平市根据有关要求，立足南平实际，出台、编制了《朱子文化等闽北优秀传统文化保护传承发展规划》《环武夷山国家公园朱子文化旅游发展规划》等一系列政策性文件。朱子文化生态保护在地方性政策法规的护航下取得了显著成效。

（二）保护一批朱子文化非物质文化遗产和物质文化遗产

一是加强南平市朱子文化非遗保护。截至 2023 年底，南平市有代表性的朱子文化非物质文化遗产 24 项，其中，列入省、市、县三级非物质文化遗产名录的朱子文化项目共计 12 项，含省级非物质文化遗产项目 7 项、南

---

① 郭斌、蒋丰蕊：《朱子文化，焕发新光彩》，《福建日报》2022 年 11 月 4 日，第 1 版。

平市级 3 项、武夷山市级 2 项，未定级的非物质文化遗产 12 项（见表 1）。目前，南平市朱子文化非物质文化代表性项目代表性传承人共 24 人，其中省级 5 人，南平市级 6 人，武夷山市级 13 人。南平市正推广普及"朱子祭祀典礼""朱子敬师礼""朱子成年礼""朱子婚礼"，并积极争取朱子祭祀典礼申报国家级非遗名录。

表 1　截至 2023 年底朱子文化（南平）生态保护区各级非物质文化遗产代表性项目

序号	项目名称	目前级别
1	朱子祭祀典礼	省级
2	建阳雕版印刷	省级
3	朱子家宴	省级
4	朱子家礼(成年礼、拜师礼、婚礼)	省级
5	灯舞(龙鱼戏)	省级
6	茶百戏	省级
7	东平小胳制作技艺	省级
8	武夷茶艺	南平市级
9	幔亭招宴	南平市级
10	喊山祭茶	南平市级
11	九曲竹排制作技艺	武夷山市级
12	武夷酿造技艺	武夷山市级
13	朱子孝母饼制作技艺	未定级
14	朱子系列故事(朱熹改"鬼"子、朱熹出世、朱熹与"厦门关"、朱熹解《四书》)	未定级
15	朱子兰	未定级
16	朱子茶	未定级
17	祝夫人煮莲教子	未定级
18	朱熹麦饭充饥	未定级
19	义让田产	未定级
20	朱熹集粮救灾	未定级
21	朱熹劝义母	未定级
22	朱熹认错	未定级
23	丽娘心	未定级
24	朱子家训	未定级

资料来源：根据《朱子文化（南平）生态保护区总体规划》及政府网站资料整理。

二是加强南平市朱子文化不可移动文物保护。通过开展朱子文物普查、文献整理等工作，保护的朱子文化不可移动遗存有 61 处，分别是：云根书院遗址、"庄濠"摩崖石刻、"屏山世泽"额匾、刘屏山先生祠、三贤祠、冲佑观、"台溪地"牌坊、萧颉故居、詹氏故居、屏山书院遗址、武夷精舍遗址、南山书院遗址、水云寮、吟室遗址、鹰山书院、游定夫书院、屏山书院、兴贤书院、南浦书院、云根书院、台溪精舍、朱熹墓、朱森墓、李侗墓、蔡元定墓、富美程夫人墓、朱松墓、祝夫人墓、罗从彦墓、朱塾墓、廖德明墓、廖刚墓、黄中墓、真德秀墓、朱熹题刻、历代理学题刻、刘子羽神道碑、砖雕"随处体认天理"照壁、砖雕"居之安"影壁、"西山"摩崖石刻、"庐峰"摩崖石刻、灵泉、游定夫祠、李纲祠堂、李延平祠、杨龟山祠、罗从彦特祠、刘氏家祠、宋贤真夫子祠、叶氏宗祠、浔江朱氏宗祠、朱氏祠堂、真德秀故居、五夫社仓、考亭书院石碑坊、五经博士府、紫阳楼遗址、密庵遗址、朱子巷、五贤井、通判泉。

三是加强南平市朱子文化可移动遗存的保护。保护的朱子文化可移动遗存有 8 件（套），分别是：朱熹自画像碑拓片、清临朱熹手迹木匾、《宋故大中大夫焕章阁徽敕朱府君圹志》墓志铭、"衍义亭故址"碑刻、萧家族谱、真德秀著作、重建湛卢书院碑记、五代永隆元年铜钟等。

四是南平市也建了一批朱子文化生态保护的传习所/研习社。例如，五夫灯舞（龙鱼戏）传习所、武夷山茶百戏传习所、武夷茶研习社、建阳雕版印刷传习所、政和东平小胳制作技艺传习所等。

（三）建设一批重点基础设施项目

南平市县（市、区）朱子文化基础设施建设投入 836372 万元，重点扶持并有效推动武夷山朱子文化园项目（二期）、南平市建阳考亭文化旅游度假区（二期）、建瓯市理学片区保护与活化项目等 34 个项目（见表2），对朱子文化遗存予以保护和利用。

表2　南平市县（市、区）朱子文化基础设施建设情况

单位：万元

县（市、区）	重点建设项目	投资额	建设年限
武夷山市	武夷山朱子文化园项目(二期)	50000	2021~2024
建阳区	南平市建阳考亭文化旅游度假区(二期)	100000	2021~2025
建阳区	理学研学基地项目(武夷德懋堂二期)	152000	2021~2025
建阳区	建阳寒泉朱子文化景区开发项目	15000	2022~2025
建阳区	马伏朱子文化旅游开发项目	18000	2022~2025
建阳区	考亭书院二期国学苑建设项目	15000	2022~2025
建阳区、武夷山市、建瓯市、政和县	大武夷研学基地	100000	2021~2025
武夷山市	武夷精舍、屏山书院遗址保护提升及展示博物馆项目	16500	2021~2025
武夷山市	朱子理学小镇项目	12000	2022~2025
建阳区	建阳西山生态旅游风景区建设项目	11000	2023~2035
建阳区	建阳区宋慈文化旅游基础设施	50000	2019~2023
建阳区	建阳区莒口镇古民居文化旅游项目	12000	2021~2025
建阳区	麻沙建本文化展览馆	10000	2021~2025
建阳区	书坊建本文化园	13080	2021~2025
延平区	延平书院二期项目	5452	2025~2027
武夷山市	武夷山市五夫古镇风貌提升项目	4000	2021~2023
武夷山市	武夷山景区旅游设施提升项目	8400	2021~2025
建阳区	南平喜马拉雅有声城市建设项目	2000	2021~2025
建阳区	南平市非遗展示中心(民俗博物馆)	18000	2023~2027
武夷山市	"朱子故里"海峡两岸交流基地项目	2000	2021~2025
武夷山市	城村汉城国家考古遗址公园	105900	2018~2025
建阳区	武夷山国家公园黄坑科教文化宣传展示中心项目	5000	2021~2025
建阳区	游酢理学教育基地项目	10000	2023~2025
浦城县	南浦书院修缮展陈工程	3000	2022~2025
浦城县	真德秀故居(西山故居)整修展陈工程	5000	2022~2025
浦城县	詹氏古民居(詹体仁故居)修缮工程	3330	2022~2025
浦城县	叶家山古文化村落(叶文炳故居)修缮工程	3000	2022~2025
政和县	政和县进坑朱子文化村建设项目	3700	2021~2025
政和县	政和县富美朱氏墓园保护提升项目	2600	2021~2025
政和县	政和县铁山朱子文化园建设项目	4300	2021~2025
政和县	政和县朱子文化研学教育基地	12600	2021~2025

县（市、区）	重点建设项目	投资额	建设年限
政和县	政和县博物馆朱子文化陈列展厅建设项目	3000	2021~2025
建瓯市	刘氏五忠祠修缮工程	510	2021~2022
建瓯市	建瓯市理学片区保护与活化项目	60000	2023~2025
总计	—	836372	—

资料来源：根据《朱子文化（南平）生态保护区总体规划》及相关公开报道整理。

（四）加强朱子文化宣传推广

一是政府官网宣传。南平市政府、县（市、区）政府官方网站加强对朱子文化的宣传推广，甚至开辟朱子文化专栏，创建并升级"中国朱子网"及微信公众号。二是利用企业网站宣传。设立喜马拉雅南平频道，办好朱子故事节目。三是由南平市人民政府办公室主办、南平市数字发展中心承办的《朱子文化》刊物，向海内外公开发行。四是学者编辑出版专著与发表论文。学者申报课题、发表论文并出版了《朱子之路》《朝圣之路》《朱子文化与社会主义核心价值观》等图书。五是开展朱子文化进校园、教材活动。把朱子文化纳入学校的通识教育，出版《朱子文化小学读本》《朱子文化中学读本》《朱子文化简明读本》等乡土教材和普及读物。六是拓展朱子文化国内外交流。依托海峡论坛、朱子文化研讨会、朱子文化节等拓展对外交流，设立朱子文化海峡两岸交流基地，每两年举办一次朱子文化考亭高峰论坛，把考亭书院打造成中国社会科学院高峰论坛举办地，把武夷精舍打造成中国人民大学"中华文明讲坛"的举办地。七是推动"中国朱子网"上虚拟展馆和文化旅游信息服务平台建设，南平市博物馆认真开展《朱熹在闽北》专题 VR 展示片脚本撰写，并通过省文旅厅审核。

（五）开发朱子文化旅游主题精品线路和文创产品

一是开展朱子文化旅游。南平市将分布于武夷山、政和、建阳、建瓯、延平、浦城和风景名胜区的朱子文化遗址串点成线，策划"朱子寻根之旅"

"朝圣观光之旅""书院文化游""孝道文化游""文化寻踪，朝祭先贤"等精品线路。

二是开展"朱子之路研习营"活动。从2008年8月"朱子之路首航"，截至2024年8月，海峡两岸已共同举办了17届"朱子之路研习营"和7届"港澳台大学生走朱子之路研习营"的修学之旅，线下参与此项活动的本科生、研究生已达千余人，涉及台湾朱子学研究协会、闽北朱子后裔联谊会、武夷山朱子研究中心、福建闽学会、厦门大学、武夷学院等。

三是打造环武夷山国家公园1号风景道，全长约251公里，寓意"爱武夷"。该风景道将环武夷山国家公园内外的21个国家A级旅游景区、11个乡镇、40个村串联起来。道路中间有"红黄蓝"三条彩色线，代表的是旅游观光线路的意思，也被网友称为"彩虹公路"。南平市文旅局委托武夷山导游协会编写了1号风景道导游词。这条风景道连接起武夷山国家5A级旅游景区、中国历史文化名村下梅村、中国历史文化名镇五夫镇、崇雒的朱子再传弟子"世界法医学鼻祖"宋慈的墓园与纪念馆、两宋时期闽北人文鼎盛与烟火生活的大观园"武夷梦华录"、朱子晚年创办的最后一所书院考亭书院、朱子创办的第一所书院寒泉精舍、朱子故先姚祝氏之墓、八闽大地禅宗发祥地唐朝高僧马祖道一弘法的莒口镇圣迹寺、建阳古书院群、麻沙镇楠木林国家3A级旅游景区、建本文化馆、鹰山书院、德懋堂度假村、黄坑镇朱子林景区的朱子和夫人刘氏合葬墓及朱文公纪念馆、黄坑国家3A级旅游景区、蛇的王国大竹岚、世界红茶发源地星村镇桐木村、武夷山自然博物馆、世界乌龙茶发源地星村镇、武夷山景区武夷精舍等重要的文化与自然景观。其中，中国历史文化名镇五夫镇是闻名国内外的"朱子故里"、"朱子理学"发源地、朱子理学小镇，是南宋理学宗师朱子在此从学、著述、授徒、生活了近50年的地方。镇区有屏山书院遗址、紫阳楼、灵泉、兴贤古街、朱子巷、连氏节孝坊、兴贤书院、朱子雕像、文公庙、荷塘月舍、万亩荷塘、千亩油菜花海等众多景点。

四是建设研学营地和研学基地，开展青少年研学。毅路征途（武夷山）青少年户外营地是武夷山首家从事研学旅游活动组织的专业机构，多次承接香港、台湾青少年游学武夷山活动。2024年3月23日，由武夷山文旅集团有限公司与浙江海亮素质教育科技有限公司联合打造的武夷山海亮研学教育营地也正式开营。

五是积极开展朱子文化创意产品开发。2022年5~12月，开启第九届福建文创奖·朱子文化创意设计大赛。有来自全国各地的"朱子文化城市景观""南平、武夷山城市IP""朱子文创好礼""武夷文创好礼"4个类别共计1728件参赛作品。经专家初评、终评、大赛组委会审核和公示等程序，共评出金奖3名、银奖8名、铜奖12名、优秀奖18名。南平进一步开发以宣传朱熹理学为内容的武夷竹刻产品，包装推介武夷山八卦宴（也称朱子家宴，为朱熹创制）、五夫莲子等特产，制作出有朱子文化符号的朱子茶、朱子扇、朱子家饼、朱子纪念像（章）等文化旅游商品。南平市博物馆作为省级文创试点单位，依托馆藏资源，借助高校和社会企业力量，设计开发一批以朱子、建盏文化元素为主的文化创意产品，真正做到让文物"活起来"。创作《朱子之歌》驻场演出精品剧目，赴台演出取得成功，并多次受邀入台高校演出。

二　朱子文化（南平）生态保护区建设的主要问题

朱子文化（南平）生态保护区建设是一项复杂的系统性工程，它不仅涉及对非物质文化遗产的保护和传承，还包括对文化生态的整体性保护和活态传承，需要政府、社会和个人的共同努力，以及科学的方法和策略，保护和传承过程中难免会出现一些问题。

（一）体验性不足

目前，朱子文化（南平）生态保护区体验性项目不足。一是体验内容的单一性和同质化问题严重。朱子文化项目缺乏创新，大多以较为单一的图文形式展示，雷同性严重。虽然游客有高达85%的信息是通过视觉接收的，但因没有听觉、触觉、味觉、嗅觉的参与，容易造成视觉审美疲劳。当内容

缺乏多样性，且同一类型的体验反复出现时，无法提供独特的记忆点，游客容易厌倦，致使满意度下降，并影响其再次访问的意愿。二是配套设施不完善。不完善的配套设施会影响游客的总体体验。例如，餐饮、住宿、交通等基础设施的不足可能会让游客感到不便，从而影响他们对项目的评价。一些景区簇新的建筑物只是变成一种"新古迹"，难以发思古之幽情。很多修复的书院没有藏书、没有上课的师生，减损了其文化价值。三是服务质量差也会影响体验。因接待地人民群众热情友善的主人翁意识尚未形成，影响了参观者的美好体验。四是跟参观者喜好和心情有关。一些参观者本身对观赏的景物不感兴趣，自然会影响其体验性。根据笔者对五夫朱子文化旅游的问卷调查，在收回的 206 份问卷单选题里，游客对朱子文化非常感兴趣的有 77 人，占 37.38%；一般感兴趣的有 122 人，占 59.22%；不感兴趣的有 7 人，占 3.40%。五是体验项目设计及技术存在不足。虽然有些项目引入 VR 新技术进行新尝试，但研发时软件及硬件设备仍存在不足，因时空遥隔而 VR 文创人员缺乏对朱子文化的深入理解，自然会影响其产品设计的体验性。有些游客体验 VR 设备时有眩晕感，设备画面转换有延迟现象以及五花八门没有标准的朱子像等，也会一定程度上影响用户的体验。

（二）保障质量不高

目前，朱子文化（南平）生态保护区建设局部保障质量不高。一是组织保障不够有力。虽成立了不同层级的朱子办等统筹管理机构，但在职责分工、机制创新、流程优化上还存在不足。二是质量保障体系还未完整构建。朱子文化全民保护知识欠缺，保护意识不浓，由于历史的原因，朱子文化遗址、遗物越来越少，部分朱子文物处于消失或正在消失的状态。武夷山朱子文化资源大多坐落在村庄内或农户生产区域内，村民建房和生产活动对朱子文化遗址和古建筑周边环境甚至本体都造成一定的破坏或影响。① 由于旅游

---

① 邹赣华：《基于 SWOT 分析的武夷山朱子文化旅游发展的探索》，《扬州教育学院学报》2012 年第 3 期。

开发时的短视行为、保护区经营管理中的失误，朱子文化原生态环境遭到破坏。游客不文明行为、无良商家的坑蒙欺诈以及社区居民的无利益不合作，也都影响了朱子文化（南平）生态保护区建设整体保障质量。三是人才缺乏。朱子文化保护与传承需要有一支充满激情、具有创新意识和注重效率、合作良好、学科专业齐全的人才队伍，而现有人才结构还不完备。企业在人才内培外引方面也缺乏足够投入，导致企业技术及管理人员的素质能力得不到提升。四是文物古迹及设施设备保障不足。修复文物古迹的生产工艺和流程不规范，原料采购和质量控制不严，生产管理和质量控制不力，技术水平落后等均减损了修复文物的价值。

（三）亮点不够突出

目前朱子文化（南平）生态保护区亮点还不够突出。一是缺乏对市场需求的研究，错误地定位目标市场，产品研发不足，很难在市场上获得竞争优势，无法吸引目标客户。二是缺乏创新。创新是项目突出亮点的重要基础。在市场竞争日益激烈的情况下，一个好的项目不仅需要有良好的质量、整体形象和功能，还需要有创新。如果一个产品没有任何创新，就难以体现其差异化，而且缺乏创新的产品一般很难引起游客的兴趣，游客很快会失去购买的热情。各朱子文化企业都努力推陈出新，推出更好的项目，但是因为过多的竞争，企业的创新点不够突出，使项目亮点被隐藏。三是项目不完善。项目局部工程、功能设计方面有缺失，或者是缺少美学设计。美学设计是一个项目最低的诉求，只关注产品性能、外观，缺少美学设计就难以突出亮点。

（四）市场开拓乏力

一是运营团队和营销人员能力不足。市场营销需要专业的人员进行策划和咨询，但是有些企业由于财务问题或者是创业阶段的瓶颈原因，缺乏专业人才，这往往导致市场开发能力偏低。二是市场调研不足。市场调研是企业制定市场开发策略的基础，也是保证市场开发能力的重要因素。但是，有些企业并不足够了解项目所在的市场以及竞争对手，客户需求不清晰，不能把握市场动态，从而缺乏有效的市场开发策略。市场开发的最核心任务就是满足客户的需求，而客户需求具有极其复杂性、多样性和深层次性。朱子文化企业需要从多个角度、采取多种策略，精准把握市场，从而形成差异化竞争优势。有些企业并未做好市场预测和需求研究工作，导致开发的盲目性和不确定性。三是用于市场开发的资金不足。朱子文化（南平）生态保护区同资本市场结合还较为松散，资金来源主要为财政拨款和银行信贷，没有向中国多层次资本市场借力，投资者的收益模式仍停留在增加营收的初级层面，没有参与到新一轮的资本市场造富运动中。① 市场开发需要一定的资金支持，这也是企业获取市场份额和稳定市场地位的前提。但是低成本经营思想在当前仍占主导地位，这使得一些企业缺乏战略资金投入。有些企业的经营策略依然停留在"快钱""返本销售"等阶段，缺乏长期战略发展的思考，使企业缺乏足够的战略储备和战略导向，不能有效地实施市场开发。四是市场营销手段滞后及项目尚待完善。许多朱子文化企业面对市场开发需求和竞争往往遵循老套的销售模式和推广方式。笔者对五夫朱子文化旅游的问卷调查显示，在收回的206份问卷多选题里，游客认为朱子文化缺乏宣传推广的有151人，占73.30%；认为缺乏配套设施的有131人，占63.59%；认为交通不便的有86人，占41.75%；认为服务质量不高的有54人，占26.21%。当然，很多项目目前因为还处于在建阶段，诸多设施及服务不完善在所难免，自然也就影响到了向市场推广。

三　推进朱子文化（南平）生态保护区建设的建议

《朱子文化（南平）生态保护区总体规划》为朱子文化（南平）生态保护区建设指明了方向。要实现朱子文化（南平）生态保护区"遗产丰富、氛围浓厚、特色鲜明、民众受益"的建设目标，建议应该在以下几方面进行加强。

---

① 周春梅、徐晨、董青：《福建省旅游投融资问题与对策分析》，伍世代、陈敏华主编《福建省旅游产业发展现状研究（2017~2018）》，社会科学文献出版社，2019，第316页。

（一）多样化打造保护区体验性项目

一是创新打造一批朱子文化深度体验特色精品。项目开发需要提高体验设计的权重，确保体验设计能够在产品开发的各个环节中发挥更大的作用。将朱子文化融入可感知、可触摸、可互动、可体验、可分享的系列活动，包括体验朱子祭祀典礼、朱子家礼和朱子家宴等非物质文化遗产和朱子诗词回廊文化雅集、朱子书画、朱子茶道、宋韵芬芳等，更好地满足国内外朱子文化爱好者的需求。二是通过数智赋能，打造体验性、观赏性、艺术性兼具的文创产品。利用现代计算机图形、仿真、传感、显示、人工智能等技术进行建模，强化VR、AR、MR等朱子文创沉浸式体验，打造虚拟互动式朱子等身像数字人，实现古今人物对话，给游客带来身临其境式新奇体验。三是打造朱子国学振兴研究院，打造全世界最全的朱子文化典籍数字博物馆，形成可以供广大游客及朱子文化爱好者查阅的朱子文献宝库和研究平台。

（二）多举措构筑保护区保障性体系

一是组织保障。设立各层级朱子文化保护传承工作领导小组，设办公室，负责组织协调、统筹推动朱子文化传承发展及日常具体工作。将传统文化保护专项资金列入本级财政预算，并使之随财政收入的增长而增长。建立统筹协调、专题会商、责任落实、激励问责等机制。二是质量保障。建立朱子文化（南平）生态保护区评价体系。从城镇整体环境、内外道路、停车场、文化标识、建筑质量、运营管理、服务水平、游客满意度、社区居民满意度、清洁度、绿化、美化、服务设施等多个指标入手，对朱子文化（南平）生态保护区各节点进行评估；健全保护区的法律制度和管理制度；加强对环境的宏观管理和评估；严格控制保护区各节点的环境容量；提高环保意识，实施主客体参与管理；将广大人民群众的积极性调动起来，发动群众广泛参与，形成共识，使朱子文化成为南平市人民的灵魂特质、精神支撑，成为支持保护区发展的内生动力；要让游人走进朱子文化（南平）生态保护区就能感受到浓厚的朱子文化氛围。三是用地保障。

政府要优先保障朱子文化（南平）生态保护区重点用地项目，年度土地利用计划适当向其倾斜。逐步改造城镇及村庄用地，通过内涵挖潜来提高土地利用率，优化国土空间规划管控，科学提升朱子文化景观品质。四是人才保障。通过人才政策，吸引朱子文化生态保护和管理、服务、经营、市场营销、创意设计、建筑、文化、艺术、中文外语讲解、导游、文物修复、大数据管理等各类专业人才及非遗传承人，并加强人才相关培训，提升朱子文化（南平）生态保护区从业者素质。五是设施设备保障。根据业务特点配置相应的设施设备，建立定期检查保养管理制度，确保其运行状态良好，随时能够高效利用。

（三）多方面彰显保护区新业态亮点

一是推动朱子重点书院的复兴。强化海峡两岸书院联盟，使其成为海内外朱子文化交流的重要学术基地。二是积极推动海峡两岸及国内外朱子学学术研究与交流。加强朱子文化传播与品牌建设，完善朱子作为哲学家、理学家、思想家、文学家、教育家、诗人、美食家、书画家、礼学家、文献家等的整体形象。三是打造朱子文化研学旅游基地和营地的"教育+旅游"新业态，编制各层级学校朱子文化校本课程和研学旅游课程，编写朱子文化校本教材，将朱子思想与当今的社会主义核心价值观融合，树立道路自信、理论自信、制度自信和文化自信。四是加强朱子文化与旅游的融合发展。通过打造一批结合地域特色文化差异化发展的朱子文化与旅游融合精品项目，形成集观光、文化体验、科普教育、休闲度假等功能于一体，具有地域标志性特色产品和新业态的朱子文化旅游目的地。五是加强朱子文化相关非物质文化遗产的保护。将相关非遗项目进一步丰富和升级。六是通过文化创意和数智赋能，积极推进朱子文化的活化利用。将朱子文化元素融入文化创意产业，贴近人们的生活，使朱子文化得以在现代社会焕发出新的生机。

（四）多渠道拓展保护区境内外市场

一是拓展资本市场。朱子文化（南平）生态保护区可考虑以朱子文化旅游产品为核心吸引物，融合五夫镇朱子文化、建阳考亭度假区旅游资源破冰上市或引入上市公司投资经营；保护区也需要联合所在乡村生产合作社，以土地入股、服务入股、技术入股等多种入股形式助力乡村振兴。二是拓展客源市场。朱子文化作为世界性的旅游资源，境外以新加坡、韩国、马来西亚、日本，以及中国台湾、香港、澳门影响较大，可利用已有品牌，扩大朱子文化境内外研学的影响；还可利用国际旅行社组织境外旅游团队，利用国内旅行社组织境内旅游团队，形成国内大循环、国内国际双循环的朱子文化旅游格局。三是拓展市场营销渠道。政府、企业、媒体、公众不同主体采取共同参与的整体营销形式，利用各种载体宣传推介，特别是借助政府官网、"中国朱子网"、"朱子文化大观"微信公众号、抖音、小红书、快手、哔哩哔哩等平台，利用互联网平台整合信息、降低成本、创造新商业模式、支持文化创意、促进协同和推动技术创新。

结　语

朱子文化生态保护是动态的保护过程，既要保护非物质文化遗产的活性，加强其自身的造血功能，完善、优化其生态，也要保护好与之相关的物质文化遗产、自然遗产以及人文环境。因此，需要加强朱子文化遗存保护立法和保护规划，以及对朱子文化（南平）生态保护区的依法依规管理。随着人工智能、大数据、云计算等技术的快速发展，可以将这些技术渗透到朱子文化（南平）生态保护区建设中。在数智赋能背景下，朱子文化（南平）生态保护区也将会进一步转型升级。而数智技术与朱子文化的融合，将会深化其内涵，创新其传播方式，提高其知名度和影响力。朱子形象、朱子故居、书院、游记、诗词、匾额、传说、楹联、摩崖石刻、礼仪、服饰、家训、书法、理学思想、旅游思想、非遗项目等都可以与数智技术相融合。它不仅是一种保护区保护的手段，也是一种产品的内容。利用数字技术讲好"朱子故事"，可以丰富朱子的整体形象，并将朱子文化创意通过数字技术手段融入建筑、景观、小品等载体中，串景成链，将其变成可视、可体验、可学习、可互动、可传承的朱子文化生态产品。朱子文化资源异常丰富，通过朱子文化（南平）生态保护区这一平台可以进一步激活其生命力，让朱子文化焕发时代风采，发挥文化软实力作用，这也是传承中华优秀传统文化、推进文化自信自强、贯彻习近平总书记视察武夷山朱熹园时的重要讲话精神、推动朱子文化创造性转化和创新性发展的必然要求。

B.4
侯官文化大众化国际化传播研究

王 兵*

摘 要： 侯官文化是福建地域文化的代表，也是中华优秀传统文化的有机组成部分。目前，社会各界在侯官文化的联动宣传推广、文旅融合发展和特色文化挖掘等方面积极开展工作，已经初见成效。不过，侯官文化的大众化国际化传播依然存在精神内涵凝练缺乏个性、融合发展未成体系、宣传推广力度不足、文创品牌建设和数字赋能有待加强等突出问题。为了实现侯官文化的创造性转化与创新性发展，我们要解码侯官文化基因，打好侯官历史文化名人牌；利用侯官文化资源，丰富文旅产业产品供给；构建融媒体传播平台，扩大侯官文化影响；补齐创新人才短板，助推侯官文化走向国际。

关键词： 侯官文化 大众化 国际化 文化传播

引 言

侯官原为汉代冶县之地，东汉时期改冶县为侯官都尉（亦称东侯官），侯官之名从此始，当时地兼瓯闽。三国吴永安三年（260），置建安郡，领十县，侯官县在其中。西晋太康三年（282），析建安郡地置晋安郡，领八县，侯官县在其中。南朝之宋、齐、梁三朝，侯官县仍属晋安郡。隋朝开皇九年（589）平陈后，侯官县并入闽县。唐朝前期，建安郡经历了改称泉州、闽州、福州、长乐郡、福州的过程，肃宗乾元元年（758），最后定名

---

* 王兵，文学博士，福建师范大学文学院教授、博士生导师，主要研究方向为中国古代文学与地方传统文化。

福州。高祖武德六年（623），复置侯官县，治所在州城西北三十里，靠近江浒（今闽侯县上街镇侯官村）。德宗贞元五年（789），县治被洪水冲毁，都团练观察使郑叔则奏请移县治入州城，贞元八年（792）始迁入州城。从此，侯官县便成为福州的附郭县。北宋雍熙二年（985），改置福建路，统六州、二军，号称"八闽"，福州为首府，领十二县，侯官县亦在其中。元朝，侯官县属福建行中书省之福州路。明清时期，侯官县均隶属福州府。民国2年（1913），废除福州府，闽县与侯官县合并为闽侯县。民国以来，福州虽一直是福建省会，但是从未设立市一级行政机构，以往行政均由闽侯县政府和省会警察局双重管辖。1945年10月，福州市政府正式成立。当时福州市界，东至鼓岭、西至洪山桥、南至盖山、北至新店，总面积60平方公里。至此，闽侯县治撤出福州市区。当时，闽侯县东西广166里、南北袤300里。东面、东南面与闽县接壤，西面、西南面与永福县毗邻，北与古田县相邻，东北至连江县，西北至闽清县。

可见，朝代的更迭导致地理区域建制的变化，历史上不同时期的侯官包含的地理范围亦多有变动，正如福建省委宣传部张彦部长在首届侯官论坛开幕式上的致辞所言："侯官所指地域历史上几经变化，有时大过福州市，有时大过闽侯县，现在是村一级建制。不管地域大还是小，侯官的名称一直存在，甚至曾经被用来代称福州。今天再来谈论侯官文化，有地理的基础但不拘泥于地理概念，我们更加看重的是文化的内容，尤其是其中蕴含的历久弥新的文化精神。"①

在福建乃至全国范围内的地域文化之中，侯官文化皆具有鲜明的时代特征和地方特色。首先，侯官自古文化积淀深厚、文教发达，晚清以降更是人才辈出，涌现出"开眼看世界第一人"林则徐、"首任船政大臣"沈葆桢、"近代西学第一人"严复、"戊戌六君子"林旭、"黄花岗烈士"林觉民和方声洞等众多历史文化名人，更因为这些时代先锋在政治、军事、教育、文化等领域的杰出表现，赢得了"晚清风流数侯官"的赞誉。其次，侯官文

---

① 张彦：《传承侯官文化的宝贵精神》，《福建日报》2022年12月27日，第6版。

化是近代福州地区中西文化碰撞中形成的先进地方文化，既是吸收西方先进文化的产物，也是向世界传播中国文化的先驱。当下，为了更好地继承和弘扬侯官文化，实现侯官文化的创造性转化和创新性发展，福建省政界、学界和业界多方联动、多措并举，积极助推侯官文化"活起来"和"走出去"。

一 侯官文化大众化国际化传播的主要进展

（一）社会各界联动宣传，初现传播合力

自 2022 年底开始，福州地区大学新校区管理委员会和福建师范大学等高校每年主办一次侯官论坛。此论坛由福建省委宣传部、福建省委教育工委指导，邀请海内外知名学者和侯官历史文化名人的后人从不同角度阐释侯官文化，并以此为基点开展跨校际、跨学科的方向性、前瞻性、创新性学术交流，为新福建建设和一流大学城建设贡献智慧和力量。

福州市委宣传部组织研究力量，深入挖掘侯官文化的精神内涵，并邀请了省市相关领域的知名专家学者，围绕侯官文化的精神内涵、历史沿革、时代价值等方面，开展重点课题研究。同时，组织编写一系列著作，更加系统深入地挖掘和梳理侯官文化的古迹遗存、文风学风等。福州市"闽都文化名家讲"社科普及宣传系列活动闽侯专场等活动也将侯官文化更好地推入大众的视野中。

福州部分大中小学校陆续开展了弘扬侯官文化的活动，宣传名人文化，为青年学子树立人生进取的榜样。2023 年 5 月 6 日，在福州地区大学城高校学生大合唱汇演暨首届福州地区大学城文化艺术节开幕式上，所有高校学生代表唱响《侯官是我家》，歌曲还登上央视音乐频道《春回大地歌声扬——2023 新春交响音乐会》舞台，向全国观众展示侯官这座古城的独特魅力，诠释侯官深厚的历史积淀和丰富的文化内涵；2023 年 7 月 4 日下午，来自突尼斯、埃及、乌兹别克斯坦等 14 个国家的 44 位"'一带一路'国家妇女能力建设研修班"参训官员受邀走访福州市闽侯县侯官村，让参训官

员亲身体会福建以侯官为代表的古村落之独特魅力，展现了侯官千年文化，促进了中外人文交流；2023 年 8 月，福建师范大学德"侯"流光实践队赴闽侯县侯官村探寻千年侯官文脉，品味古村新芳华；2023 年 10 月，福建理工大学积极组织动员全校学生开展了弘扬侯官文化系列主题活动。通过"听、学、绘、行、说、唱"等方式全方位立体式学习宣传侯官文化等，越来越多的学校参与到挖掘和弘扬侯官文化的队伍中。

中外学界也积极参与了侯官历史文化名人的国际化传播，仅在学术著作方面，就有《晚清一个外交官的文化历程》《蹈海东瀛：隐元隆琦与前近代东亚社会的本真危机》《沈葆桢评传——中国近代化的尝试》《寻求富强：严复与西方》，以及 *Lin Shu, Inc.：Translation and the Making of Modern Chinese Culture* 等。这些著作对于宣传陈季同、隐元隆琦、沈葆桢、严复、林纾等侯官名人在海外的文化传播力和影响力都有促进作用。

（二）借力侯官乡村振兴，助推文旅发展

侯官村作为侯官文化唯一的存续地，享有丰富的历史文化与自然资源，地理位置又毗邻市区，近年来依托国家的乡村治理现代化建设，也开始探索文旅融合之路。党的十八大以来，经过"美丽乡村""幸福家园""整洁闽侯"等建设，侯官古村换上新颜。侯官村也获得一系列荣誉：2017 年被列为"幸福家园"建设示范村；2018 年被列为"美丽乡村"建设示范村；2019 年入选为福建省地名文化遗产"千年古村落"，列入"美丽乡村人居环境再提升"示范村、乡村振兴战略规划重点培育村；2021 年列入"第二批全国乡村治理"示范村。目前，侯官村在充分利用本土特色文化资源和地域优势的基础上，在乡村旅游业领域开展了一系列有创意的文化实践，积极探索促进地方文化昌盛和经济发展的新路径。

目前，侯官村已推出城隍庙、五水公园、夜泊侯官等多个文旅产品，打造了"夜泊侯官""共赴一场穿越千年的文化之旅""翰墨寻迹·探寻严复的一生"等精品旅游线路，初步形成集文化旅游、综合观光、休闲美食、文化研学于一体的全域景区。同时，以合作社为依托，积极打造"百亩福

橘园"和"茉莉园",并利用毗邻市区的区位优势,引入花卉产业园、生态采摘园、特色餐饮和民宿等丰富产业结构,推动乡村产业发展。通过长期宣传及实物吸引,招徕商户及艺人入驻古市集,为古市集注入真正的发展活力。最后是通过丰富的文化旅游节活动,提升本土文化和产业影响力。2017年,福建百香果产销联盟在侯官村生态园举办福建百香果首届采摘文化节暨采摘嘉年华,集聚福建省相关企业和市民,展示产品的同时开展互动体验。

(三)传承当地非遗民俗,打造特色文化

千年古村侯官村蕴藏着丰富的特色民俗与非遗文化,游神活动、城隍信仰、螺女传说、喜娘习俗、剪纸和酿酒文化等,无不展示出侯官文化在民间的烟火气。而传承当地非遗民俗,正是讲好侯官故事、发掘侯官文化的必经途径。

2019年10月,侯官村成功举办了第八届闽台城隍庙联谊会,吸引了近千名参与者,既传承闽台城隍信仰文化内涵,也彰显出两岸城隍信仰的同根同源。2017年,闽侯县被中国民间文艺家协会命名为"中国喜娘文化之乡",闽侯县申报的"婚俗"(喜娘习俗)更是列入福建省第一批省级非物质文化遗产代表性项目名录之扩展项目名录。如今在闽侯县上街镇石门街社区,当地正筹划建设上千平方米的喜娘文化博物馆。年过半百的陈夏玉,是家族中第四代喜娘,也是喜娘习俗省级非遗代表性传承人。最为人称道的是,她沉稳大方,唱功一绝,席间喝彩有"急智",俗语俚语信手拈来,流行语汇不时添彩。就连海外乡亲,也以陈夏玉能到场主持闽都风俗的婚礼为荣。不少人慕名前来拜师,其外省和海外的女弟子超过百人。在国外操办多次婚礼后,喜娘们有意识地整理"素材",用英文、日文、韩文等外语编写喝彩词、吉祥话,为侯官文化的国际化传播打好基础。

二 侯官文化大众化国际化传播的突出问题

目前而言,侯官文化尽管在大众化国际化传播中已经取得了一定的成

绩，但从文化传播学的层面来看，侯官文化在精神内涵凝练、文化融合意识、宣传推广力度以及文化品牌创设等方面仍有不小的提升空间。

（一）精神内涵凝练不够，个性未能彰显

侯官文化的精神内涵鲜明地体现于这片土地上涌现出的一大批历史文化名人，尤其是清末民初，土生土长的侯官人为天地立心、为生民立命，心系家国、放眼全球，为岌岌可危、内忧外患的中华民族探索出路。在历史的重要节点上，无数侯官人用胸怀天下的爱国情怀和敢为人先的创新精神，缔造了独具一格的地方文化。目前，学界对于侯官文化的精神内涵有很多层面的概括，如爱国忧民、务实奋进、开放包容、勇于创新、敢于担当、兴教重才、严谨治学等。这些精神内涵当然都可以从那些侯官历史文化名人身上得到某种程度上的检验，但是作为体现地方文化独特内涵的标识性符号却不够亮眼。例如，长期以来人们只要谈到闽南人的开拓精神时，都会用"爱拼才会赢"来概括，因其特色鲜明、朗朗上口。若移植至侯官文化，则可用"胸怀天下，敢为人先"来概括侯官文化的精神内涵。

"胸怀天下"既可以指"苟利国家生死以，岂因祸福避趋之"的爱国精神，也可以指放眼世界、会通中西的文明互鉴意识。"敢为人先"则指侯官先贤的首创精神。以翻译领域为例，侯官就诞生过许多"第一"，如最早组织翻译"夷书"的林则徐、最早提出"信达雅"翻译标准的严复、最早翻译西方小说的林纾、东学西渐第一人陈季同、近代中国第一位女翻译家薛绍徽等。

（二）文化融合意识偏弱，发展未成体系

侯官文化作为一个历史文化概念，就区域范围而言与闽都文化类似，皆涉及现在的福州市内及其周边县（市、区）。然而，侯官文化至今尚有闽侯县侯官村这一文化存续实体，用美国人类学家罗伯特·芮德菲尔德的文化理论来说，福州市区的侯官文化属于"大传统"，主要是知识分子、历史文化名人形成的精英文化；而留存在侯官村的侯官文化属于"小传统"，主要是

农村普通民众所代表的大众文化。[①] 目前，侯官文化的"大传统"与"小传统"之间尚未融合，前者多以林则徐、严复、侯德榜等人为代表的爱国奉献、开放包容、敢为人先等精神为核心，而后者更注重城隍庙的忠孝文化、将军庙的闽越历史、螺女庙的美德传承、镇国宝塔及千年古码头与"一带一路"之间的关系等更小地域的文化。

另外，当前侯官文化的相关研究与宣传多从精神文化层面出发，与物质文化的融合度不够。例如，在基础性研究层面，关注侯官古厝本体的人不多，作为物质载体的古建筑没有与精神文化达到较好的统一；在旅游开发方面，侯官文化的物质元素未能得到充分运用，游客很难在景点感受到侯官文化的独特魅力。

（三）宣传推广力度不够，传承尚缺活力

闽侯县教育系统曾出台政策，即以"弘扬侯官文化，涵育时代新人"为目标，推动侯官文化进学校、进课堂、进基地，积极探索优秀传统文化与大中小学思想政治教育相辅相成的实践路径。但在 2023 年福建师范大学大学生实践队发放的面向福州地区中小学生群体的 1255 份问卷的调查中，60.16% 的调查对象表示并不了解侯官文化。2024 年，团队向大学城大学生及留学生发放了 1000 份问卷，结果仍然有超过 50% 的同学不知道"侯官文化"的概念，更不知福州的古称是"侯官"。[②]

另一份来自福建江夏学院的调查报告显示，针对"你知道林则徐、沈葆桢、严复这些侯官名人吗？"选择"有一定了解"的占比 53.4%、"有听说过"的占比 33.3%、"不知道"的占比 13.3%。上述前两类大学生关于"你通过几种途径知晓侯官文化"的调查结果显示，选择"公众号推文""网络新闻"的占比 78.6%、"口口相传""思政课程"的占比 16.2%、"报

---

① 〔美〕罗伯特·芮德菲尔德：《农民社会与文化——人类学对文明的一种诠释》，王莹译，中国社会科学出版社，2013。

② 资料来源于舒业娜等"追寻领袖足迹　赓续中华文脉"2023～2024 学年全省大学生寒假主题社会实践活动优秀实践成果《今古合"一"，德侯流光》，笔者是该团队的指导老师。

纸书籍""社会实践"等其他途径的占比 5.2%。① 可见，大学生群体对侯官文化的知晓度仍有待提高，获得相关信息的途径较为局限，以网文宣传为主，通过其他途径开展侯官文化宣传教育不足。

（四）文创品牌尚未形成，数字赋能较弱

文化创意产品是文化创意产业的重要组成部分，受到年轻人的青睐。因此，加快发展侯官文化创意产业，为人们提供一个设计、展示、销售侯官文创产品的平台，将侯官文化资源转化为区域经济发展的动力引擎，把文化价值转化为经济价值是实现侯官文化有效传播的重要路径。

首先，目前尚未形成官方统一的 IP 文创产品或统一风格的品牌性开发，品牌意识较为薄弱。闽侯县侯官村身为最直接的宣传阵地，却缺少独立运营的宣传平台，对于关键信息的整合和投放能力不足。尽管福州各大高校都设计了侯官文化的相关文创产品，但除了线下实体文创，并未形成线上宣传、沟通潜在游客的品牌窗口，且在发展产业链的过程中也多采用同质化的宣传及销售形式，创新性不足。其次，数字化场景开发以及区块链电商等都处于开发阶段，相关研学项目和体验项目只有小红书零散地宣传，也缺少用户反馈，无法使读者获得垂直性阅读体验，文旅内容生产及数字化应用尚未形成规模。最后，缺乏国际化传播人才。这类专才既要对中西文化差异和中华优秀传统文化的海外传播规律非常熟悉，也要对数字时代的文化传播策略有充分的认知。目前，侯官文化的国际化传播在内容方面依然仰赖那些历史文化名人的国际影响力，而新时期侯官文化的国际表达尚需大量的跨文化传播人才。

三 侯官文化大众化国际化传播的建议和对策

新时代想要讲好侯官故事，传播侯官声音，推动侯官文化"走出

---

① 孙柏璋、郑思佳：《侯官文化融入大学生思想政治教育研究》，《福建江夏学院学报》2023年第 4 期。

去"，首先要推动侯官文化的大众化传播。与此同时，由于文化是对现实社会生活的审美反映和情感表达，优秀传统文化要想获得国际受众的认同与接受，亦需与现实的生活场景互通，关注了解当代中国社会的发展，展现时代进步的潮流。由此可见，侯官文化的海外传播，只有守住正气、接住地气，才能增加底气、灌注生气。为此，本文提出以下四点建议和对策。

（一）解码侯官文化基因，打好侯官历史文化名人牌

首先，围绕中华优秀传统文化和社会主义先进文化，从闽侯本土文化现象入手，根据文物古迹遗址遗存、非物质文化遗产、历史人文、生活习俗等基本文化形态类别，对侯官文化资源及其文化元素进行全面梳理，形成侯官文化元素清单，重点打好侯官历史文化名人牌。其次，大力解码侯官文化基因。依托侯官文化元素梳理，从物质要素、精神要素、符号要素等维度，提炼出其中最关键、最核心、不可替代的元素，总结形成体现地域特色的侯官文化基因密码，进行科学系统解码，形成侯官文化基因解码报告和侯官文化基因展示图谱。最后，全面打造侯官文化标识体系。深入挖掘侯官文化的基因和要素，建设一批有标志性、影响力和显示度的文化项目，构建全方位、多层次、有特色的侯官文化标识体系。

在解码地方传统文化基因方面，河南开封古城的清明上河园景区已有成功经验，值得借鉴。大型水上实景演出《大宋·东京梦华》展开一幅锦绣王朝的盛世画卷，70分钟内近千名演员艺术呈现8首宋词，其间还穿插有盘鼓、舞龙、市井秀、水傀儡、斗鸡、斗茶等民俗文化，可谓一场大型的视听盛宴。《大宋·东京保卫战》场面恢宏，战争场景逼真，让人热血沸腾。《打铁花之盛世大宋》让千年非遗项目在舞台上璀璨夺目。《宋廷梦乐》则带人身临其境地感受悠悠千年的宫廷雅乐和舞蹈，优雅的旋律与曼妙的舞姿交织在一起，如同一幅流动的画卷。上述大型演出将开封城的大宋文化元素演绎得淋漓尽致。

（二）利用侯官文化资源，丰富文旅产业产品供给

在文旅深度融合的当下，我们要充分挖掘侯官文化资源的价值内涵、美学精神与造物理念，对侯官文化基因符号信息进行设计转化、特色凝练，培育侯官文化IP产业，形成特色文旅产品。

首先是开展侯官文化内容产品的研发。我们要充分利用大学城智力资源丰富的便利条件，以侯官文化标识孵化动漫产业，推动动画剧本、原创动画、原创漫画、图书音像、新媒体动漫和动漫衍生产品的生产与销售；以科技驱动侯官文化标识IP场景产品开发，在云演艺、云旅游、云视听、数字文博、数字展陈、数字舞美、智慧乐园等文旅领域融合应用，开发侯官文化标识数字文化产品。其次是延伸侯官文化产业链，推动竹编、闽茶、闽菜、青红酒等特色商品进入旅游消费领域，开发一批特色鲜明、价格亲民、适销对路的文创旅游商品，实现纪念性、工艺性、实用性、收藏性兼备的发展格局，使之成为宣传闽侯县的实物载体。再次是主动对接从事动漫游戏、网络文学、网络音乐、短视频、影视剧等业务的文化创意企业，盘活侯官文化资源，推动侯官文化的IP转化和全价值链提升。最后是打造侯官文化标识，赋能侯官村景区发展。推出一批支撑侯官文化建设的旅游精品线路和研学旅游线路产品；依托侯官文化优化旅游产品结构，延伸旅游产业链。

（三）构建融媒体传播平台，扩大侯官文化影响

在新媒体时代，构建多元化的数字展示平台，是弘扬侯官文化内涵与价值的重要手段。党的二十大报告指出："加强全媒体传播体系建设，塑造主流舆论新格局。"[①] 因此，推动侯官文化大众化传播，首先要实现传统媒体和新媒体传播的优势互补；其次要构建多元化的数字展示平台，全方位、多媒介传播侯官文化。

---

① 习近平：《高举中国特色社会主义伟大旗帜 为全面建设社会主义现代化国家而团结奋斗——在中国共产党第二十次全国代表大会上的报告》，人民出版社，2022，第44页。

首先，完善官方网站功能。侯官文化数字展示平台可借鉴国内博物馆网站优秀经验，如故宫博物院、敦煌博物馆等，使网站不仅仅停留在图文介绍侯官文化科普知识层面，还应增加电商模块，通过网站销售文创产品，实现经济价值，以文创产品促进文化传播。

其次，盘活抖音、微博、小红书等新媒体官方账号。当前，抖音、微博、小红书等新媒体平台凭借传播速度快、传播范围广等特点，已经成为大众获取信息的重要渠道。新媒体平台建设是起点，运营是关键，盘活新媒体官方账号是传播侯官文化的必备手段。

最后，打造侯官文化数字博物馆。数字博物馆是利用 VR、AR、MR 等数字技术搭建的网上虚拟博物馆，能够实现文化遗产的在线展示和互动，弥补实体博物馆在时间、空间等方面展陈能力的不足。一方面，侯官文化数字博物馆可以高效、永久保存侯官文化遗产，使访客可以随时随地体验侯官文化，并借助数据手套、VR 眼镜和头盔等可穿戴设备实现多感官交互，感受侯官文化。另一方面，侯官文化数字博物馆通过对侯官文化的可视化展示，可以为相关研究者提供数据资料，有助于他们开展侯官文化系统性研究，并通过该平台共享理论研究成果，实现侯官文化的数字化保护与传承。

（四）补齐创新人才短板，助推侯官文化走向国际

侯官文化的国际化传播，离不开创新型、复合型和国际化人才的支持。

首先，加大人才培养力度，弥补国际化传播人才匮乏的"短板"，重视对于多领域、跨学科人才的培养，尝试通过多学科人才的通力合作来展示真实、全面的中国文化。就目前而言，福州大学城的高校群可以与国外高校、研究机构合作，通过交换生项目、访问学者项目和合作研究项目，有效培养侯官文化国际化传播所需的各类人才。这些教育和研究项目不仅可以支持学界进行侯官文化的深入研究，也可以鼓励更多国际学生和学者参与到侯官文化的学习和交流中来，未来成为侯官文化国际化传播的重要力量。

其次，了解国际受众群体的认知习惯和实际需求，促进文化创意产品的国际市场开拓。通过开发与侯官文化相关的高质量文创产品和服务，可以直

接将侯官文化的独特魅力呈现给国际消费者。这不仅包括传统工艺品、艺术作品，也涉及现代设计元素与侯官文化相结合的创新产品。通过有效的国际市场营销策略，如参加国际贸易展会、在线营销等，可以大大提高侯官文化产品的国际知名度和吸引力。

最后，侯官文化的国际化传播更加需要结合新媒体技术，拓宽传播路径，推动侯官文化与信息技术深度融合，为传承中华优秀传统文化贡献力量。一方面，可以将影视、文旅等新兴产业与侯官文化融合，打造具有国际竞争力的中国品牌，提升侯官优秀传统文化在国际年轻人群体中的影响力。另一方面，侯官文化的国际化传播不能仅限于电视、报纸等传统渠道，应注重海外社交平台如 TikTok、Facebook、Instagram、YouTube 等的传播。相关部门应当善于利用海外社交平台，以侯官文化为主题在海外社交平台创建独立账号并设置专人运营管理，主要发布侯官文化的代表人物、地域风貌、美景美食、特色民俗、文旅产品等内容，以最直观的短视频形式，跨越语言交流的障碍，促进侯官文化的国际化传播。

需要说明的是，前三种建议和对策既适用于侯官文化的大众化传播，也适用于侯官文化的国际化传播。毕竟，凝练地方文化基因密码，打造地方文化标识品牌，以及搭建新型文化传播平台，本来就是"民族的就是世界的"的应有之义。

旅游产业发展篇

B.5

福建省旅游演艺产品的发展特点、机遇挑战及对策研究*

赖启福 陈小英 傅清媛 杨国荣 姜 楠**

摘 要： 旅游演艺产品兼具旅游与文化的双重魅力。近年来，福建省大力发展旅游演艺产业，多措并举确保了旅游演艺产品在数量、内容、形式等方面实现了量的突破和质的提升。福建省旅游演艺产品存在区域发展不平衡、演唱会热潮短暂、营销推广欠力度、后期升级不足、优秀旅游演艺人才少等问题。虽然拥有政府政策支持、市场需求旺盛、数字技术发展、产业发展基础良好等众多发展机遇，但仍面临旅游演艺市场竞争激烈、游客消费需求多样化、新技术的应用存在不足等发展挑战。本文针对福建省旅

* 本文系国家社科基金一般项目"乡村旅游'俘获精英困境'的生成机制及破解路径"（项目批准号：21BJY199）阶段性研究成果。
** 赖启福，福建农林大学经济与管理学院教授、系主任，主要研究方向为旅游企业管理、区域规划与经济；陈小英，福建农林大学风景园林与艺术学院副教授，主要研究方向为园林设计与文创；傅清媛，龙岩学院经济与管理学院副教授，主要研究方向为旅游管理、乡村文旅；杨国荣，福建农林大学经济与管理学院讲师，主要研究方向为文化创意、乡村文旅；姜楠，福建农林大学经济与管理学院旅游管理专业 2023 级硕士研究生，主要研究方向为生态旅游。

游演艺产品的发展现状，提出制定产业发展规划、深化旅游演艺投融资改革、培养引进高层次旅游演艺人才等对策，以期助力福建省旅游演艺产业可持续、高质量发展。

关键词： 旅游演艺产品　文旅融合　高质量发展　福建省

引　言

　　旅游演艺是文旅融合的重要抓手之一，深受文旅产业发展的影响，又遵循自身的演变规律。从 1982 年西安推出的《仿唐乐舞》，到以《印象·刘三姐》为开端的印象系列、又见系列等大型山水实景演出的爆火，再到近几年沉浸式演出、大型巡回演唱会等新型演艺产品的出现，旅游演艺"井喷式"发展，呈现多产业、多力量、多因素综合作用的现代旅游演艺产业格局。① 文旅部在《国内旅游提升计划（2023—2025 年）》中强调，拓展旅游演艺发展空间，发展特色旅游演艺项目，推动旅游演艺提质升级。② 2022 年 8 月《"十四五"文化发展规划》提出，推动文化和旅游业态、产品、市场融合，提升旅游演艺品质。③ "引入文化"成为推动旅游演艺提质升级的主要方式，观众的沉浸式体验建立在文化认同、文化共鸣、文化自信之上。通过优秀的旅游演艺产品讲好故事，不仅要让观众了解当地特色文化习俗，更要让观众深刻感受其蕴含的精神内涵，激发观众的文化潜能，引发观众的情感共鸣。

　　为促进旅游演艺等文化新业态的发展，提升文旅产业整体质量与效益，

① 毕剑：《旅游演艺：认知、脉络及机理》，《四川师范大学学报》（社会科学版）2020 年第 4 期。
② 《文化和旅游部关于印发〈国内旅游提升计划（2023—2025 年）〉的通知》，中国政府网，2023 年 11 月 1 日，https：//www.gov.cn/zhengce/zhengceku/202311/content_6914996.htm。
③ 《中共中央办公厅　国务院办公厅印发〈"十四五"文化发展规划〉》，中国政府网，2022 年 8 月 16 日，https：//www.gov.cn/gongbao/content/2022/content_5707278.htm。

福建省出台了一系列政策措施。2021 年《福建省"十四五"文化和旅游改革发展专项规划》提出,"落实促进旅游演艺发展政策,积极培育'一城市,一热剧',支持国家 5A 级景区、国家级旅游度假区以及全域旅游示范区率先推出旅游演艺剧目,繁荣旅游演艺市场"①。2022 年《福建省推进文旅经济高质量发展行动计划(2022—2025 年)》强调,实施文化艺术点亮行动,打造旅游演艺精品。在政策的支持推动下,《雀起无声》《最忆船政》等优秀演艺产品被推出,福建省旅游演艺市场繁荣有序、前景广阔,迎来发展新机遇。本文旨在通过梳理福建省旅游演艺产品的发展特点等,分析其当前面临的机遇与挑战,在此基础上为福建省旅游演艺产品高质量发展提出对策。

一 福建省旅游演艺产品的发展特点

(一)福建省旅游演艺产品的类型

参考《文化和旅游部产业发展司关于开展全国旅游演艺精品名录申报工作的通知》② 中演艺项目的分类,并结合福建省现有产品的发展特点,可将福建省旅游演艺产品划分为剧场类、实景类、主题公园类、巡演类 4 种类型。

1. 剧场类

剧场类演艺产品是具有专门的独立剧场和舞台的室内演出。根据数据整理可得,仅 2024 年 6 月福建省开展的剧场类旅游演艺剧目就有 68 种,产业发展态势良好。福建省剧场类演艺产品可细分为两大类。一是以《雀起无

---

① 《福建省人民政府办公厅关于印发福建省"十四五"文化和旅游改革发展专项规划的通知》,福建省人民政府网站,2021 年 8 月 30 日,https://www.fujian.gov.cn/zwgk/zfxxgk/szfwj/szfgz/202109/t20210909_5684067.htm。

② 《文化和旅游部产业发展司关于开展全国旅游演艺精品名录申报工作的通知》,文化和旅游部网站,2022 年 12 月 22 日,https://zwgk.mct.gov.cn/zfxxgkml/cyfz/202212/t20221222_938222.html。

声》《最忆船政》《风从茉里来》为代表的，拥有独立剧场的浸入式戏剧，集创新性、复杂性、引领性于一体，兼具时代意义与艺术效果。其中，《最忆船政》公演100场，近3万人次观看，好评如潮。二是以福州闽剧、泉州提线木偶戏为代表的国家级非物质文化遗产剧种，在各大剧场上演，吸引众多游客观看欣赏，彰显福建省深厚的文化底蕴。

2.实景类

实景类演艺产品是以旅游目的地的自然山水、城市景观等作为演出背景或舞台的露天演出。武夷山《印象大红袍》、永定《天涯明月刀》等包括在内。《印象大红袍》作为全世界唯一展示中国茶文化的大型山水实景演出，入选首批全国旅游演艺精品名录，截至2023年10月5日，累计演出453场，观演人数近77万人次，是福建省旅游演艺的金字招牌。① 武夷山《武夷水秀·梦之泉》结合现代科技，以九曲溪水的九美德为文化内涵，呈现艺术、创意、科技等元素相互融合的浸入式视听盛宴，引领福建省"文旅+科技"的旅游演艺新模式。厦门《闽南传奇》将实景搬进室内，含山水树木、房船码头，令人叹为观止。这一大型室内实景演艺秀拓宽实景类演艺产品的边界，不再局限于露天场景，成为福建省演艺历史上的一次颠覆性革命。

3.主题公园类

主题公园类演艺产品是依托主题公园内部场地进行表演并契合其文化内涵的演出。福建省目前开展演出的主题公园多达十余个，如厦门方特梦幻王国、福州罗源湾海洋世界、永泰欧乐堡海洋王国等。各主题公园打造的《海洋奇遇记》《海洋公主》等主题演出为游客带来多元化的娱乐体验。厦门灵玲动物王国、永鸿野生动物世界开展的马戏表演符合主题公园类演艺产品的定义，可纳入此范畴。主题公园类演艺产品与公园主题紧密结合、与文化主题匹配，且演艺内容不断更新改进，成为福建省吸引游客的又一关键。

---

① 《连续3天加演第5场 印象大红袍剧场年度接客量创新高》，东南网，2023年10月5日，http://np.fjsen.com/2023-10-05/content_31424219.htm。

4. 巡演类

巡演类演艺产品是在不同的城市或地区进行展示的演出。杂技情景节目《土楼年轮》、莆仙戏《踏伞行》等均以巡演形式演出。《土楼年轮》以杂技艺术形式结合福建土楼这一世界级 IP，让群众通过球技、倒立等动态舞台演绎形式感受福建土楼的魅力，共开展 10 场演出，近千名游客慕名而来。此外，"一场演唱会带火一座城"的大型演唱会成为新型巡演类演艺产品。2023 年，泉州共举办 15 场大型演唱会，吸引近 25 万名观众，大型演唱会是福建省文旅经济高质量发展的新动能。

（二）福建省旅游演艺产品的发展特点

1. 科技与文化交汇融合

福建省文化底蕴深厚，旅游演艺产品将广为人知、深入人心的文化故事利用现代科技结合舞台艺术手法重新演绎，实现科技与文化的高度融合。既为科技产品注入文化内涵，又使文化资源实现创造性转化，提升游客的交互感、场景感与代入感。如武夷山《印象大红袍》将 15 块电影银幕融入自然山水之中，提升游客沉浸式观影体验。永定《天涯明月刀》利用 VR、裸眼3D 等技术将客家文化与电竞赛事融为一体，配套旅拍中心、度假民宿等多元业态，走出一条科技赋能、文化创新的智慧化发展道路。

2. 内容与空间丰富多元

随着游客消费需求不断升级，福建省旅游演艺产品的内容与空间也更加多元。从固定剧场到山水实景，从传统景点到休闲街区，从隧道、游船到博物馆、沉浸式剧场，福建省旅游演艺产品打破传统演艺空间的限制，利用多样化演艺空间为游客提供各具特色的观演体验。此外，福建省演艺产品的内容不断丰富，创新挖掘人文历史、民俗风情等多方面，表现日益强烈的叙事性和戏剧性。例如，福州《寻梦闽都》将乌山隧道打造为沉浸式舞台，不仅展现福州海纳百川、开拓勇进的城市文化，而且实现演艺环境与内容的高度融合。

3.产品与景区价值共创

福建省旅游演艺产品多选址于著名景区及其周边或高能级城市，如福州《雀起无声》就在国家5A级旅游景区三坊七巷上演。演艺产品落地景区，通过借势于现有市场，提升产品知名度，确保生存发展的基础条件；而景区打造或引进演艺产品，能完善传统景区旅游产品体系，助力景区提质增效、丰富旅游体验。[1] 演艺产品与景区相辅相成，实现价值共创。

4.社会与经济效益双赢

旅游演艺具备旅游吸引物和精神文化产品双重属性，合理开发旅游演艺产品能够实现社会与经济效益双赢。近几年，福建省举办多场知名歌手演唱会，如周杰伦、陈奕迅、张信哲等，2024年周杰伦福州演唱会吸引歌迷近25万人次，带动超7亿元文旅消费[2]；同时福州文化特色得到展现，城市吸引力进一步提升。在文化产业发展和供给侧结构性改革背景下，福建高质量旅游演艺产品激发消费活力，满足消费者文化需求，创造社会与经济效益。

5.制作与投资不断升级

一方面，福建省旅游演艺产品的制作班底强大，追求高标准，如《闽南传奇》总导演为世界华人文艺家协会副会长夏春亭，舞美设计由著名舞美灯光设计师任东生操刀，音乐制作由著名青年作曲家董刚负责。另一方面，旅游演艺产品的投资较高，可达千万元甚至亿元，并呈现增长趋势。如永定《天涯明月刀》和福州《最忆船政》投资分别达1.2亿元和2.2亿元。

二 福建省旅游演艺产品的发展趋势

旅游演艺产品的发展可追溯到20世纪80年代，其经历初级发展阶段和繁荣发展阶段，逐渐成为各大景区的"标配"。演艺形式经历了以下变化：

---

[1]　林振宇、赵瑞熙：《中国旅游演艺产品开发策略探析》，《西北民族大学学报》（哲学社会科学版）2017年第3期。

[2]　《周杰伦演唱会吸引歌迷近25万人次，带动文旅消费超7亿元》，福州新闻网，2024年5月20日，https：//author. baidu. com/home? from＝bjh_article&app_id＝1604519323319854。

最初"印象系列"开启的 1.0 时代"你演我看";2.0 时代随着沉浸式剧场演出的兴起带来"场景中看";打破舞台限制,与实景融合实现 3.0 时代的"实景中看";而今伴随 VR、AR 等技术创新实现的场景穿越,行进式演出中演员与游客的互动打破传统的观演界限,"边走边看"成为 4.0 时代的主要特征。根据文化和旅游部发布的《关于促进旅游演艺发展的指导意见》①,政府正在积极推动旅游演艺的转型升级和提质增效,以充分发挥其在文化和旅游融合发展中的重要载体作用。福建省旅游演艺产品牢固树立基于文化本底、技术融合的精品意识,不仅追求艺术上的高水准,还强调思想内涵的深度。在传递文化价值的同时,以可观赏性有效打开大众市场,进行 IP 打造。借助现代化运营手段,细分市场,精准营销,实现社会与经济效益双赢。综上,福建省旅游演艺产品的发展趋势呈现出以下特点。

(一)依托文化本底,提炼精湛内涵

近年来,福建省旅游演艺产品正逐渐成为传播地方文化、提升旅游体验的重要载体。通过深入挖掘地方文化,结合现代艺术表现形式,创作出既具有地方特色又符合现代审美的作品。以"福"文化为例,福建省的"福"文化包含丰富的历史故事和民间传说,是八闽文化的精神内核,通过现代的艺术手法,可以将传统的"福"文化以全新的方式呈现给观众,让游客在欣赏演艺的同时,深入了解福建的福山福水福韵,推动"福"文化内涵发展从活态传承到产业创新。福建省未来将以福建各地特色文化为底层逻辑,更加注重文化内涵的挖掘与表达,以及艺术表现形式的创新和多样化,打造底蕴深厚、特色鲜明、涵育人心的旅游演艺产品。

(二)融合高新技术,呈现多元趋势

福建省旅游演艺产品通过数字艺术、交互体验、观演互动、智能演艺、

---

① 《文化和旅游部关于印发〈关于促进旅游演艺发展的指导意见〉的通知》,中国政府网,2019 年 3 月 14 日,https://www.gov.cn/zhengce/zhengceku/2019-12/02/content_5457653.htm。

数字化舞台设计等领域的研发创新和装备提升，推动各种艺术要素和技术要素创新性融合，打造行进式沉浸旅游演艺、环境戏剧、多空间演艺等产品新模式。这反映了福建省旅游演艺行业对于创新和丰富观众体验的持续追求，也预示着旅游演艺产品将朝着多元化、高科技的方向发展。未来几年，可以预期福建省旅游演艺行业将出现更多新颖的演艺形式和技术手段。

（三）IP 化与平台化，扩大品牌影响力

福建省旅游演艺产品向 IP 化、平台化发展。一方面，深入挖掘、创意改编具有地域特色和文化底蕴的故事、人物或历史事件，形成独特的文化 IP，并通过与成熟 IP 跨界合作、围绕 IP 开发文创产品、加强 IP 宣传营销等举措，提高旅游演艺产品的知名度和影响力。另一方面，结合实体演艺和虚拟体验，打造线上线下融合的观赏平台，为游客提供多元化的接触途径。与旅游演艺机构、景区、文化企业等建立合作关系，实现资源共享、互利共赢，推动旅游演艺产品专业化、品牌化和市场化发展。

（四）消费群体多样化，消费趋势有差异

福建省需针对不同消费群体特点和需求，细分市场，预测消费趋势，打造满足多样化需求的旅游演艺产品。

1. 年轻群体

年轻群体易于接受新鲜事物，倾向于 VR、AR 技术提供的沉浸式旅游演艺产品，追求个性化和定制化服务。福州《雀起无声》浸入式戏剧切合年轻群体喜好，为游客分配不同的角色，以具有交互感的表演和多线并行的故事紧抓年轻群体的心。此外，社交媒体是产品推广的关键，通过小红书、微博、微信等新媒体平台针对年轻群体精准营销，有效实现产品传播。

2. 中老年群体

中老年群体更偏好具有教育意义和文化深度的旅游演艺产品，同时注重舒适与慢节奏。泉州木偶剧院开设的提线木偶戏表演，吸引众多中老年游客观看体验，不仅满足中老年群体情感交流、增强社区归属感的

需要，更成为传播闽南文化，以及延续民族文化传承、增进民族文化认同的有效形式。

3. 家庭亲子群体

对于家庭亲子群体，需更加注重亲子互动和儿童参与。应结合娱乐、教育、休闲等功能打造富有童真、活泼热情的综合性旅游演艺产品，以满足不同家庭成员的需求，扩大受众面。永泰欧乐堡海洋王国以海底世界为背景，借美人鱼表演让孩子体验童话故事的纯真与浪漫，为家庭亲子游客提供良好的游玩体验。

4. 高端商务群体

高端商务群体追求独特体验和高质量服务，提供 VIP 包厢、私人导览、后台参观、与艺术家交流等特权体验，可以满足他们对独家性和特殊待遇的需求。此外，提供完全定制化的旅游演艺产品、根据游客需求定制私人演出或特别活动，成为高端商务群体的消费趋势。

三 福建省旅游演艺产品存在的问题

福建省大力推动演艺与旅游的深度融合，激发文旅市场活力并丰富旅游演艺产品，有效地将演艺"流量"转化为旅游"留量"，为全省文旅经济的持续繁荣奠定坚实基础。尽管福建省在演艺与旅游的融合方面取得显著成效，仍存在一些问题需予以关注。

（一）区域发展不平衡，演出质量差异大

福建省在发展旅游演艺产品时，部分城市表现出显著优势。厦门和福州在旅游演艺产品领域的发展明显优于省内其他地区，其举办的音乐会、戏剧、演唱会等文艺活动种类繁多，吸引大量省内外游客，无论是演出的规模、质量，还是观众的反馈，都表现出较高的水平。然而福建省的其他地区，如永安等城市，在旅游演艺产品领域的发展水平却相对较低。虽然这些地区有一定的文化资源和旅游景点，但在吸引和举办高品质演出方面却处于

弱势。区域间的发展不均衡可能导致资源过度集中，限制弱势地区的发展空间。

（二）演唱会热潮短暂，长期吸引力仍欠缺

演唱会的"一次性"吸引力并未从根本上提高福建省旅游演艺产品的长期吸引力，反而可能对本土旅游演艺产品的可持续发展产生负面影响。演唱会在短期内能够带来巨大的人流量和经济效益，但其瞬时性的特点导致城市热度在演出结束后迅速降低，对本土旅游演艺产品造成的影响却会持续存在。首先，市场需求波动可能导致本土旅游演艺产品在演唱会期间受到冲击，而演唱会结束后市场需求的急剧下降又无法弥补演唱会期间本土旅游演艺产品的亏损；其次，资源分配不均可能导致本土旅游演艺产品在演唱会前后无法得到足够的支持和推广。此外，大型演唱会的高水准和知名度对本土旅游演艺产品构成竞争压力，使其需要更高的自身质量和创新能力才可以脱颖而出。

（三）营销推广欠力度，品牌建设待加强

除武夷山《印象大红袍》在全国范围内享有较高的知名度外，福建省其他旅游演艺产品知名度相对较低，难以吸引更广泛的观众关注。有效市场策略的缺乏严重制约福建省整体旅游演艺行业的发展。新型营销策略能为品牌演艺的形成和推广提供支持，并通过市场调研获取目标观众的偏好和需求，指导旅游演艺产品的定位和内容设计，逆转旅游演艺产品的生命周期。然而，福建省多地旅游演艺产品营销不到位，未能广泛推广本地文化和景点，部分旅游演艺产品的"花期"短暂。

（四）重视前期投入，后期升级不足

福建省旅游演艺产品规模大、投资高，但面临回收周期长、运营成本高、市场风险大等问题。在福州、厦门等主要城市，一些大规模的旅游演艺

产品以其恢宏的场景、炫目的特效和庞大的演员团队，打造震撼的视觉冲击力。虽能够在短期内吸引大量游客，却由于忽视内容打造，缺乏深度和内涵。越发注重文化体验的年轻游客越希望通过旅游演艺产品了解地方特色与底蕴。因此，在旅游演艺产品前期投资时应考虑经济性和可持续性，并注重旅游演艺产品后期的提质升级。

（五）优秀旅游演艺人才少，行业发展遇瓶颈

人才的创新思维和专业技能为旅游演艺产品的开发与运营提供关键推动力。现阶段，福建省旅游演艺行业正遭遇人才短缺挑战，严重限制行业的进步。福建省丰富的自然人文资源为旅游演艺产品创作提供大量素材。但能将文化景观元素与市场化操作相结合的复合型演艺人才稀少，即便项目初期与知名团队合作，但短暂的合作无法从根本上解决人才长期不足的问题。

四　福建省旅游演艺产品的发展机遇与挑战

（一）福建省旅游演艺产品的发展机遇

1. 政府政策支持

2024年5月17日，习近平总书记对旅游工作作出重要指示，指出要着力完善现代旅游业体系，加快建设旅游强国。[①] 福建省高度重视文旅产业的发展，通过制定一系列政策和措施，如《福建省推进文旅经济高质量发展行动计划（2022—2025年）》等，强调要促进文化与旅游的深度融合，推动数字文旅发展。旅游演艺作为文旅融合新业态，也受到福建省的极大关注。《福建省人民政府关于促进旅游业高质量发展的意见》中提到，要从省文旅融合专项资金中安排1000万元支持重点旅游演艺项目。发挥省市属文

[①] 《坚定走好独具特色的中国旅游发展之路——习近平总书记重要指示引领旅游强国建设开创新局面》，中国政府网，2024年5月18日，https://www.gov.cn/yaowen/liebiao/202405/content_6951975.htm。

艺院团优势和作用，支持高雅艺术进景区、街区。① 随着政策的支持和市场的不断成熟，旅游演艺行业将继续保持快速发展的趋势。

2. 市场需求旺盛

旅游演艺拥有巨大的发展潜力。据统计，2023 年，福建省营业性演出达到 8163 场次，与 2019 年相比增长了 4.7 倍，接待观众数量高达 603 万人次，演出收入达到 8.73 亿元人民币。② 旅游演艺市场需求旺盛主要得益于几个关键因素：首先，旅游演艺作为一种结合旅游和文化的新型娱乐形式，能够满足游客对深度文化体验和休闲享受的双重需求；其次，旅游消费升级使得游客更加倾向于高质量的旅游产品，旅游演艺为游客提供了观察和体验另一种生活的独特视角，恰好迎合这一趋势；再次，随着夜间经济的发展，旅游演艺成为丰富夜间文化生活、延长游客停留时间的重要手段；最后，旅游演艺产品的观赏性和互动性，使其易于通过社交媒体分享，满足游客社交需求。旅游演艺市场群众基础广泛，有着广阔的发展空间和巨大的发展潜力。

3. 数字技术发展

随着信息技术和互联网的发展，数字化、信息化、网络化成为旅游业发展新趋势。在新质生产力的推动下，5G、大数据、云计算等新技术的应用，使创新技术与旅游演艺融合态势越发凸显。科技的应用使得旅游演艺更加多元化、智能化和全球化。360 度观演、激光技术、"5G+AR"技术等，以及舞台特效的应用，打破传统剧场观演模式，为观众带来全方位的视觉、听觉、触觉等体验空间。此外，新技术的应用能够减少人力投入，为沉浸式旅游演艺产品带来突破性改变。

4. 产品发展基础良好

福建省既有融合地方特色文化的本土剧目，也有追求常变常新的外来剧

① 《福建省人民政府关于促进旅游业高质量发展的意见》，福建省人民政府网站，2021 年 6 月 2 日，https：//www.fujian.gov.cn/zwgk/zfxxgk/szfwj/jgzz/kjwwzcwj/202106/t20210602_5606 283.htm。

② 《"演艺经济"为清新福建添把火》，新浪网，2024 年 4 月 8 日，https：//k.sina.com.cn/ article_1686546714_6486a91a0200217f2.html。

目，其旅游演艺产品内容丰富、形态多元，拥有进一步发展的坚实基础。《印象大红袍》《闽南传奇》《最忆船政》等本土旅游演艺产品与福建的自然山水、文化历史紧密相关，能够提供深度文化体验和休闲享受，吸引游客反复观看，具有定期开展和可持续发展的特点，为旅游目的地提供了长期吸引力；引进的巡回演唱会、文化展览等外来旅游演艺产品，具有短期性和刺激性，能够迅速吸引游客，满足游客对于新鲜体验的需求，激发消费欲望，创造短期内的消费高峰，其与前者存在互补关系。外来旅游演艺产品的短期辐射力和本土旅游演艺产品的长期效应相结合，使福建省旅游演艺市场形成完整的消费结构，有助于福建省旅游演艺产品可持续发展。

（二）福建省旅游演艺产品的发展挑战

1. 旅游演艺市场竞争激烈

随着旅游业的快速发展和大众休闲意识的增强，旅游演艺行业吸引了大量的资本和人才涌入，市场竞争日益激烈。此外，知名旅游演艺产品引发效仿，盲目开发、内容趋同等问题出现，激烈的市场竞争下，"内容为王"将成为旅游演艺产品的核心吸引力。旅游演艺产品要回归内容，侧重于内容的深度与质量，而不仅仅是外在的华丽。

2. 游客消费需求多样化

随着游客的需求从简单的"观光"转向深度的"体验"，其对于个性化和多样化旅游演艺产品的消费需求显著增长，能提供独特和新奇体验的旅游演艺产品将更受游客欢迎。旅游演艺产品必须进行一系列创新，以应对游客消费需求的多样化。即旅游演艺产品在保持传统魅力的同时，应融入更多的互动元素和体验式内容，不断接受来自目标客户群体多样化消费需求的挑战。

3. 新技术的应用存在不足

随着科技的不断发展，新技术在旅游演艺产品中的应用越来越广泛。然而，福建省旅游演艺产品在新技术的引入和应用方面还存在一定不足，缺乏具有创新能力的技术团队和研发机构。大部分旅游演艺产品只是采用了声光电等高新技术营造氛围，并未使之与自身紧密结合，难以与市场需求相匹配，福建省旅游演艺产品还需要不断跟进新技术的发展，实现迭代升级，为顾客打造沉浸式体验，以适应市场的变化和游客的实际需求。

五　福建省旅游演艺产品的发展对策

（一）政策保障

福建省应在宏观层面制定旅游演艺产业发展规划，明确产业发展的目标和方向。依托福建省各市文化特色，合理布局旅游演艺资源，形成区域特色鲜明的旅游演艺品牌，打造各市各具竞争力的旅游演艺产业集群，避免同质化。以厦漳泉等沿海城市为起点，形成"蓝色海丝""绿色休闲""红色文化"旅游带，联动各市旅游演艺产业集群，培育"清新福建"总体旅游演艺形象。同时，相关政策需因地制宜、精细落实。政府应细化客源市场需求，围绕供需两端持续发力，通过引进知名艺术家和表演团体、举办国际性旅游演艺活动，提升福建省旅游演艺产品的国际影响力；并加强旅游演艺场馆建设，提升场馆的设施和服务水平，打造省级旅游演艺产品宣传平台，完善旅游演艺产业链，提高旅游演艺产品的质量和市场竞争力。相关政策和措施应密切关注旅游演艺业态的创新和发展，为福建省旅游演艺产品提供更加有力的支持。

（二）资金保障

首先，设立旅游演艺发展专项资金。政府应将旅游演艺发展专项资金纳入年度财政预算，并确保资金的逐年递增。以专项资金支持旅游演艺产品的创作、推广、人才培养等。其次，培育多元化投资主体。政府应充分发挥主导作用，通过信息发布、政策优惠、先期投入等形式，创造良好的投资环境，鼓励和吸引社会资本投入旅游演艺产业。通过公私合营、赞助合作等方式，拓展旅游演艺产品的资金来源。再次，优化税收和财政政策。在国家和省市政策允许范围内，出台促进旅游演艺发展的税收优惠政策，如降低一定税率的企业所得税，对促进文化传承和创新的旅游演艺产品给予税收减免等。此外，对具有发展潜力和创新性的旅游演艺产品给予重点扶持和奖励。从次，提供金融信贷支持。鼓励金融机构为旅游演艺产业提供低息贷款、信贷担保等信贷支持，帮助旅游演艺团体解决资金周转和扩大生产的问题。不断创新金融产品以贴近中小企业的贷款需求。最后，建立产品支持和奖励机制。对具有发展潜力和创新性的旅游演艺产品给予重点扶持，形成示范效应。同时，建立奖励机制，开展省级优秀旅游演艺产品评选活动，对获奖旅游演艺产品给予表彰和奖励，以激励更多的创新和发展。

（三）人才保障

首先，制定旅游演艺人才发展规划，明确人才培养目标、任务及政策措施。一方面，立足福建、放眼国际，通过优惠政策集中优势资源，引进一批国内外高层次拔尖人才来闽发展。建立完善的奖励机制，对在旅游演艺发展中有突出贡献的个人和团体给予奖励，激发旅游演艺人才的积极性和创造力。另一方面，简化人才引进流程，为人才引进提供"一站式"服务，致力于打造一支种类更齐全、结构更优化、布局更合理的旅游演艺人才队伍。其次，福建省可以积极与高校、艺术团体、演艺机构等合作，通过开展实践教学和共同编制培训课程等方式，培养具备专业素养和创新能力的旅游演艺人才。发挥演出行业协会旅游演艺分会的支持引导作用，以开办专业论坛、开展实地考察等方式提升学员运营管理水平，逐步促进福建省旅游演艺人才队伍壮大。最后，建立旅游演艺人才库，利用大数据对各类旅游演艺人才进行分类管理和跟踪服务，及时了解旅游演艺人才的动态和需求。筛选优秀人才打造具有福建特色和市场竞争力的旅游演艺团队，为福建省旅游演艺产品发展提供更加精准的人才支持。

B.6

福建省自驾车旅居车营地的发展现状、问题及对策研究*

姜倩　曾艳芳　储德平　包战雄**

摘　要：　在国家政策持续鼓励推动、居民消费能力不断提高、公路交通网络日益完善、房车露营行业发展迅速、居民旅游消费品位升级背景下，我国的自驾车旅居车旅游得到迅速发展。本文以福建省自驾车旅居车为研究对象，分析自驾车旅居车营地的发展现状，指出自驾车旅居车营地在发展中存在用地审批标准高、经营取证率较低，自身达标率不高、配套设施不完善，自身产品较单一、服务质量需提升，经营季节性较强、投资回报周期长，营位利用率偏低、功能价值未体现等问题；提出优化规划布局、保障营地供给，建立联审机制、加强监督管理，开展等级认定、加强示范引导，优化产品结构、提升服务质量，加强宣传推广、实现长足发展等对策，以及营地配套标准化、营地产品主题化、服务管理智慧化的未来发展方向。

关键词：　自驾车旅居车营地　自驾游　福建省

　　房车又叫"旅居车"，配备卧室、起居室、卫生间和厨具等基本生活设

---

　　* 本文系福建省社会科学基金项目（编号：FJ2024B125）阶段性研究成果。

** 姜倩，福建师范大学文化旅游与公共管理学院副教授，主要研究方向为露营地和旅游标准化；曾艳芳，福建师范大学文化旅游与公共管理学院副教授，主要研究方向为旅游经济；储德平，博士，福建师范大学文化旅游与公共管理学院院务委员、副教授，主要研究方向为乡村旅游；包战雄，福建师范大学文化旅游与公共管理学院副教授，主要研究方向为生态旅游。

施，是通过自力行驶或借助外力牵引行驶的交通工具。① 露营地介于观光旅游和宾馆住宿之间，是集观光、休闲、娱乐于一体的综合性生活场所，也称营地。自驾车旅居车营地是指以小客车、旅居车为主要进入交通工具的露营地②，依托交通干线、自然风景或旅游景区建设，服务于自驾车和房车，具有设施轻便、土地开发强度低和保护环境的特点。

随着大众旅游的兴起，国内旅游业进入了自驾游时代，甘肃、宁夏、内蒙古等地自驾车旅居车营地得到了快速发展，相关领域消费需求日益增长，并呈现多层次、多元化、个性化趋势。2020 年国内露营产业快速发展，2021~2023 年形成持续的热潮。自驾车旅居车旅游作为露营产业的重要组成部分，因其自由度高、发展潜力大，颇受游客青睐，在"互联网+"的影响及国家大力发展旅游业的政策推动下，发展成为国内旅游的新业态。但自驾车旅居车营地的建设、运营管理仍然存在相应的瓶颈和痛点，引起了学者和业界的关注。

一 国内自驾车旅居车旅游快速发展的原因

（一）国家政策持续鼓励推动

国家政策持续鼓励推动了国内自驾车旅居车旅游的快速发展。2009~2023 年，国务院、文旅部、自然资源部、住建部、商务部等部门出台了相关的政策文件（见表1），支持把旅游房车等纳入国家鼓励类产业目录，鼓励发展自驾车旅居车及营地设施制造业，明确推动自驾车旅居车营地和线路建设、优化完善自驾车旅行服务设施，促进自驾车旅居车旅游消费发展，因地制宜发展自驾车旅居车旅游等业态，合理布局自驾车旅居车停车场等服务设施，循序渐进地推动自驾车旅居车旅游的快速发展。《休闲露营地建设与服务规范第 2 部分：自驾车露营地》、《自驾车旅居车营地质量等级划分》和《全国 C 级自驾车旅居车营地质量等级认定管理办法（暂行）》公布与

① 国家标准化管理委员会：《休闲露营地建设与规范服务》，2015。
② 全国旅游标准化技术委员会：《自驾车旅居车营地质量等级划划》，2019。

福建蓝皮书

执行，明确了自驾车旅居车营地的建设标准和服务要求，确保了自驾车旅居车营地的健康发展。2022年4月，新修订的《机动车驾驶证申领和使用规定》正式实施，驾驶证新增轻型牵引挂车准驾车型（C6），为自驾车旅居车旅游创造了更加便利的条件。

表1 2009～2023年我国推动自驾车旅居车营地发展的相关政策文件

年份	部门	政策文件	相关内容
2009	国务院	《关于加快发展旅游业的意见》	把旅游房车等纳入国家鼓励类产业目录
2015	国家标准化管理委员会	《休闲露营地建设与服务规范第2部分：自驾车露营地》	对自驾车露营地的基础设施和服务提出了基础性要求，对露营地的休闲设施和服务提出了推荐性要求
2016	国家旅游局等11部门	《关于促进自驾车旅居车旅游发展的若干意见》	指出要大力发展自驾车旅居车及营地设施制造业，推广自驾车旅居车生活新方式，初步构建自驾车旅居车旅游产业体系
2019	全国旅游标准化技术委员会	《自驾车旅居车营地质量等级划分》《全国C级自驾车旅居车营地质量等级认定管理办法（暂行）》	明确全国C级自驾车旅居车营地质量等级划分标准和认定标准
2021	国务院	《"十四五"现代综合交通运输体系发展规划》	积极培育邮轮市场，拓展旅游产品，促进邮轮服务升级，推动游艇、游船、房车旅游发展，优化完善自驾车旅行服务设施，依托汽车客运站发展旅游集散业务，培育交通消费新模式
2021	文旅部	《"十四五"文化和旅游发展规划》	明确推动自驾车旅居车营地和线路建设
2022	文旅部、自然资源部、住建部	《关于开展国家文化产业和旅游业融合发展示范区建设工作的通知》	促进业态融合创新发展。促进文化产业和旅游产业产业链深度融合，产业链与创新链双向融合。推动文化、旅游与相关产业融合发展，促进创意设计、数字文化、工艺美术、演出、娱乐、动漫、游戏等文化产业门类与制造、建筑、设计、信息、农业、体育、健康等相关产业融合发展，因地制宜发展工业旅游、乡村旅游、康养旅游、体育旅游、水利旅游、生态旅游、邮轮游艇旅游、自驾车旅居车旅游等业态

年份	部门	政策文件	相关内容
2022	文旅部等 14 部门	《关于推动露营旅游休闲健康有序发展的指导意见》	明确表示要大力发展自驾车旅居车营地、帐篷露营地、青少年营地等多种营地形态,满足多样化露营需求。同时,加大对《休闲露营地建设与服务规范第 2 部分:自驾车露营地》国家标准、《自驾车旅居车营地质量等级划分》旅游行业标准等的宣传贯彻力度。各部门相关政策频现体现了对露营市场的重视,不断刺激自驾车旅居车旅游的发展
2023	国务院	《关于释放旅游消费潜力推动旅游业高质量发展的若干措施》	实施美好生活度假休闲工程。开展文旅产业赋能城市更新行动,打造一批文化特色鲜明的国家级旅游休闲城市和街区,推动旅游度假区高质量发展。加强绿道、骑行道、郊野公园、停车设施等微循环休闲设施建设,合理布局自驾车旅居车停车场等服务设施
2023	商务部等 9 部门	《关于推动汽车后市场高质量发展的指导意见》	支持自驾车旅居车等营地建设。支持政府和社会资本合作建设不同类型、不同档次、特色突出的自驾车旅居车等露营营地,持续完善营地配套基础设施。鼓励各地根据需求、因地制宜,在符合管理要求的前提下利用各类空间建设露营公共营地,打造以全国自驾车旅居车露营集结赛为代表的营地休闲赛事活动,依据有关标准组织开展自驾车旅居车营地质量等级认定工作

(二)居民消费能力不断提高

中国经济平稳快速增长,根据国家统计局数据,全国居民人均可支配收入从 2015 年的 21966 元增加至 2023 年的 39218 元,增幅为 78.5%;城镇居民人均可支配收入从 2015 年的 31195 元增加至 2023 年的 51821 元,增幅为 66.1%,农村居民人均可支配收入从 2015 年的 11422 元增加至 2023 年的 21691 元,增幅为 89.9%。全国居民人均消费支出从 2015 年的 15712 元增

加至 2023 年的 26796 元，增幅为 70.5%，其中人均教育文化娱乐消费支出由 2015 年的 1723 元增加至 2023 年的 2904 元，增幅为 68.5%。中国居民人均可支配收入和消费能力不断提高，提升了居民购买旅居车的能力，而自驾游的兴起，又进一步增强了居民购买旅居车的意愿。居民消费能力的不断提高，旅居车保有量的不断增加，旅游消费的转型升级，促进了自驾车旅居车旅游的快速发展。

（三）公路交通网络日益完善

我国的公路交通网络日益完善，根据《2023 年交通运输行业发展统计公报》，2023 年末全国公路里程 543.68 万公里，公路密度 56.63 公里/百公里^2。全国四级及以上等级公路里程 527.01 万公里，其中二级及以上等级公路里程 76.22 万公里；高速公路里程 18.36 万公里，其中国家高速公路里程 12.23 万公里。全国国道里程 38.40 万公里，省道里程 40.41 万公里。农村公路里程 459.86 万公里，其中县道里程 69.67 万公里、乡道里程 124.28 万公里、村道里程 265.91 万公里。全国公路交通网络日益完善，为我国自驾车旅居车旅游的发展提供了便利条件，为自驾车旅居车营地市场开辟了绿色通道。

（四）房车露营行业发展迅速

中国房车露营行业快速发展，房车露营品牌不断涌现，房车制造、房车配件、露营装备、户外用品、自驾游装备、营地教育、房车租赁、房车旅游、改装车/豪车、露营地等房车露营全产业链产品不断完善，旅居车市场迅速增长。据《中国房车行业发展趋势分析与投资前景研究报告（2023~2030 年）》统计，中国旅居车保有量从 2014 年的 21240 辆增加至 2021 年的 288718 辆，增幅为 1259.3%；据路程网 X 房车行数据统计，2023 年全年公告新增旅居车车型 642 款，其中 594 款自行式旅居车（占比 92.52%）、48 款旅居挂车（占比 7.48%），达到历年以来的最高水平。房车制造、房车配件、露营装备、户外用品等为自驾车旅居车营地提供了基础设施和装备支持，营地教育、房车租赁、改装车/豪车等共同促进了自驾车旅居车旅游的快速发展。

（五）居民旅游消费品位升级

随着居民收入和生活水平的提高、旅游消费品位的升级，消费者对安全性、私密性，"小聚集、大空间"，以放松休闲为主的旅游场景，高质量旅游产品和多元化旅游目的地的需求正在不断增加，更多的人开始追求更高质量的旅游体验和多元化旅游目的地，基于自驾、自助方式的家庭及亲友休闲娱乐产品成为市场需求热点，中国已经成为继北美、欧盟、澳大利亚之后的世界第四大房车市场，同时也成为亚洲第一大房车市场。[①] 自驾车旅居车旅游作为一种高品质的旅游方式，可满足居民旅游出行、亲近自然、放松身心、朋友聚会、联络感情、亲子活动的需求，成为消费者周末、小长假外出旅游的首选，成为一种微度假的时尚方式。

二 福建省自驾车旅居车营地发展现状

（一）政策支持力度较大、营地建设日趋规范

为了推动自驾车旅居车旅游快速健康发展，福建省认真贯彻国家各部门关于自驾车旅居车营地发展的政策，引导自驾车旅居车营地按标准建设、规范发展。从 2019 开始，福建省加大了对自驾车旅居车营地的政策支持力度。首先，加大了对自驾车旅居车营地建设的补助力度，对达到 3C 级标准的营地，每个营地给予 50 万元的补助金额，帮助营地提升内涵和服务；2023 年 4 月，中共福建省委办公厅、福建省人民政府办公厅印发《新形势下促进文旅经济高质量发展激励措施》，明确对新建被认定为 4C 级及以上的自驾车

---

① 《2023 年中国房车旅游行业发展政策、产业链全景及未来前景分析》，搜狐网，2023 年 8 月 31 日，https://www.sohu.com/a/716439246_120950203。

旅居车营地，每个给予 50 万元补助。其次，明确自驾车旅居车营地的建设要求和管理规范。2023 年 8 月，福建省文化和旅游厅印发《关于促进文化和旅游消费的措施》，提出要培育 3C 级及以上自驾车旅居车营地，完善配套设施，提升服务功能。2024 年 6 月，福建省文化和旅游厅等 12 部门印发《关于引导自驾车旅居车营地及帐篷露营地规范发展的意见（试行）》，从场地经营、主要任务、组织保障、安全管理四个方面明确露营地经营主体和各相关部门的责任和任务，为福建省的自驾车旅居车营地建设、经营与管理提供了相关政策支持，有效地促进了自驾车旅居车营地的健康有序发展。2019~2022 年福建省自驾车旅居车营地建设项目资金补助名单如表 2 所示。

表 2　2019~2022 年福建省自驾车旅居车营地建设项目资金补助名单

单位：万元

序号	地区	项目名称	补助金额	备注
1	三明	沙县马岩生态园自驾车(房车)露营地	50	2019 年
2		永安市霞鹤生态农庄自驾车露营地	50	2019 年
3	泉州	安溪县高仁生态休闲农场自驾车露营地	50	2019 年
4		安溪县花千谷自驾车露营地	50	2022 年
5	宁德	寿宁县大安乡水洋村自驾车露营地	50	2019 年
6		新坦洋天湖茶庄园自驾车露营地	50	2019 年
7		寿宁县碑坑自驾车露营地	50	2020 年
8	龙岩	连城天一温泉旅游区自驾车露营地	50	2019 年
9		长汀三洲湿地公园露营地	50	2019 年
10		永定区南溪土楼沟景区自驾(房车)营地	50	2022 年
11	南平	武夷紫薇自驾车主题乐园	50	2019 年
12		邵武大埠岗"樱"你而来自驾车露营地	50	2019 年
13		建瓯福松自驾车露营地	50	2019 年
14		武夷山三木自驾游营地	20	2021 年
15		政和念山云上梯田景区环湖房车、露营基地	50	2022 年
16	福州	棕旅房车(罗源)百丈红风露营地	50	2022 年
17	漳州	龙美湾自驾车旅居车营地	50	2022 年
合计			820	—

资料来源：根据福建省文化和旅游厅网站公开数据整理。

（二）营地规模快速上升、营地认定有序开展

首先，福建省积极培育自驾车旅居车营地，鼓励各地在武夷山、泰宁丹霞、福建土楼、鼓浪屿、泉州古城5个世界遗产地文旅集聚区，红色文化、绿色休闲、蓝色海丝3条旅游带，沿长征国家文化公园（福建段）、沿福建滨海风景道、沿武夷山国家森林步道等"7沿"周边建设自驾车旅居车C级营地。福建省文化和旅游厅官网数据显示，2022年，福建省已建成自驾车旅居车营地69个，截至2024年6月增加至101个，增幅达46.38%，福建省的自驾车旅居车营地的规模呈快速上升状态。其次，福建省将自驾车旅居车营地作为促进文旅消费升级、产业结构优化的重要抓手以及新的消费增长点，积极组织开展自驾车旅居车营地质量等级认定工作，根据《自驾车旅居车营地质量等级划分》行业标准及认定细则等，有序推进3C级及以上自驾车旅居车营地的创建与认定工作。2021~2023年，福建省成功创建4C级自驾车旅居车营地1个，3C级自驾车旅居车营地3个（见表3）。

表3　福建省C级自驾车旅居车营地名单及创建时间

序号	营地名称	营地等级	创建年份	地区
1	武夷山三木自驾游营地	4C级	2021	南平
2	福安白云山旅居车营地	3C级	2023	宁德
3	龙岩趣驾游自驾旅居车营地	3C级	2023	龙岩
4	武夷紫薇自驾车主题乐园	3C级	2023	南平

资料来源：根据福建省文化和旅游厅网站公开数据整理。

（三）各地市均有发展、营地类型较齐全

随着国家相关政策的落地实施、自驾车旅居车旅游市场的逐渐兴起，福建省各地区纷纷采取相应的鼓励措施促进自驾车旅居车营地的建设，努力挖掘资源优势，依托城市公园、国家A级旅游景区、旅游度假区、位置较好

的乡村，以及环境优美的湖边、海边、海岛建设了一批自驾车旅居车营地。各地市在自驾车旅居车营地建设上将有重大的突破，从营地数量上看，三明、漳州、泉州、龙岩、南平、宁德为第一梯队，福州、厦门为第二梯队，莆田、平潭综合实验区为第三梯队；从营地类型上看，福建省拥有森林型、乡村型、滨海型、海岛型、都市型营地，营地种类较为齐全，其中森林型、乡村型营地最多，滨海型、海岛型次之，都市型最少。自驾车旅居车营地在建设过程中，也逐渐形成了棕旅、福旅、懒虫、悠见等品牌，其中棕旅、福旅自驾车旅居车营地品牌效应较强。

三　福建省自驾车旅居车营地发展中存在的问题

（一）用地审批标准高、经营取证率较低

由于自驾车旅居车营地占地面积大，用地性质必须是商业建设用地，不可涉及农保地、农耕地、生态林，不可触及生态红线、海岸线等，因此自驾车旅居车营地的用地审批标准高。由于缺少多部门联动协调机制，经营取证较困难。福建省文化和旅游厅提供的数据显示，截至2022年8月，福建省投入使用的自驾车旅居车营地有66个，在建的13个；取得土地使用证的营地有34个，占比43%，未取得土地使用证的营地有45个，占比57%；获得营地立项批复文件的有49个，占比62%，未获得营地立项批复文件的有30个，占比38%；具有独立法人的营地有72个，占比91%，无独立法人的营地有7个，占比9%。由此可见部分自驾车旅居车营地审批手续不齐全、经营取证率偏低，从而进一步制约了企业主对营地建设投资的热情，也给营地的规范经营带来一定的困难。

（二）自身达标率不高、配套设施不完善

尽管福建省自驾车旅居车营地在规模上取得一定的突破，但发展水平参差不齐。截至2024年6月，福建省已建成自驾车旅居车营地101个，

其中4C级自驾车旅居车营地仅1个，3C级仅3个，C级营地占比仅3.96%，营地的总体达标率偏低。对照《自驾车旅居车营地质量等级划分》国家标准，营地的交通设施（停车场）、给排水系统、清洁水源、持续的电力供应、应急和备用照明设备、移动通信信号，以及营位、排污设备、功能区、服务保障区、旅游厕所、标识标牌配置还存在较大的差距，营地的配套设施不完善、功能设计和服务管理还存在一定的短板，从而影响了游客的体验感。

（三）自身产品较单一、服务质量需提升

自驾车旅居车营地的游客对烧烤区、露天影院、酒吧、KTV等活动场地均有较强的服务诉求。但目前大部分的营地产品以提供住宿为主打服务，烧烤区、露天影院、酒吧、KTV等活动场地规模小、设备简陋、活动组织品质低、游客的体验感不强，游客的诉求难以得到满足。同时由于企业建设和管理经验不足、创新意识不强，营地产品同质化现象较为严重，极大地影响了游客的体验感和满意度，营地服务质量有待提升。

（四）经营季节性较强、投资回报周期长

国家法定节假日、周末、寒假往往会形成自驾车旅居车旅游的小高峰。暑假因为持续时间长，气候条件适合露营，6～8月往往形成自驾车旅居车营地的经营旺季，一些选址独特的营地，如福州棕旅房车（罗源）百丈红风露营地、平潭君山驿站房车营地、闽湖福旅房车营地、永泰棕旅房车营地、泰宁福旅房车露营地的入住率较高，尤其在周末出现一位难求的现象，而其他的自驾车旅居车营地，虽然未出现火爆现象，也迎来一年中的入住高峰期。但从全年经营情况看，受旅游和气候季节性的影响，营地的季节性特征明显，尤其是滨海型、海岛型和高海拔的森林型自驾车旅居车营地旅游淡旺季的特征更加明显。自驾车旅居车营地因经营季节性强、占地面积大、土地投资与使用成本高、投资回报周期长等原因，企业继续投资的积极性不高。

（五）营位利用率偏低、功能价值未体现

自驾车旅居车营地分为自行式旅居车营地、拖挂式旅居车营地和自驾车旅居车酒店三种类型。其中自行式旅居车营地营位利用率偏低、功能价值未能得到充分体现。如贵安温泉房车营地、武夷紫薇自驾车主题乐园、武夷山三木自驾游营地、沙县马岩生态园自驾车（房车）露营地、泰宁福旅房车露营地均设有自行式旅居车营位，虽然这些营地的公共服务设施齐全，但受市场的影响，自行式旅居车营位的利用率偏低，有的营地为了避免造成资源的闲置与浪费，甚至改变了自行式旅居车营位的用途。

四 福建省自驾车旅居车营地的发展对策

（一）优化规划布局、保障营地供给

针对营地用地审批难、营位利用率低等问题，首先，建议编制"福建省自驾车旅居车营地及帐篷露营地发展规划"，结合国家旅游风景道、国家步道、体育公园、国家 A 级旅游景区、度假区、金牌旅游村、全域旅游小镇等合理布局自驾车旅居车营地及帐篷露营地，串点成线，构建全省营地服务网络体系，形成露营旅游休闲精品线路，满足露营旅游休闲需求。其次，发挥好公共营地在应急服务、青少年教育、户外运动等方面的功能，提高营位利用率。最后，在编制"福建省自驾车旅居车营地及帐篷露营地发展规划"时，应对接上位规划，与国土空间总体规划及相关专项规划、乡村发展规划等对接，需要独立占地的公共和经营性营地建设项目应当纳入国土空间总体规划"一张图"衔接协调一致，从而改善营地用地状况，保障营地的供给。

（二）建立联审机制、加强监督管理

为提高营地的经营取证率，提高营地的管理水平，首先，建议各地市认真贯彻福建省文化和旅游厅等 12 部门印发的《关于引导自驾车旅居车营地及帐篷露营地规范发展的意见（试行）》的精神，鼓励各地市建立营地联审机制，国土、工商、公安、消防、税务、卫生、文旅等相关部门针对营地国有土地使用证、营业执照、食品卫生许可证的获取做联合审批，从而提高营地的经营取证率。其次，相关部门应落实管理责任，各司其职，加强对营地的督导，共同监督营地企业完善消防、食品、防盗、防各类自然灾害、高峰期等相关应急预案，配齐消防设施设备，加强监测预警。最后，应加强对自驾车旅居车营地市场的行业监管，引导营地企业严格遵守有关法律和生产经营各项规定，完善企业的管理制度，加强企业各类人员的岗位培训，提升员工持证上岗率。

（三）开展等级认定、加强示范引导

为完善营地的配套设施，提高营地的达标率，首先，建议进一步规范福建省自驾车旅居车营地建设，鼓励企业根据《自驾车旅居车营地质量等级划分》的必备条件，改善公共设施配套，提升营位数量，保障排污设备、功能区、服务保障区、旅游厕所、标识标牌配置，完善营地的配套设施。其次，在全省范围内加大自驾车旅居车营地质量等级认定工作力度，鼓励营地企业积极申报 C 级自驾车旅居车营地，打造优秀营地品牌，从而提高福建省自驾车旅居车营地的达标率，提升福建省自驾车旅居车营地的建设水平。

（四）优化产品结构、提升服务质量

应对接露营市场对游玩设施、活动组织、餐饮或食品、商品购物等的需求来优化产品结构，提升服务质量。首先，建议鼓励和引导营地与文博、演艺、美术等相关机构合作，结合音乐节、艺术节、体育比赛等群众性节事赛事活动，充实服务内容，优化营地产品的结构。其次，创新"露营+音乐""露营+美食""露营+市集""露营+采摘""露营+房车""露营+民宿"等多种营地形态，不断丰富产品供给，优化服务模式，淡化经营季节性，将露营所带来的"流量经济"更好地转变为"留量经济"。最

后，全面提升营地的服务质量，建议自驾车旅居车营地健全相关的管理制度，如《安全须知》《营地应急处理流程》《收费标准》等，合理设置外围标识标牌，健全综合服务中心，配套洗手间、医务室、商场、餐饮中心，配备安保人员和保洁员，向游客提供卫生、安全服务，保障应急物资，建立天气和特殊环境的预警机制，普及露营安全和环境保护方面的知识等，确保营地游客的人身安全、财产安全，鼓励各地推动自驾车旅居车营地上线平台导航。

（五）加强宣传推广、实现长足发展

构建政府、企业、游客全方位的自驾车旅居车立体化营销体系，以网络营销、节事营销为主体，以口碑营销为保障，力求解决营地供需双方信息不对称问题，实现自驾车旅居车营地长足发展。建议由相关部门组织编制"福建省自驾车旅居车营地服务指南"和绘制"福建省自驾车旅居车营地分布图"，并在各地市旅游集散中心投入；建议在高速公路口、动车站等交通口岸增设 C 级营地的引导提示牌，将 C 级营地纳入数字文旅系统；鼓励各地文旅部门因地制宜地组织举办露营展览、露营节等；在相关活动和展会中增加露营展示推介内容；建议整合全省的旅游资源和营地资源，推出优质的露营线路；借助新闻媒体、互联网平台等媒介，统筹官方网站和微信、微博、抖音、快手等新媒体矩阵，围绕自驾车旅居车旅游，强化营销推广，不断提升露营旅游休闲的热度、刺激自驾车旅居车营地的市场需求。

五　福建省自驾车旅居车营地的未来发展方向

（一）营地配套标准化

自驾车旅居车营地的配套设施与配套服务是营地软硬件的重要组成部分，是自驾车旅居车营地高质量发展的基本保证。通过政策的引导和相关部

门的监督管理，根据国家标准化管理委员会发布的《休闲露营地建设与服务规范第 2 部分：自驾车露营地》和全国旅游标准化技术委员会发布的《自驾车旅居车营地质量等级划分》行业标准及认定细则开展营地的建设与提升，保证营地配套设施与配套服务达标。

（二）营地产品主题化

随着自驾车旅居车营地规模的不断扩大，提升营地竞争力的关键是营地产品主题化，主题化是贯穿整个营地的灵魂，是市场效益的基础。各营地应充分结合当地地理、气候、历史、民俗、农业、活动内容等要素，塑造品牌，确立主题，打造营地 IP 形象，提升营地对游客的吸引力，让自驾车旅居车营地逐渐地实现从"旅游配套"向"旅游吸引物"的角色转换。

（三）服务管理智慧化

随着互联网技术的普及和应用，服务管理智慧化成为自驾车旅居车营地高质量发展的助推器。通过网络查询系统、预订与支付系统、门禁票务系统、智能停车场系统、智能广播系统、人流量监测系统、Wi-Fi 管理系统、视频监控系统、巡更巡检系统、紧急呼救系统等智慧系统的构建，提高营地的管理效率和做好精准营销；通过大数据采集与分析，剖析管理的优势与短板，提升营地的管理水平;[①] 通过营地智慧系统，向游客提供营地位置图、提供自动导航功能、提供智慧营地导览等，逐步提高自驾车旅居车营地服务科技化水平，让科技赋能营地的发展。

---

① 丁华：《我国自驾车房车营地的现状、问题和未来》，《中国公路》2018 年第 18 期。

B.7
福建省非遗旅游项目技术创新研究

李山石　李亦琦　陈玉菲*

摘　要： 　随着全球化的发展，非遗旅游逐渐成为文化传承与经济发展的重要手段，技术创新在其中发挥了关键作用。当前，非遗旅游在数字建库、3D打印、体感互动等技术的推动下，展现出多元化的互动体验，促进了非遗资源的保护与传承。然而，福建省在非遗旅游项目的技术创新方面虽取得了一定成就，但仍面临开发力度不足、人才短缺等问题。以国家级非遗剧种歌仔戏为例，尽管其在舞台演出效果和观众互动体验方面有所优化，但仍需进一步引进技术以丰富表演内容和增强观众参与感。为此，福建省应加大资金投入与政策扶持力度，注重传统文化与现代科技的融合等，以实现非遗旅游的可持续发展，提升其在文化传承与经济发展中的贡献度。

关键词： 　非遗旅游　非物质文化遗产　技术创新　歌仔戏　福建省

非物质文化遗产（以下简称"非遗"）作为人类文明的宝贵财富，不仅承载着世代相传的技艺与智慧，更是地域文化多样性的重要体现。在政府部门的大力支持下，我国非遗旅游的发展成就尤为显著，特别是福建省的非遗旅游，以其深厚的文化底蕴和创新的演艺模式，已成为推动地方经济发展和文化传承的重要力量。在数字建库、3D打印、体感互动等方面不断的技

---

* 李山石，博士，厦门大学管理学院副教授、博士生导师，主要研究方向为消费者心理学、旅游与酒店消费行为、目的地和酒店营销；李亦琦，厦门大学管理学院旅游管理专业2022级硕士研究生，主要研究方向为遗产旅游和旅游消费者行为；陈玉菲，厦门大学管理学院旅游管理专业2024级硕士研究生，主要研究方向为旅游消费者行为。

术创新的影响下，非遗资源的保护与传承正从传统的口授心传向现代的技术呈现发展，非遗的真实性和完整性有了进一步保障。同时，非遗旅游形式也从单一的表演展示向多元的互动体验发展，非遗的发展空间进一步扩大。福建非遗旅游正不断探索新的发展路径，展现出无限的活力与潜力。然而，非遗旅游的发展道路仍充满挑战。

一 我国非遗旅游项目技术创新的基本成就和经验

非遗旅游在技术创新推动下繁荣发展，融合成效显著，政策助力效应显著。AI、元宇宙等技术为其注入新活力，强化互动体验，塑造独特IP。然而，技术创新挑战犹存，如进度不均、落地不足、产权纠纷和体验失真等。要实现非遗旅游的健康发展，必须持续推进技术创新，解决现存问题，确保非遗在现代社会中的传承与发展。

（一）非遗与旅游融合发展情况

1. 相关政策齐出台

国务院2005年颁发《国家级非物质文化遗产代表作申报评定暂行办法》，其中明确指出：非物质文化遗产指各族人民世代相承的、与群众生活密切相关的各种传统文化表现形式（如民俗活动、表演艺术、传统知识和技能，以及与之相关的器具、实物、手工制品等）和文化空间。[①]

我国非遗资源丰富，政府高度重视其申报与保护。我国已有43项非遗入选联合国教科文组织人类非物质文化遗产代表作名录（名册），数量居世界之首。国务院已公布5批国家级非遗代表性项目，其中戏曲艺术相关的非遗传承人数量最多，为782人，展现了戏曲艺术的广泛影响力和人才优势。[②]

---

① 《关于加强我国非物质文化遗产保护工作的意见》，中国政府网，2005年3月26日，https://www.gov.cn/gongbao/content/2005/content_63227.htm。
② 参见国家级非物质文化遗产代表性项目名录，https://www.ihchina.cn。

近年来,非遗传承与发展路径不断拓宽。文旅融合已成为发展新趋势,从2009年的《关于促进文化与旅游结合发展的指导意见》,到2019年的《曲艺传承发展计划》,再到2023年的《关于推动非物质文化遗产与旅游深度融合发展的通知》,均旨在加强非遗与旅游的深度融合,活化非遗资源,推动乡村振兴和文化产业发展。

2.非遗旅游多途径

当下,非遗旅游正逐步从政府部门"输血"转向自身"造血"发展,非遗研学、非遗民宿、非遗演艺、非遗文创等产品形态不断涌现。① 具体来说,主要有以下几类产品形态。

一是文化体验类产品。把非遗融入景区、民宿、博物馆等旅游空间,提供历史图片、工具实物、场景再现和动手体验等,如景德镇古窑民俗博览区就通过恢复传统制瓷作坊,复建烧瓷窑,让游客近距离接触景德镇手工制瓷工艺。②

二是文化创意类产品。发掘非遗元素,结合现代设计理念,开发具有实用性与文化特色的产品。如通过提取广西壮锦元素制成的不碎镜、水桶包等产品,既体现了壮族织锦技艺的魅力,又满足了现代人的审美和实用需求。③

三是演艺类产品。将现代舞台技术和创意元素融入传统表演艺术类非遗中,创造出兼具观赏性和娱乐性的演艺类产品。如在第十一届武汉"戏码头"中华戏曲艺术节上演的汉剧《贵妃醉酒》就因互动表演、实景舞台广受好评。④

四是综合类产品。以非遗为核心,开发涵盖食、住、行、游、购、娱的

---

① 石美玉、詹雪芳:《旅游促进非遗创造性转化与创新性发展的中国经验》,《旅游学刊》2024年第3期。

② 参见景德镇古窑民俗博览区网站,http://www.chinaguyao.com/index.html。

③ 《广西龙州:潮起三月三共赴好春光》,搜狐网,2024年4月12日,https://www.sohu.com/a/771250859_121620820。

④ 《第十一届武汉"戏码头"中华戏曲艺术节精彩集萃》,湖北文明网,2023年5月12日,http://www.hbwmw.gov.cn/c/2023/05/47159.shtml。

综合型文旅产品，如非遗特色小镇、非遗街区、非遗博览园等。越剧故乡浙江省嵊州就打造了集现代农业、休闲旅游、文化创意、生态人居于一体的越剧小镇。①

3. 非遗旅游成热点

非遗与旅游深度融合，激发了游客对非遗旅游体验的浓厚兴趣。2024年"五一"假期，以古城古镇、非遗体验、博物馆展览和传统服饰为特色的旅游消费飙升，热门景区预订量同比增长超四倍。② 非遗为小镇、乡村旅游注入新活力，旅游则为非遗传承打开新篇章，使非遗焕发新生。

以 2023 年厦门曾厝垵海峡两岸同根文化艺术节为例③，通过非遗项目展示、文化传承、旅游产品开发及数字化推广，非遗与旅游成功融合，为游客带来独特文化体验。

（二）非遗旅游项目的技术创新体现

1. AI 赋能加强非遗旅游互动

非遗在文化自信风潮中，借科技媒体之力换新颜。五邑大学与江门市蓬江区文体中心合推"老戏新影——AI 皮影"培训，融合 AI 技术为皮影戏注入新活力，包括数字化展示、互动体验等，游客可触屏互动，感受传统魅力。④

2. 游戏赋能打造非遗旅游 IP

游戏成为非遗旅游宣传展示的新平台。例如，《QQ 飞车》与贵州省文旅厅合作，结合当地民族特色打造贵州专属道具，融合苗族"巴拉河支系"经典款式设计而成的黔南苗韵套装、以民族乐器"芦笙"为原型设计的黔南苗韵手持等推出贵州游戏电竞 IP 主题旅游路线，打开"电竞+旅游"新

---

① 参见越剧小镇网站，http：//www.yuejutown.com。
② 《文旅新活力 | 国潮风起　非遗焕新　文旅"出圈"更"出彩"》，光明网，2024 年 5 月 20 日，https：//feiyi.gmw.cn/2024-05/20/content_37329118.htm。
③ 游笑春：《海峡两岸艺术交流活动启动》，《福建日报》2024 年 6 月 16 日，第 2 版。
④ 《以人工智能为引擎驱动非遗皮影的传承与创新》，中国网，2024 年 4 月 25 日，http：//guoqing.china.com.cn/2024-04/25/content_117150737.htm。

局面，为贵州整体文化旅游发展注入新动能。[①]

3. 元宇宙非遗街区虚实共生

利用元宇宙技术，打造非遗虚拟展示空间。例如，广州非遗街区（北京路）通过数字人、5G、VR 等技术，构建了元宇宙非遗街区，展示了非遗橱窗、非遗展演、数字交互等丰富元素。[②] 游客可以通过 VR 眼镜等设备，身临其境地感受高精度全方位展示的非遗产品细节，全面体验集文化、场景、消费于一体的非遗新模式。

（三）非遗旅游项目的技术创新困局

1. 文化魅力与原真性面临威胁

非遗涵盖十大门类，各门类均有独特文化内涵与表现形式。若沦为旅游附属品，其文化魅力将受损，甚至因不当改编而破坏原真性，对保护传承构成威胁。当前，宜产型非遗如技艺、美术活化利用度高，而非宜产型非遗如文学、戏剧则相对较低。[③] 非遗旅游发展与其门类紧密相关，尤其民间文学、音乐、舞蹈、戏剧等受众较少，年轻群体兴趣减弱。这些非遗艺术价值高但功能实用性不足，需观众深入理解欣赏，因此在旅游开发中面临市场挑战。

2. 数字技术的落地程度不够

尽管数字技术在非遗保护与传承中有所应用，但非遗旅游领域的技术创新仍显滞后。多数非遗旅游项目沿用传统展示方式，未充分结合 VR、AR、AI 等科技，提升游客体验。产品设计缺乏传统文化与现代科技的融合，导致产品形式单一，缺乏市场竞争力，限制非遗传承与产业发展。同时，非遗旅游数字化产品同质化严重，缺乏品牌意识与独特价值，难以吸引游客目光。

---

① 陆青剑：《贵州主题游催生旅游新业态》，《贵州日报》2021 年 5 月 10 日，第 2 版。
② 何钻莹：《全国首创元宇宙非遗街区，广州非遗街区（北京路）今日开街》，《广州日报》2022 年 6 月 12 日，第 1 版。
③ 中国社会科学院旅游研究中心：《2023～2024 年中国旅游发展分析与展望》，宋瑞主编《旅游绿皮书：2023～2024 年中国旅游发展分析与预测》，社会科学文献出版社，2024。

3. 数字技术的知识产权纠葛

在非遗数字化的过程中，知识产权的保护尤为重要。由于非遗通常涉及世代相传的技艺、艺术形式和传统文化，这些资源的数字化和传播可能涉及复杂的版权和知识产权问题。未经充分授权的数字化和传播可能侵犯非遗产品创作者的权益，包括版权、商标权、专利权等。这不仅可能导致法律纠纷，还可能损害非遗传承人的利益，进而影响非遗的传承和发展。

4. 虚拟体验的间接失真影响

科技介入虽为非遗保护和传承提供了新的手段，但也可能导致非遗体验的间接化和虚拟化。相对于传统的直接体验方式，如实地参观、亲身参与等，虚拟化的体验可能削弱了人们对于非遗的深刻感知和认同。此外，过度依赖科技手段也可能导致非遗的本质和精髓被忽视或淡化。

二 福建非遗旅游项目技术创新的基本成果和挑战

福建非遗旅游项目借技术创新焕发生机，实现非遗与多领域深度融合，数字建库、3D 打印、体感互动等科技手段助力非遗传承与展示，打造文旅新名片。但数字化发展失衡、技术开发不足、人才缺失等问题待解，需共同努力推动非遗旅游健康发展。

（一）福建非遗旅游发展的总体形势

1. 非遗项目概况

福建是非遗大省，共有 9 个项目列入联合国教科文组织人类非遗代表作名录（名册），是我国迄今在联合国教科文组织非遗保护 3 个系列上获得大满贯的唯一省份。截至 2024 年 6 月，全省共有 145 个国家级非遗项目、705 个省级非遗项目，同时还有 3000 多个非遗项目被纳入市、县两级非遗保护名录。①

---

① 《福建省人民政府关于公布第七批省级非物质文化遗产代表性项目名录的通知》，福建省人民政府网站，2022 年 2 月 9 日，https：//www.fujian.gov.cn/zwgk/zfxxgk/szfwj/fzsj/202202/t20220209_5831871.htm。

在 2024 年举行的"气象万千——中国非遗保护实践主题展"中，福建省共有 11 个非遗项目成功入选，入选数量位居全国第二。① 这些项目涵盖了传统音乐、传统戏剧、传统技艺等多个非遗门类，充分展现了福建省非遗的丰富性和多样性。

2. 相关政策支持

福建省致力于非遗旅游的蓬勃发展，近年来出台了系列政策措施。2022 年，《关于进一步加强非物质文化遗产保护工作的实施意见》② 和《福建省推进文旅经济高质量发展行动计划（2022—2025 年）》③ 发布，前者强化非遗保护与传承，后者推动非遗技艺的活态传承及文旅融合。此外，《福建省非物质文化遗产条例》从法律层面保障了民族文化的传承与发展。④ 2024 年，《关于推动数字文旅高质量发展的实施方案》⑤ 进一步聚焦非遗数字化保护，强化非遗的线上展示和传承创新，助力非遗旅游焕发新活力。

3. 非遗旅游发展

（1）文旅经济：文化价值的市场化探索

2024 年 6 月 7 日，福建省文旅厅举办"文化和自然遗产日"福建非遗宣传展示活动，涵盖 203 场展示，让民众亲近非遗，感受其魅力。涵盖非遗保护实践主题展、非遗购物节、云游非遗影像展等重点活动，助力非遗在国

---

① 《福建非遗项目入选"气象万千——中国非遗保护实践主题展"》，福建省文化和旅游厅网站，2024 年 4 月 18 日，https：//wlt.fujian.gov.cn/wldt/btdt/202404/t20240418_6432346.htm。

② 《中共福建省委宣传部 福建省文化和旅游厅印发〈关于进一步加强非物质文化遗产保护工作的实施意见〉的通知》，福建省文化和旅游厅网站，2022 年 11 月 10 日，https：//wlt.fujian.gov.cn/zfxxgkzl/zfxxgkml/30qtyzdgkdzfxx/04fwzwhyc/202211/t20221110_6043799.htm。

③ 《中共福建省委办公厅 福建省人民政府办公厅印发〈福建省推进文旅经济高质量发展行动计划（2022—2025 年）〉》，福建省文化和旅游厅网站，2022 年 8 月 29 日，https：//wlt.fujian.gov.cn/zwgk/ghjh/202211/t20221111_6044191.htm。

④ 《关于省十三届人大六次会议第 1685 号建议的答复》，福建省人民政府网站，2022 年 5 月 19 日，https：//www.fujian.gov.cn/zwgk/zdlyxxgk/jytabl/jytabl/202205/t20220519_5914233.htm。

⑤ 《福建省人民政府办公厅印发〈关于推动数字文旅高质量发展的实施方案〉的通知》，福建省人民政府网站，2024 年 4 月 22 日，https：//www.fujian.gov.cn/zwgk/zfxxgk/szfwj/jgzz/kjwwzcwj/202404/t20240422_6437922.htm。

家发展、文旅经济增长及两岸融合中发挥重要作用。① 线上线下联动的形式不仅为非遗传承提供了资金支持，也为非遗传承和发展注入了新的动力。

（2）文旅打卡：传统艺术的影视化呈现

福建省文旅厅在影视领域积极融合非遗，通过影视剧展现传统艺术的魅力。2021 年，《山海情》在莆田拍摄，红团美食与海滨美景为剧情增色；《理想照耀中国》之《希望的田野》在宁德取景，畲族服饰引人注目。土楼、东山岛等地因影视作品而成为热门打卡地。② 这种影视化呈现为非遗传承与发展和非遗旅游开辟新径。

（3）文旅体验：数字化保护与智能传承

科技助力非遗传承，福建文旅厅率先探索。2024 年 5 月 24 日，第七届数字中国建设峰会上，福建"数字赋能文旅　科技创新文博"展区惊艳亮相。③ 游览云上博物馆、隔空拜师咏春大师、头戴簪花生成 AI 美照等，利用 VR、AR 等技术，非遗得以数字化保存和生动展示。智能应用与交互体验，让非遗更加鲜活。

4. 非遗旅游前景

2023 年，福建省旅游业强势反弹，迎来繁荣新篇章。数据显示，全省接待旅游总人数高达 5.72 亿人次，同比增长 45.9%。同时，旅游总收入也刷新纪录，达到 6981.08 亿元，同比增长 61.3%。文旅经济总产值达到 1.38 万亿元，同比增长 8.8%。过夜游客数量更是激增，达 1.68 亿人次，同比增长 70.2%，显著拉动了酒店、餐饮等相关产业的发展。④

与 2022 年相比，2023 年，福建省在文化及相关产业、旅游业增加值方

---

① 《203 场非遗宣传展示活动等你》，福建省文化和旅游厅网站，2024 年 5 月 21 日，https：// wlt. fujian. gov. cn/wldt/btdt/202405/t20240521_6452520. htm。

② 《福建影视打卡游为暑期游提供新选择》，福建省文化和旅游厅网站，2023 年 7 月 3 日，https：//wlt. fujian. gov. cn/wldt/btdt/202307/t20230703_6196962. htm。

③ 《"数字赋能文旅　科技创新文博"展区亮相第七届数字中国建设峰会》，福建省文化和旅游厅网站，2024 年 5 月 27 日，https：//wlt. fujian. gov. cn/wldt/btdt/202405/t20240527_64 54830. htm。

④ 《一组靓丽数据》，福建省文化和旅游厅网站，2024 年 4 月 17 日，https：//wlt. fujian. gov. cn/zwgk/ztzl/fjswljjfzdh/cgzs/wltpyyxczx/202404/t20240417_6431993. htm。

面均有所增长。文化及相关产业增加值达 2576.05 亿元，旅游业增加值达 2463.30 亿元，占 GDP 比重为 4.64%，彰显出文旅融合发展的强劲势头。

总体来看，2023 年福建省旅游业的繁荣为经济发展注入了新动力。未来，随着文旅经济的持续发展和升级，福建省将继续吸引更多游客，为经济的持续健康发展贡献更大力量。

（二）福建非遗旅游项目的技术创新情况

1.3D 打印赋能传统戏剧创新融合

以往，木偶雕刻完全依赖传承人手工技艺，既耗时又难以保证标准化。随着科技发展，3D 打印技术为提线木偶制作带来新机遇。[1] 通过该技术，机械臂操纵木偶，实现人机互动，简化流程，提高效率。新型木偶皮肤细腻、上色易，且重量轻，减轻机械臂负荷。这些木偶不仅保留传统精髓，还融入现代科技元素，焕发新活力。这一创新不仅为提线木偶传承注入动力，也为传统戏剧技术创新提供借鉴。

2.体感互动技术实现互动性参与

福建南少林咏春拳正借助现代科技重焕生机。在福建省文旅厅数字化成果展会上，该项目运用高清显示、智能骨骼识别系统、精美 UI 设计和动态抠像技术，打造互动式非遗体验空间。观众不再是旁观者，而是参与者，通过体感互动模仿咏春拳师动作，亲身感受传统武术魅力。

3.传统美术数字视听的创新演绎

《非遗里的中国》节目中，福建非遗技艺创新演绎，融合"旅游+体验"与"创新秀演"，将非遗与舞蹈、数字视听技术完美结合。[2] 如莆田木雕秀《雕·栩》，木雕仿佛活灵活现，与真人共舞，营造奇幻视觉。这种古老技

---

① 《人机交互还能这么玩！这个厦大男孩做出的"超级木偶"，拿到国家基金，获得国赛大奖，去了国外展出！》，搜狐网，2019 年 6 月 10 日，https://www.sohu.com/a/319657442_404525。
② 林爱玲：《莆田非遗：唤醒历史记忆 传承文化根脉》，《福建日报》2023 年 6 月 3 日，第 5 版。

艺与现代科技、艺术的结合，让非遗焕发新生，展现福建非遗独特魅力与活力，体现对非遗传承与创新的重视。

4.科研引领传统医药的创新之路

中医药的传承与创新，离不开中医药经典理论原则的指导，更离不开现代化科学技术的应用。片仔癀药业作为福建省传统医药的杰出代表之一，近年来一直视科研为"重器"，不断探索并掌握产业链顶端的核心专利与技术，取得了丰硕的科研成果。[1]

5.三维建模完美诠释非遗民俗

现代动漫技术为福建省非遗注入了新的生命力，也为非遗的传承和发展提供了新的思路。《林默》是由福建显卫影视出品，上海多玲十月文化、米粒影业制作原创的三维动画电影。[2]它不仅通过三维技术进行立体建模，运镜的幅度和角色动作表情的细节表达更让观众有身临其境之感。

（三）福建非遗旅游项目的技术创新难题

1.机构与区域数字化发展失衡

福建省文化遗产数字化进程中，机构与区域间的发展失衡问题显著。头部文博机构凭借资源优势领跑全省，而25%的未定级博物馆尚未涉足数字化保护。[3]国家一级博物馆在数字展陈和文创应用上明显滞后，凸显机构间的不均衡。

区域间差异同样明显。福州、厦门、泉州等发达地区凭借数字文化产业创新，如动漫网游产业，文博机构数字化成果显著。而闽东北、闽西南等欠发达地区受限于资金、技术和人才，数字化投入年均不足50万元，需依赖

---

[1]《福建省工业和信息化厅关于省政协十二届四次会议20212131号提案的答复》，福建省工业和信息化厅网站，2021年7月20日，https://gxt.fujian.gov.cn/zwgk/zfxxgk/fdzdgknr/dbwyzs/zxwyta/202107/t20210720_5651848.htm。

[2]《显卫影视出品、米粒影业制作最新动画电影来了！国产动画首位女英雄，你期待吗？》，搜狐网，2020年11月2日，https://www.sohu.com/a/429027744_299600。

[3]廖钟源：《福建文化遗产数字化的困境与对策》，《江南论坛》2024年第5期。

文创产品销售。东部地区文博机构年均投入高达 100 万~500 万元，与中西部形成鲜明对比。这种失衡不仅阻碍了数字化全面推进，也制约了全省非遗保护和传承的整体水平。

2. 非遗旅游技术内容开发浅尝辄止

福建省非遗旅游数字化之路面临技术内容开发的浅层化挑战。市场化开发同质化严重，缺乏地方特色，内容创新、技术应用及市场转化受限。科技支撑和内容创新不足，导致非遗市场化开发停留在表面。数字化产品商业化想象空间有限，商业链条不完整，影响产业投入。

3. 非遗数字技术开发人才缺失

技术层面，跨学科人才缺乏与现有机构技能不足，制约了非遗数字化保护的深化。文化传承方面，公众尤其青年对非遗的认知不足，倾向于评估经济而非文化价值，加之非遗传承人老龄化及技艺传承复杂性，导致传承断层。高校非遗人才培养同样面临师资与实践脱节问题，难以满足数字文化产业需求。

三 旅游演艺背景下的歌仔戏技术创新成果和导向

随着技术创新的不断推进，福建省非遗旅游项目在保护和传承地方文化、推动经济发展方面取得了显著成果。歌仔戏作为福建省非遗旅游项目的重要组成部分，展现了其在技术创新中的示范作用。

（一）旅游演艺背景下歌仔戏的发展现状

1. 政府支持与政策措施

近年来，政府部门积极出台政策设立基金，全面扶持歌仔戏文化传承与发展。其中，厦门歌仔戏研习中心创排的《侨批》荣获多项大奖并获得资助，包括"第七届福建艺术节·第27届戏剧会演"剧目奖一等奖、2019年度国家艺术基金舞台艺术创作资助项目，以及"第十六届中国戏剧节"优秀剧目奖。在官方支持下，2020年《侨批》成功在小白鹭艺术中心金荣剧场上演，广受好评，并荣获第三十四届田汉戏剧奖剧本一等奖榜首。[①]

2.非遗传承与创新并行

歌仔戏在坚守传统魅力的同时，亦勇于探索新传承与发展路径。通过网络媒体和自媒体，歌仔戏广泛传播，激发更多人的热爱。在对省级非遗传承人庄海蓉的访谈中，她强调，新时代下的文艺工作者需不断创新，选择本地题材创作新剧目，如《渡台曲》《陈嘉庚还乡记》等，讲述闽南籍华侨故事，展现歌仔戏之根与中国故事，促进传统艺术的蓬勃发展。

3.观众喜爱与要求并举

歌仔戏虽深受观众青睐，面对现代审美和文化需求的转变却遭遇挑战。厦门歌仔戏研习中心在剧本精修和排演上不懈努力，推出了如《邵江海》和《侨批》等多部优质剧目。然而，现代观众不仅期待传统艺术的呈现，更希望看到现代审美元素的融入，如高质量剧本、相关衍生产品及现代科技的应用。在大众消费文化的浪潮中，歌仔戏的传统审美空间受限，其历史和神话题材与现代生活的脱节导致了艺人与观众之间文化共鸣的减少。

（二）旅游演艺背景下歌仔戏的技术创新

1.提升舞台视听效果

歌仔戏通过融合现代舞台技术，如 LED 投影、先进音频处理等技术，提升观众的视听体验。以丰归文化芗剧团为例，使用 U 形 LED 屏展示动态实景，配合变化多端的舞美灯光和环绕立体声技术，深化剧情体验，使观众深入体验歌仔戏的艺术魅力。[②] 这种传统与科技的结合不仅增强了舞台效果，也成功吸引了更多观众的关注。

2.加强戏曲互动体验

歌仔戏演出引入如 VR、AR 等互动技术，使观众能直接参与并与演员

---

① 《厦门歌仔戏〈侨批〉获第三十四届田汉戏剧奖剧本一等奖榜首》，厦门市文化和旅游局网站，2020 年 11 月 16 日，https://wlj.xm.gov.cn/zwgk/bmdt/202011/t20201116_2495390.htm。

② 赵文娟：《来自漳浦的丰归剧团通过创新性表演走红网络，让更多人了解并爱上闽南传统戏曲——老戏新生记》，《福建日报》2023 年 11 月 23 日，第 12 版。

互动，强化了观众的参与感和代入感，让他们更深入理解歌仔戏的艺术和文化。闽南师范大学的研究团队将人工智能技术如风格迁移应用于闽南文化，开发数字化应用，如一键生成带有闽南剪纸风格的歌仔戏服装，从而增强了观众的文化体验和兴趣。[①]

3. 优化线上平台功能

2021 年 8 月 13 日，漳浦提线木偶艺人阿梅用提线木偶戏演绎歌仔戏经典《春雨曲》，将传统艺术与现代传播相结合，迅速走红，观看量一周内破百万人次。[②] 继而推出《八闽人祖·王审知》等多个经典唱段及新创短剧，点赞量与观看量均超过百万人次。网络平台不仅扩大了歌仔戏的观众群，还提升了观众的互动意愿和满意度。

4. 数字化存档与传承

利用数字化技术将歌仔戏的经典剧目、唱腔、表演技巧等进行记录和保存，为歌仔戏的传承和发展提供有力的支持。通过数字化存档，便于对歌仔戏的艺术资源进行整理、分类和检索，为未来研究和创作提供丰富的素材和参考。如福建省艺术研究院就抢救拍摄、收集整理了大量地方戏曲及非遗项目，形成了约 1800 部、2500 小时音像资料。[③] 这些资料通过数字平台展示，为歌仔戏等戏曲的传播提供了广阔的空间。

四　旅游演艺背景下的歌仔戏技术创新困境和挑战

在旅游演艺蓬勃发展的背景下，歌仔戏作为传统艺术的典型案例，面临着技术创新的多重困境和挑战。以歌仔戏为例，人才与技术短缺制约了创新

---

① 黄舒哲：《第七届数字中国建设峰会，"85 后"的她带着团队研究成果备受关注——闽南文化+AI 收获"满堂彩"》，《闽南日报》2024 年 6 月 10 日，第 2 版。

② 赵文娟：《来自漳浦的丰归剧团通过创新性表演走红网络，让更多人了解并爱上闽南传统戏曲——老戏新生记》，《福建日报》2023 年 11 月 23 日，第 12 版。

③ 《关于省政协十二届五次会议 20222115 号提案的答复》，福建省文化和旅游厅网站，2022 年 7 月 6 日，https://wlt.fujian.gov.cn/zfxxgkzl/zfxxgkml/30qtyzdgkdzfxx/12zxtadf/202207/t20220706_5948908.htm。

能力的发挥，市场接受度参差不齐考验着其适应性，而知识产权的保护则成为其持续发展的关键。

（一）人才与技术短缺

歌仔戏的技术创新需要既懂戏曲艺术又懂现代科技的专业人才。然而，目前这样的人才相对稀缺，导致歌仔戏在技术创新上缺乏有力的支持。同时，对于传统戏曲从业者来说，接受和掌握新技术也需要一定的时间和努力。

调研发现，歌仔戏相关剧团尝试新的传播媒体（如直播）的意愿很强，希望通过线上和观众进一步互动交流。然而由于剧团人手不够，现有的人员对新媒体操作不熟练，相关活动迟迟无法开展。

（二）市场接受有差异

新兴技术的引入曾极大地推动了歌仔戏等地方剧种的传播与繁荣。然而，随着新制作、传播技术和市场评价机制的引入，戏曲的意象逐渐由写意转向写实，破坏了其独特的审美导向。部分歌仔戏电影过度追求真实感，如真刀真枪的武打和感官刺激画面，导致艺术性下降。市场利益驱动下的粗制滥造降低了艺术水准。技术创新虽能提升观演体验，但观众接受度各异。歌仔戏需充分考虑观众接受度，逐步引导其适应新观演方式。

（三）知识产权需保护

在技术创新过程中，可能会涉及知识产权和版权的问题。如何保护歌仔戏在技术创新中的成果，防止被他人盗用或侵权，是一个需要重视的问题。加强知识产权和版权的保护，不仅可以保护歌仔戏的创新成果，还可以激发从业者的创新热情。

五 旅游演艺背景下非遗旅游项目技术创新的对策建议

在旅游演艺领域，非遗旅游项目的技术创新不仅提升了文化传播效果，

也推动了地方经济发展和文化传承。随着游客对文化体验的需求增加，如何将传统非遗与现代技术结合，创造出更具吸引力和互动性的旅游演艺产品成为关键问题。

（一）加大资金投入与政策扶持力度

政府应设立非遗旅游项目技术创新专项基金，通过拨款、补贴或低息贷款等方式支持相关团队进行技术研发和设备购置，以减轻项目的经济负担。同时，制定相关政策，建立税收减免和奖励机制，鼓励企业和社会团体投资非遗旅游项目的技术创新，从而形成一个良好的投资环境。

（二）加强人才培养

鼓励高校、科研院所与非遗旅游企业合作开发适合非遗旅游项目的数字化技术与产品，开设专业课程，培养精通传统文化与现代科技的复合型人才，课程覆盖非遗知识、数字技术应用和市场营销等。此外，与非遗旅游企业合作建立实习基地，增加学生实操经验。同时，鼓励非遗从业者和学生参与国际交流，学习国际上非遗保护与旅游开发的成功经验，以提升行业专业水平。

（三）深化市场调研，摸清需求点

加强对观众市场的调研，了解观众对于非遗演艺的需求和偏好，为技术创新提供方向。在技术创新过程中，充分考虑观众接受度和习惯，通过逐步引导、互动体验等方式，提高观众对于新技术的接受度。同时，通过数据分析评估技术创新的效果，并收集观众反馈，以此优化资源配置并提升项目的市场竞争力。

（四）注重传统文化与现代科技的融合

在技术创新过程中，尊重并保留非遗旅游项目的传统文化特色，在演艺时通过现代科技手段进行呈现和强化。探索传统文化与现代科技的创新结合点，如利用 VR、AR 等技术打造沉浸式观演体验，让观众更好地感受非遗的艺术魅力。还可以通过社交媒体平台，采用短视频或者直播互动的形式进行演艺，吸引年轻观众群体。

（五）加强知识产权与版权保护

为加强非遗旅游项目的知识产权保护，政府及行业协会应制定行业标准，明确非遗旅游项目的版权归属和使用规范，确保创作者和传承人权益。同时，提供法律支持和咨询服务，帮助从业者理解相关法律，预防侵权，并建立知识产权纠纷调解机制，快速处理纠纷，促进非遗旅游的健康发展。

（六）推动非遗旅游项目技术创新体系建设

利用 VR、AR 和数字化仿真等技术重现非遗制作、演艺等过程，深入体验和学习传统工艺，通过数字化建设，实现非遗资源的共享和传播。同时，可以利用物联网监测非遗物品环境，有效延长其保存时间。此外，建立云平台和数据共享机制，促进国际合作，推动技术创新体系标准化，扩大其全球影响力。

B.8
福建省幸福旅游目的地建设研究[*]

杨少华 蒋长春 杨 娟^{**}

摘 要： 旅游业发展程度和质量已成为衡量民众生活水平、满意度以及幸福感的一个重要指标。福建省大力发展文旅经济，打造世界知名旅游目的地，推动"供需两旺"，但也存在旅游地文化内涵挖掘缺乏深度、旅游相关产业融合度不高、品牌影响力不足、缺乏建设幸福旅游目的地的激励机制等问题。建议深挖文化内涵，推动文旅经济高质量发展；鼓励文旅跨界深度融合，促进产业协同与合作，强化社会参与反馈机制，实现多方共赢；推动变革性旅游，促进人生深层次幸福；完善建设幸福旅游目的地的激励机制，加强政策支持，落实激励措施。

关键词： 幸福感 幸福旅游目的地 福建省

习近平总书记在党的十九大报告中指出："中国特色社会主义进入新时代，我国社会主要矛盾已经转化为人民日益增长的美好生活需要和不平衡不充分的发展之间的矛盾。"① 旅游业发展程度和质量已成为衡量民众生活水

---

* 本文系福建省哲学社会科学重点项目（编号：FJ2024A020）阶段性研究成果。

** 杨少华，博士，莆田学院管理学院特聘教授、博士生导师（外校），主要研究方向为旅游营销、乡村旅游、康养旅游等；蒋长春，莆田学院管理学院院长、教授，主要研究方向为乡村旅游开发与管理、康养旅游等；杨娟，马来西亚理科大学商学院旅游市场营销专业2021级博士研究生，四川旅游学院创新创业学院教研室主任、讲师，主要研究方向为乡村旅游、旅游营销。

① 《中国共产党第十九次全国代表大会在京开幕 习近平代表第十八届中央委员会向大会作报告 李克强主持大会 2338名代表和特邀代表出席大会》，中国政府网，2017年10月18日，https://www.gov.cn/zhuanti/2017-10/18/content_5232761.htm。

平、满意度以及幸福感的一个重要指标。① 幸福旅游目的地是一个通过提供适当的旅游项目和体验，促进游客在旅行中获得身体及情感上的愉悦、满足和幸福感的地方。这种目的地通常具有丰富的自然资源、文化遗产、休闲设施和社交互动机会，为游客创造愉悦的旅行体验，提升其整体幸福感和生活质量。一方面，幸福旅游目的地为游客提供了观光、休闲、度假、研学、教育等多层次立体的体验，使游客得以舒缓身心，享受美好生活。另一方面，通过发展旅游，促进目的地基础设施建设、环境改善和相关产业发展，不仅为社区居民营造幸福的生活空间，还使幸福旅游目的地获得经济回报，实现经济、社会、环境的可持续发展。

福建是全国唯一以"福"字命名的省份，在发展全国幸福旅游目的地方面更是先行先试，提出了"清新福建：福往福来、自由自在"的旅游发展理念，打造"清新福建"幸福工程，发展运动经济、户外露营、运动康养、医养结合、心灵康养等健康产业，构建一个能够让游客感受到幸福与自由的旅游环境。"清新福建：福往福来、自由自在"理念的提出，不仅展现了福建省对旅游业发展的远见卓识，也体现了福建省为人民建设幸福旅游目的地的坚定决心。

但在塑造幸福旅游目的地品牌方面，福建省面临诸多挑战，尤其是游客与社区居民并未建立起福建省与幸福旅游目的地之间较强的认知和情感关联。为了提升游客的满意度和幸福感，提升福建省幸福旅游目的地形象，推进幸福旅游目的地建设方面的研究仍有待加强。

一　国内外建设幸福旅游目的地的经验做法

对美好幸福生活的追求深藏在人们的内心，而各地的幸福旅游目的地也在努力通过提供丰富的旅游体验来实现人们的身心愉悦，值得福建省借鉴学习。

云南省作为中国生态旅游和民族文化旅游的典范，成功将自然与人文融

---

① 马勇、张瑞：《旅游业高质量发展与国民幸福水平提升》，《旅游学刊》2023年第6期。

合，塑造了民族和谐的幸福景象，其发展模式值得广泛借鉴。云南省成功地将其独特的生物多样性和丰富的民族文化转化为旅游资源，打造了现代文明、绿色生态、多彩幸福的幸福旅游目的地形象。这一过程中，省政府通过明确经济社会发展规划，加强生态环境保护，确保社会福利，提升文化满足感，从而为民众提供了独特的幸福感体验。这些成就的背后，是对生态和文化资源可持续利用的深刻理解，以及一系列创新的管理和营销策略。

与福建省相邻的浙江省依托其江南水乡的人文优势及科技经济的发展，推进了县域旅游和数字旅游的融合。浙江省的文化遗产资源丰富，经济环境和服务质量良好，这为县域旅游的发展提供了坚实的基础。同时，浙江省注重对文化基因和特色的深挖，通过数字化转型，提升了旅游服务的质量和效率，营造了友好的旅游环境，极大地提升了民众的满意度和幸福感。

新西兰作为世界著名的幸福旅游目的地，其高质量与可持续的旅游发展策略具有重要的借鉴意义。新西兰政府和旅游业界共同推动了"100%纯净新西兰"的品牌建设，高度重视旅游质量的提升和生态环境的保护。新西兰在积极改善和保护文化、自然和社会环境方面采取了一系列有效措施，如优化旅游便利服务、完善配套设施建设等，确保了旅游业的可持续发展。新西兰的成功在于其几乎完美的旅游体验和对环境保护的严格要求，这使得新西兰在国际旅游市场上享有盛誉。

通过对云南省、浙江省和新西兰旅游发展策略的分析，可以总结出一些共同的成功要素。首先，生态保护和文化传承是旅游发展的重要基石，在这三个省份/国家，自然景观和文化遗产扮演着吸引游客的重要角色。通过保护生态环境和传承文化遗产，这些地方不仅保留了独特的魅力，也为游客提供了深度体验和获得情感共鸣的机会。其次，创新和科技的应用能够有效提升旅游服务质量和效率，从数字化导览系统到虚拟现实体验，这些技术的运用使游客能够更深入地了解当地历史、文化和自然景观，为他们带来更丰富、便捷的旅行体验。再次，政府的规划和支持对于旅游业的可持续发展至关重要，政府在制定有利于旅游业发展的政策和措施方面发挥着关键作用，政府通过制定旅游利好政策、提供基础设施支持来推动旅游业发展，在促进旅游业增长的同时也要保护当地的环境和文化遗产，确保旅游业的可持续性和承担社会责任。最后，民众的满意度和幸福感是评价旅游发展成功与否的关键指标，游客的满意度和居民的幸福感直接影响着一个地区旅游业的可持续性和发展潜力。因此，重视民众参与、听取意见，并关注当地居民的生活质量和幸福感，是打造幸福旅游目的地的重要一环。

二 福建省旅游业发展现状

党的二十大报告强调"坚持以文塑旅、以旅彰文，推进文化和旅游深度融合发展"，对中国旅游发展助力中华民族伟大复兴提出了新的要求。习近平总书记对旅游工作作出重要指示，强调着力完善现代旅游业体系，加快建设旅游强国，推动旅游业高质量发展行稳致远。① 福建省拥有丰富的自然资源和深厚的文化底蕴，这为打造幸福旅游目的地提供了坚实基础。目前，福建省的旅游业发展已经取得了一定成就，但与幸福旅游目的地的打造还有一定距离。

（一）福建省旅游业政策

《福建省"十四五"文化和旅游改革发展专项规划》是福建省"十四五"期间文化和旅游改革发展的总蓝图和路线图，旨在通过文化和旅游领域的高质量发展，提升文化和旅游两大产业在全国的位次，实现文化强省和全域生态旅游省的建设目标。福建省政府出台《福建省推进文旅经济高质量发展行动计划（2022—2025 年）》，政府部门结合当前实际情况与未来发展目标提出了促进文旅经济高质量发展的多项措施，包括：实施文旅跨界深度融合；加快文旅融合示范建设；实施旅游景区创新提升，建设世界知名旅游景区；完善全域生态旅游产品；优化旅游精品线路；等等。另外福建

---

① 《习近平对旅游工作作出重要指示：着力完善现代旅游业体系加快建设旅游强国 推动旅游业高质量发展行稳致远》，中国政府网，2024 年 5 月 17 日，https://www.gov.cn/yaowen/liebiao/202405/content_6951885.htm。

省政府也提出了针对幸福旅游的利好政策，如《关于促进旅游业高质量发展的意见》《关于支持莆田市践行木兰溪治理理念建设绿色高质量发展先行市的意见》《关于加快推进全域生态旅游的实施方案》等。这些政策体现了福建省在推动文化和旅游产业发展的同时，注重提升民众的幸福感和生活质量，旨在通过文化和旅游的融合，为人民提供更加丰富和高质量的文化生活体验。

（二）福建省旅游业发展

福建省不仅有鼓浪屿、武夷山、清源山、白水洋等自然风光胜地，还有南靖土楼、安平桥、三坊七巷、开元寺等人文名胜景点，以及南音、闽剧、妈祖文化、客家土楼营造技艺等非物质文化遗产，拥有丰富的自然及人文旅游资源。福建省是全国第二个实现"市市有 5A 级旅游景区"的省份，福建省拥有 10 个国家 5A 级旅游景区，104 个国家 4A 级旅游景区。福建拥有"海丝起点"古韵今风、包罗万象的多元之美，"山海画廊"青山如黛、绿水如眸的生态之美，"非遗大省"薪火赓续、瑰丽多彩的人文之美，"畅游八闽"舒适便捷、智能高效的时尚之美，"人间福地"鲜香淡雅、清新怡人的烟火之美，"兴业沃土"海纳百川、敢为人先的开放之美。

福建省旅游业总体规模持续扩大，呈现稳定增长态势。2023 年，福建省游客接待量 5.72 亿人次，同比增长 45.6%，旅游总收入达到 6981.08 亿元，同比增长 61.3%，分别是 2000 年的 18 倍和 23 倍，文旅产业成为全省 GDP 占比近 10% 的支柱产业，文旅经济成为全省"四大经济"之一。国际旅游外汇收入 17.58 亿美元，同比增长 460.4%。福建省吹响打造"世界知名旅游目的地"的冲锋号，"海丝起点　清新福建"的文旅品牌影响力持续扩大。

（三）省内各地区之间旅游业发展不平衡

福建省尽管拥有丰富的旅游资源，但各地区旅游业的发展不平衡问题显著，这在一定程度上阻碍了全省范围内幸福旅游目的地的建设。2023 年，福建全省接待旅游总人数 5.72 亿人次，实现旅游总收入 6981.08 亿元。其中，厦门市共接待国内外游客 10987.01 万人次，同比增长 67.26%，实现旅游总收入 1567.31 亿元，同比增长 83.28%，稳居全省第一，被中国旅游研究院（文化和旅游部数据中心）评为全国"旅游集团优选投资城市"三强之一和"游客最想去的城市"十强之一。厦门市的旅游总收入约占福建省的 1/5，这凸显了地区间旅游业发展的不平衡。相较之下，其他地区的发展较为滞后。这种在游客接待量和旅游总收入上的不均衡，不仅反映了各地区在地理位置、资源禀赋和旅游基础设施上的差异，也揭示了各地区在旅游资源开发力度和营销推广有效性上的不同。这样的不平衡限制了全域幸福旅游目的地的建设。

三　福建省幸福旅游目的地建设存在的问题与不足

（一）旅游地文化内涵挖掘缺乏深度

福建省作为一个历史悠久、文化底蕴深厚的地区，其旅游业发展备受瞩目。但在旅游地文化内涵挖掘方面却存在深度不够、竞争优势不明显、同质化严重等问题。土楼、闽南文化、福建园林等文化元素，只停留在表面的景点介绍和风景欣赏上，游客只看到文化景点的外在特色，难以深入了解其背后的历史渊源、文化内涵和精神价值，使得游客的体验和认知停留在表面。

福建省旅游业发展过程中存在对知名景点和线路的过度依赖。[1] 一些知名景点吸引了大量游客，但与此同时，一些具有潜力但尚未开发的文化资源被忽视，一些文化遗产流失或被遗忘。另外，在旅游地文化内涵挖掘中，缺乏系统性的规划和策略。对于福建省丰富的文化资源，缺乏整体性的挖掘和

---

① 汤黎明、魏冀明、赵渺希：《区域旅游线路的复杂网络特征——以福建省为例》，《旅游学刊》2014 年第 6 期。

利用规划，缺乏长远的文化传承和保护策略，这使得一些具有潜力的文化资源无法得到有效的保护和传承，也限制了福建省旅游业在文化内涵方面的深度发展。文化活动的丰富性不足，缺乏多样化的文化活动和体验项目，无法提供给游客更全面的文化体验，限制了他们对福建省文化的深度理解和体验，这些问题影响了福建省幸福旅游目的地的文化内涵展示，限制了旅游业的可持续发展。

（二）旅游相关产业融合度不高

福建省作为一个旅游资源丰富的地区，旅游业发展潜力巨大，然而，目前福建省旅游相关产业融合度不高，存在一些突出问题。[①] 福建省旅游相关产业之间缺乏有效的协同合作机制，导致资源利用效率不高，一些资源得不到有效整合和利用，影响了游客对福建省旅游的幸福感知。例如，旅游景区、酒店业、餐饮业等各个环节之间的协同发展不足，未能形成良好的产业链条。其次，福建省旅游业中的传统产业与现代科技产业之间的融合程度有限，无法有效应对市场变化和消费需求的多样化，使得福建省旅游业创新能力不足，未能充分利用信息技术等现代手段提升服务水平和体验。产业融合不足也使得福建省旅游业的服务水平和品质难以提升，影响了旅游业的竞争力和吸引力，导致游客的幸福感减少。产业融合不足也限制了对当地经济的带动效应和对周边产业的辐射效应，影响了整个旅游产业链的健康发展。因此，提升旅游相关产业的融合度和协同发展水平，加强不同产业之间的合作与交流，将是推动福建省幸福旅游目的地可持续发展的关键。

（三）品牌影响力不足

福建省作为一个具有丰富旅游资源和独特文化魅力的地区，拥有着发展成幸福旅游目的地的潜力。然而，目前福建省幸福旅游目的地的品牌影响力

---

① 黄驰：《新形势下福州市提升旅游核心竞争力路径研究——基于 SWOT 分析框架》，《福州党校学报》2019 年第 3 期。

存在一定不足，尤其在关注利益相关者方面。利益相关者包括游客、居民以及代表更广泛利益的员工等群体。游客作为主要的品牌受众，对幸福旅游目的地的认知和满意度直接影响品牌形象的塑造。然而，当前的研究发现游客对福建省幸福旅游目的地的品牌认知和忠诚度不高，缺乏对品牌的深入了解和积极推广。居民作为目的地的重要组成部分和当地社区的重要代表，其态度和参与度对幸福旅游目的地品牌的建设和发展至关重要。然而，现有研究指出，部分居民对旅游业发展带来的影响持消极态度，存在对品牌形象造成负面影响的潜在风险。

另外，福建省幸福旅游目的地的品牌知名度较低，缺乏足够的市场曝光和传播，导致福建省幸福旅游目的地在市场竞争中处于劣势位置，难以吸引更多游客和投资。例如，相比于其他知名幸福旅游目的地，福建省的幸福旅游目的地品牌在国内外游客心目中的认知有待提升。其次，福建省幸福旅游目的地的品牌形象和故事传播不够深入和具有吸引力，缺乏独特的品牌故事和情感共鸣点，没有塑造好品牌故事，使得福建省幸福旅游目的地的产品和服务难以获得更高的溢价和认可度，影响了旅游业的盈利能力和可持续发展。同时，福建省幸福旅游目的地的市场推广和营销效果不佳，限制了旅游业的发展空间和潜力。福建省的幸福旅游目的地与本土元素的融合也不够，妈祖文化、闽南文化、客家文化衍生的特色产品较少，无法带动目的地周边配套服务，降低了福建省文化与旅游融合的发展效益，使得幸福旅游目的地的知名度和美誉度不高，无法吸引更多游客和投资，影响幸福旅游目的地可持续发展。

（四）缺乏建设幸福旅游目的地的激励机制

在建设幸福旅游目的地的过程中，必须考虑各个利益相关者的价值共创，包括游客、居民以及以员工为代表的其他利益相关者。有研究指出，在幸福旅游的实践中，存在主体单一和驱动力不足的问题。① 这意味着当前的

---

① 李庆雷、王珍茜：《坚持以人民为中心的旅游发展观》，中国旅游新闻网，2024 年 9 月 11 日，https：//www.ctnews.com.cn/guandian/content/2024-09/11/content_164735.html。

旅游活动往往过度依赖单个主体，如游客的参与，而忽视了居民和员工等其他利益相关者的积极作用。此外，现有的激励机制不足以充分调动各方的积极性，限制了幸福旅游目的地的发展潜力，使其在吸引游客、提升品牌影响力和竞争力方面面临挑战，幸福旅游目的地的潜力未能得到充分发挥。为了解决这些问题，需要构建一个多元化的主体参与框架，并设计有效的激励措施，以确保所有利益相关者都能在旅游活动中找到属于自己的价值，提升旅游目的地的幸福感和品牌价值，促进旅游业的可持续发展。

四　福建省建设幸福旅游目的地的对策建议

（一）深挖文化内涵，打造特色幸福旅游目的地品牌

在当今竞争激烈的全球旅游市场中，打造一个独特的旅游品牌形象对于吸引游客至关重要。福建省拥有丰富的历史遗产和多元的文化资源，赋予了其发展文化旅游的独特优势。但是，仅仅依靠自然资源禀赋是不够的，必须通过系统的品牌推广和文化挖掘将其潜力最大化。

1. 理念重塑与品牌提升

福建省需借鉴其他地区的成功经验，通过重新定义旅游发展理念，将幸福旅游的概念融入品牌建设，以吸引更多的国内外游客。例如，北京通过"和"文化的推广，创造了一种深刻的游客体验，同样，福建可以通过"福"文化品牌的系统提炼和推介，将其转化为市场竞争力。此举不仅能够提升当地的文化吸引力，也有助于提高游客的整体体验和满意度。

2. 加强"福"文化阐释和推广

深入发掘"福"文化的内涵是福建省提升品牌影响力的关键一步。通过举办系列活动，如"福"文化展览、创意设计大赛等，将文化符号具体化、形象化，实现文化 IP 的全面转化。同时，政府可以通过设立专项资金支持相关项目的开发与推广，鼓励文化产品的创新与流通。对"福"文化进行深层次挖掘，可以通过研究项目培养本土文化人才，增强本地人对文化的归属感和传播积极性。

3. 故事化的品牌传播策略

一个成功的旅游品牌离不开深入人心的品牌故事。对福建省而言，应通过历史故事讲述，结合现代体验设计，打造福建省特有的文化线路，以此吸引更多游客。例如，结合海上丝绸之路的历史故事线，推出相关的体验活动，增强品牌吸引力。结合新媒体，如短视频平台、社交媒体和旅游网站，通过短小精悍的形式，讲述福建省的独特之处，提升品牌的知名度。

4. 资源的可持续开发与保护

福建省需要在资源开发与保护之间找到一个平衡点，避免过度开发导致文化遗产的破坏。应制定科学合理的资源开发规划和有效的保护措施，确保旅游资源的可持续利用。同时，通过挖掘新的主题和线路，不断丰富旅游产品，为游客提供多层次的体验。例如，在保护文化遗产的前提下，结合朱子文化等资源，创建文化生态保护区和体验项目。

（二）鼓励文旅跨界深度融合

现代旅游业的发展趋向于多元化和融合化，各地纷纷尝试通过跨界融合壮大旅游经济。福建省若能有效地进行文旅、科技及各产业间的深度融合，将大大提升其在全国乃至全球的旅游吸引力。

1. 优化产业结构，提升竞争力

福建省需要调整和优化旅游业结构，推动旅游与文化、科技、环保之间的深层次融合。从而不只是在规模上"做大"，更在质量上"做强"。这一工作重点在于推动文化与旅游融合的创新，开发具有高附加值的旅游业态，如文化创意产业、健康养老旅游等。通过政策引导和资金扶持，鼓励企业和机构参与到文旅融合的队伍中来。

2. 完善基础设施，实现智慧旅游

在基础设施方面，福建省应以创新为驱动，完善旅游相关设施的绿色化与智能化建设。尤其在交通便捷化、住宿环保化和景区智能化上加大投入，推动区域之间的互联互通。应用智慧旅游系统，可以借助大数据、人工智能等技术手段，优化服务流程，提高游客的体验感、满意度。例如，通过应用

程序提供实时信息、电子票务和智能导览服务，使旅游更加便利和高效。

3.政府引导与市场支持

政府在推动文旅产业融合中起到至关重要的作用。应通过政策的引导，为融合产业提供必要的财政支持和税收优惠。同时，应强化市场监管，完善法律法规，确保市场有序竞争，推动产业健康发展。对尚在起步阶段或基础薄弱地区，政府应积极创造条件，吸引多类型资本投资，借助外力推进文旅融合集群的形成。

4.跨领域人才培养与交流

福建省可设立跨领域的人才培训基地，培养具备多元技能和创新能力的专业人才，推动文化与旅游领域的人才交流和团队合作。通过定期培训和国际交流，吸取全球最新的旅游发展和文化融合理念，提升整体产业的创新能力和竞争力。

（三）推动变革性旅游，促进人生深层次幸福

在现代旅游业中，精神消费为游客提供了一个独特的学习和成长的机会，这被国际上称为"变革性旅游"。这种旅行方式可以引导旅行者在态度和价值观上发生积极转变。福建省可以通过以下措施利用变革性旅游的力量来提高游客的幸福感和旅行满意度。

1.理念重塑与体验提升

变革性旅游的核心在于通过独特的旅行体验来促进个人成长和价值观的转变。福建省可以借鉴国际上的成功案例，将这种理念融入本地的旅游产品之中。例如，通过设计参与式活动，让游客参与当地社区建设或环保项目，促使个人意识觉醒并改变生活方式。这样的活动能够鼓励游客在旅行中进行自我反思，促进个人转变和成长，激发深层次的情感体验。

2.多元旅游形式的开发

福建省拥有丰富的自然和文化资源，这为多样化的变革性旅游活动提供了广阔的空间。疗愈森林旅游和徒步旅行等体验可以让游客沉浸其中，享受精神层面的提升。通过开发这些旅游形式的产品，能够帮助游客在旅行中实

现心灵净化和个人成长。

3.品牌故事和精神联系的构建

福建省应该深入挖掘和讲述本地文化及自然资源中蕴含的深刻精神故事，这些故事可以反映出福建省独特的地域文化和人文内涵。同时，通过现代化的传播渠道，如社交媒体、纪录片和互动体验等，将这些故事分享给更广泛的受众。在这一过程中，重点应放在展示福建在传统文化与现代生活之间的独特平衡，以及这种平衡如何为游客提供独特的心灵体验上。这种体验不仅仅是在观光中获得的，也是通过深入的文化交流和个人反思而实现的。通过将文化内涵和情感联系注入心灵体验产品，福建省的幸福品牌可以更具吸引力。这种情感和文化的深度融合不仅增强了品牌的吸引力，也增进了游客与福建省幸福生活理念的联结，从而让变革性旅游成为带动整体旅游体验提升的重要力量。

4.可持续实践与人文关怀

在推动变革性旅游的过程中，福建省应重视可持续实践，尊重并保护当地的生态与文化资源。通过与社区的紧密合作，设计出符合当地特点且有助于个人反思的旅游项目，同时关注旅行中人际关系的重建与深化。为游客创造一个远离压力、进行自我审视的安全环境，从而提升整体旅游体验的深度和幸福感。

（四）完善建设幸福旅游目的地的激励机制

在建设幸福旅游目的地的过程中，完善有效的激励机制是关键所在。福建省应通过多层次、多渠道的激励政策，推动旅游业的高质量发展。

1.政策支持与财政激励

政府可以通过广泛的政策支持，为幸福旅游目的地的建设提供财政和税收等方面的激励。例如，设立专项基金，重点支持具有长远社会价值的项目。税收优惠可以激励企业投资基础设施和创新项目，推动整个产业链的提升。

2. 信息透明与公正机制

建立透明的信息披露机制，公开旅游项目的详细信息和进度，以增强公众和企业的信任。这一机制不仅能使公众了解各项政策的实施情况和效益，还能提高决策的透明性和科学性。

3. 产业协同与社会参与

福建省应加强旅游业与其他相关产业间的协同合作，形成合力，建立起跨部门的合作机制和发展联盟。这种合作机制不仅能优化资源配置，还能在更大范围内将优势产业资源集中化，从而提高整体旅游业绩效。

4. 社会反馈与政策调整

鼓励社会各界的广泛参与，建立反馈机制，对政策实施效果进行定期评估并根据结果进行调整，确保政策的有效性和可执行性。通过可信赖的渠道征集社会意见，扩大政策实施的民意基础，使政策更加贴近实际需求。

新时代福建文旅产业体系建设研究

叶新才　黄净满*

摘　要： 文旅产业体系是我国现代化产业体系的重要组成部分，是实现文旅产业高质量发展的根本支撑和关键所在。近年来，福建文旅产业体系呈现内容不断拓展、结构日趋完善、质量稳步提升三大趋势，形成了文旅产业多元共治、文旅产品更新迭代、文旅空间优化扩容、文旅服务提质升级四大特点，同时存在产业层次不高、产业链条不长、创新能力不足、区域发展不均四大问题。本文在原因和趋势分析的基础上，提出完善文旅产业政策、强化文旅创新驱动、拓展文旅产业链条、培育文旅龙头企业、完善文旅市场体系等对策建议，以推动福建文旅产业高质量发展行稳致远。

关键词： 文旅产业　高质量发展　福建

党的十八大以来，我国旅游业发展步入快车道，日益成为新兴的战略性支柱产业、民生产业、幸福产业，在社会主义现代化强国建设中的地位越来越凸显。2024年5月，习近平总书记对旅游工作作出重要指示，强调着力完善现代旅游业体系，加快建设旅游强国，推动旅游业高质量发展行稳致远。①

---

* 叶新才，博士，华侨大学旅游学院副院长、副教授，主要研究方向为旅游目的地管理、旅游规划与开发研究；黄净满，华侨大学旅游学院2023级硕士研究生，主要研究方向为旅游目的地管理研究、遗产保护与旅游可持续。

① 《习近平对旅游工作作出重要指示强调　着力完善现代旅游业体系加快建设旅游强国　推动旅游业高质量发展行稳致远》，新华网，2024年5月17日，http://www.xinhuanet.com/politics/leaders/20240517/d86635b166d54961aac551703eace5fc/c.html？mobile＝Won0zU64。

福建省已把文旅产业纳入"六四五"产业新体系[①]，作为新兴主导产业加以培育，省第十一次党代会将文旅经济列为"四大经济"之一，出台了《福建省人民政府关于促进旅游业高质量发展的意见》，提出要努力把福建打造为重要的自然文化旅游中心、21世纪海上丝绸之路旅游核心区和世界知名旅游目的地[②]。现代旅游产业体系是我国现代产业体系的重要组成部分。[③] 加快推动新时代福建文旅产业体系建设，符合福建全域生态旅游发展的要求，是福建顺应时代发展趋势、打造文旅经济竞争新优势和促进文旅产业高质量发展的必由之路。

一 福建文旅产业体系建设发展的总体形势与主要进展

（一）总体形势

"十四五"以来，福建省坚持以习近平新时代中国特色社会主义思想为指导，深入贯彻党的十九大以来历届全会精神、党的二十大精神和习近平总书记来闽考察重要讲话精神，围绕加快建设文化强省和全域生态旅游省目标，深化文旅产业供给侧结构性改革，文旅产业的科技、人才、金融和市场等要素支撑更加有力，深入推进文化艺术创作生产，优化文旅公共服务供给，加强文化遗产保护利用，加快"旅游+""+旅游"融合发展，提升文旅产品供给品质，强化区域文旅品牌整合。福建文旅产业体系的内容不断拓展、结构日趋完善、质量稳步提升，产业规模不断壮大，文旅产业高质量发展开启新局面。

（二）主要进展

1.文旅产业体系的内容不断拓展

随着全域生态旅游的纵深推进，旅游业管理模式由依靠部门进行行业管

---

① 《福建省人民政府办公厅关于印发福建省"十四五"文化和旅游改革发展专项规划的通知》，福建省人民政府网站，2021年8月30日，https://zfgb.fujian.gov.cn/9414。

② 《福建省人民政府关于促进旅游业高质量发展的意见》，福建省人民政府网站，2021年6月2日，https://www.fujian.gov.cn/zwgk/ztzl/sczl/zcwj/202106/t20210602_5606283.htm。

③ 李柏文：《新时代旅游产业体系的特征与建设》，《旅游学刊》2018年第10期。

理转向党政统筹推进，强调部门间的联动作用和综合治理机制。因此，现代旅游治理体系成为文旅产业体系构建的重要内容之一。全域生态旅游要实现旅游发展全域化、旅游供给品质化、旅游效益最大化等目标，目前面临文旅科技创新与生产方式变革、文旅产业做大做强与体制机制改革、文旅产业提质升级与文化市场供需均衡等挑战。高质量的文旅产业体系涵盖高质量的文旅产业空间体系、治理体系、产品体系和市场体系。福建省已形成金融赋能文旅经济，省委宣传部、省发展和改革委员会、省教育厅、省工业和信息化厅等多部门打造多元文旅产品的良好态势。截至 2023 年底，全省拥有国有艺术团体 70 个、公共图书馆 95 个、文化馆 95 个、博物馆 100 个；2023 年首演剧目 116 个，线下演出 9868 场[①]；拥有旅行社 1931 个、星级饭店 218 家、A 级旅游景区 494 家、观光工厂 95 家[②]。

2. 文旅产业体系的结构日趋完善

首先，全省旅游六大要素（吃住行游购娱）的结构优化，"游购娱"弹性消费占比不断提高。2023 年，福建省接待国内旅游人数 57003.58 万人次，增长 45.6%；国内旅游收入为 6857.12 亿元，增长 59.2%；旅游总收入为 6981.08 亿元，增长 61.3%；住宿和餐饮业增加值为 851.62 亿元，增长 11.0%。[③] 其次，福建旅游六要素之间比例协调，紧密联系。再次，现代科技、文化创意等在旅游业中广泛应用，各要素特征显著。最后，文旅产业领域实体企业发展趋势向好，文旅装备生产基地建设稳步推进。

3. 文旅产业体系的质量稳步提升

一是福建省文旅影响力显著提升。2021 年 11 月，福建省文化和旅游厅公布了 13 项"福建文化标识"，彰显了闽地文化深厚的内涵和底蕴。近年来，福建积极利用文化周、艺术节等载体，拓宽对外文化交流渠道，与海外

---

① 李金枝：《福建去年接待入境游客同比增两倍多》，《中国旅游报》2024 年 3 月 18 日，第 1 版。

② 《福建省旅游星级饭店基本信息和统计汇总表（2024.3）》，2024 年 4 月 2 日，福建省文化和旅游厅网站，https：//wlt.fujian.gov.cn/zwgk/sjfb/ywtjsj/202404/t20240422_6437546.htm。

③ 魏敏：《2023 年福建省国民经济和社会发展统计公报》，《福建日报》2024 年 3 月 18 日，第 4 版。

中国文化中心、海外文化艺术团体、华人华侨等开展交流与合作，持续打响"海丝起点、清新福建"等文旅品牌，福建文旅影响力和传播力不断提升。二是文旅竞争力明显增强。"十四五"以来，福建省大力传承弘扬优秀传统文化，全力推进全域生态旅游省建设，大大提升了市场影响力，文旅竞争力明显增强。根据文旅产业指数实验室发布的《2022 年度全国省级文旅新媒体传播力指数报告》，福建省位居第二。[①] 在《中国城市休闲和旅游竞争力报告（2020）》中，福建省厦门市、福州市、泉州市荣登全国城市休闲和旅游竞争力 30 强。"2023 年全国县域旅游综合实力百强县"名单中，福建省武夷山市、晋江市和石狮市上榜。"2024 年全国县域旅游发展潜力百佳县"名单中，福建省永泰县、德化县、东山县入选。三是品牌吸引力加速释放。"十四五"以来，福建大力推进海丝国际旅游中心、厦门国际邮轮城、武夷山国家公园、福建土楼与客家文化产业带、长征国家文化公园（福建段）、泉州古城、漳州古城、朱子文化园、马尾船政文化城等品牌项目建设，将历史和文化资源优势转化为品牌优势，持续用好海峡两岸（厦门）文化产业博览交易会、"海上丝绸之路"（福州）国际旅游节、世界妈祖文化论坛、厦门国际马拉松赛等平台，举办文化旅游投融资合作暨重大项目推介专场活动，福建文旅品牌吸引力加速释放，品牌建设成效显著。

二　福建文旅产业体系建设发展的突出特点与主要问题

（一）突出特点

1. 文旅产业多元共治

强化全域旅游组织领导，加强部门联动，建立健全旅游联席会议、旅游投融资、旅游标准化建设和考核激励等工作机制。增强全社会参与意识，建

---

① 文旅产业指数实验室：《谁是全年 Top1？2022 年度全国省级文旅新媒体传播力指数报告发布》，《中国旅游报》2023 年 1 月 31 日，第 8 版。

立各部门联动、全社会参与的文旅综合协调机制。

2. 文旅产品更新迭代

"十四五"以来，福建以生态为基、文化为核、旅游为衣，充分发挥科技创新、跨界融合、项目创意等优势，以三产融合为重点，不断推进产品与业态更新迭代，提升产业体系整体效能。推进"旅游+农业"，大力发展乡村旅游，实施"百镇千村"工程，已评选16个全域生态旅游示范县（市、区）和82个全域旅游小镇。推进"旅游+文化"，深入挖掘福建特色文化内涵，实施文化旅游融合八大示范工程。推进"旅游+康养"，大力发展森林康养、闽式温泉疗养、药膳食疗养生等符合现代休闲养生需求的旅游产品。推进"旅游+体育"，按照体育示范基地建设标准开发体育旅游项目。推进"旅游+工业"，持续推进观光工厂创建，已评选福建省观光工厂95家、福建省金牌观光工厂5家、国家工业旅游示范基地5家。

3. 文旅空间优化扩容

进入大众旅游时代，旅游的空间形态发生了许多变化，从原来的景区、旅行社、酒店演变为度假区、休闲区、露营地、旅游绿地、旅游风景道、旅游小镇、观光工厂等。[①] 福建正着力构建"11537"全域生态旅游发展格局，统筹做好文化保护、传承、传播和发展"4篇文章"，打响"海丝起点、清新福建"品牌，做大做强做优文旅经济。

4. 文旅服务提质升级

近年来，在新媒体、数字化语境下，福建积极推动非物质文化遗产的数字化保护、传承与弘扬。利用数字多媒体技术，完成20位国家级非遗代表性传承人抢救记录工作，采集寿山石雕、脱胎漆器、客家土楼、妈祖信俗、福州评话、南音等类目的影像和文字资料，建立闽南文化生态保护区数据库。福建省文化和旅游厅支持福建省旅游发展集团打造"全福游"智慧旅游综合服务平台，面向所有入闽游客和福建市民推出"一部手机全福游"

---

① 张亚欣：《国务院印发〈"十四五"旅游业发展规划〉我国将全面进入大众旅游时代》，《中国城市报》2022年1月31日，第21版。

App，围绕"吃住行游购娱"等旅游要素，为市民和游客提供文旅信息查询、景区景点门票预订、行程定制与交通出行安排、酒店住宿预订、美食特产选购、导游服务等"一站式"全域旅游服务，虚拟现实（VR）技术在福建文旅行业得到广泛应用。自 2023 年开展智慧景区评定工作以来，福建共评定智慧景区 3 批共 52 家，其中 5 钻级智慧景区 12 家、4 钻级智慧景区 34 家、3 钻级智慧景区 5 家、2 钻级智慧景区 1 家，覆盖国家 A 级旅游景区、博物馆、纪念馆、主题公园、城市公园等多种类别的文旅场所。[①] 通过推动全省景区逐步实现数字化开发和智慧化运营，加速数字赋能文旅经济发展，助力打造世界知名旅游目的地。2023 年，全国评出文旅数字化创新示范案例 34 个，其中福建有 2 个（福州群文一码游、永定土楼香叙·腾讯天涯明月刀沉浸式剧场）；全国第一批"5G+"智慧旅游应用试点项目 30 个，福建鹭江"5G+AR 夜景秀"入选。

（二）主要问题

1. 产业层次不高

福建旅游产品供给多数处于中低端的状况目前仍未得到根本性改变。从酒店业看，全省有五星级酒店 46 家、四星级酒店 113 家、三星级酒店 55 家、二星级酒店 4 家，五星级酒店仅占酒店总数的 21.1%，国外知名五星级酒店更少。[②] 从旅游景区看，全国有 5A 级旅游景区 339 家，福建省拥有 5A 级旅游景区 10 家、4A 级旅游景区 124 家、3A 级旅游景区 172 家、2A 级旅游景区 88 家，其中 5A 级旅游景区仅占景区总量的 2.02%。[③] 2023 年，福建省推荐 22 家企业申报全国甲级、乙级和丙级旅游民宿，仅有福州市岭里沐里度假山居被认定为全国甲级旅游民宿，南平市六尚水岸山色客栈、三明市

① 《福建省文化和旅游厅新评定 20 家智慧景区》，福建省文化和旅游厅网站，2024 年 8 月 20 日，https：//wlt. fujian. gov. cn/wldt/btdt/202408/t20240820_6504082. htm。
② 《福建省旅游星级饭店基本信息和统计汇总表（2024.3）》，福建省文化和旅游厅网站，2024 年 4 月 2 日，https：//wlt. fujian. gov. cn/zwgk/sjfb/ywtjsj/202404/t20240422_6437546. htm。
③ 《福建省 A 级旅游景区名录（截至 2013.12.31）》，福建省文化和旅游厅网站，2024 年 1 月 29 日，https：//wlt. fujian. gov. cn/zwgk/sjfb/cgcx/AJJQ/。

泰宁阅山水社、龙岩市客莲慧雅墅生活馆被认定为全国乙级旅游民宿。从旅游度假区看，福建省国家级旅游度假区仅有 3 家，占全国旅游度假区总量（85 家）的 3.5%；省级旅游度假区 20 家。高星级酒店、高等级旅游景区和旅游度假区占比偏低。

2. 产业链条不长

传统旅游已经向大众旅游转变，旅游视野已经向特色文化产业、生态产业建设拓展，旅游业已初步形成旅游、生态、文化、现代服务业"四位一体"的大旅游综合产业生态链。一方面，旅游业与其他产业间横向合作紧密度不高，产业融合度较低，导致产业链过窄。另一方面，旅游产业链中核心部门协作意识不强，造成产业链过短。如永春县、惠安县、石狮市等县（市）具有丰富的民俗和自然旅游资源，但在文旅发展过程中存在与其他产业联动不紧密的现象。

3. 创新能力不足

新一代信息技术、人工智能、新能源、新材料、高端装备、绿色环保制造在福建文旅产业发展中尚未形成新的增长引擎。2023 年，在中国旅游集团 20 强名单、文旅数字化创新示范"十大案例"、国家文旅科技创新研发项目（全国 9 个）、第一批全国智慧旅游沉浸式体验新空间培育试点项目（全国 42 个）、文旅部重点实验室资助项目（全国 9 个）、全国文旅标准化示范典型案例（全国 20 个）中，均没有福建的身影。从中可以看出，福建文旅产业在现代信息技术、人工智能和创新创意等方面还需进一步做出努力。

4. 区域发展不均

从旅游配套设施与服务方面看，龙岩、三明和南平与东部沿海的厦门、福州和泉州存在差距，酒店服务和会场服务等也有一些差距。厦门、福州、泉州的旅游业发展较早，旅游总收入和旅游外汇收入较高，但增长有放缓倾向。而其他地市处于不同的发展阶段，有的地市增长速度较快，如漳州2023 年实现"弯道超车"，旅游总收入达 835.40 亿元（见表 1），有的地市增长放缓，如龙岩、宁德。

表1　2023年福建各地区接待旅游人数、旅游总收入和旅游外汇收入

地区	接待旅游人数（万人次）	旅游总收入（亿元）	旅游外汇收入（亿美元）
福州	11262.63	983.89	3.39
厦门	10987.00	1567.31	5.24
莆田	2980.00	229.44	1.58
三明	5638.89	469.82	0.84
泉州	8652.97	1002.40	3.93
漳州	7460.14	835.40	0.25
南平	7560.5	774.15	0.80
龙岩	1008.47	595.45	0.29
宁德	6207.29	579.49	—
平潭综合实验区	1026.15	105.84	0.15

资料来源：根据全省及各地市2023年国民经济和社会发展统计公报整理。

三　影响福建文旅产业体系建设发展的因素分析

（一）区域发展协调机制不畅

《福建省人民政府关于促进旅游业高质量发展的意见》提出，加快完善"二区三带三核"发展布局，推进闽东北、闽西南两大协同发展区一体化发展，加快建设武夷山国家森林步道、戴云山省级森林步道，将省内主要风景名胜区、自然保护地、古村古道等历史文化区域串点成线。福建西部、北部山区城市和东部、南部沿海城市在历史脉络、自然资源、区位条件、经济基础、基础设施等方面存在不同，特别是陆地交通差异较大。福建省已出台《闽西南经济协作区合作章程》《闽东北五市旅游协作规划纲要》《福建大武夷旅游圈旅游发展规划》《福建省环戴云山旅游圈规划》，但各区域之间的协调机制不够健全，区域文旅产业协调发展的创新动力不强，导致福建文旅产业区域发展不平衡的现象依然存在。

（二）文旅产业融合层次不高

近年来，福建省依托丰富多元的产业资源，大力推进"旅游+农业""旅游+工业""旅游+体育""旅游+教育"发展，打造了系列知名文旅品牌，但由于产业在规模、特色、品牌等方面存在短板，产业融合发展程度不高，融合效益尚未充分发挥。比如，受土地资源限制，福建省休闲农业产业规模不大，农旅产品比较单一，竞争力不强，持续发展能力较弱。再如，福建省观光工厂中，有不少缺少旅游管理团队，旅游产品与业态开发滞后，工旅融合效益尚未释放。

（三）文旅产业要素整合不够

全域旅游的核心在于通过整合碎片化的资源，形成一体化发展格局，实现产业融合和区域协同发展。福建依托独特的生态资源优势，提出全域生态旅游省建设新思路，可以从时间、空间、产业、数据、资本5个维度进行系统整合，以推动区域旅游产业化升级。从时间维度看，一方面，福建文旅产业发展依然存在季节性因素的限制，四季不同的产品不够丰富。从空间维度看，夜间游憩体验空间不足，夜间经济有待进一步发展。从产业维度看，福建旅游业与其他相关产业融合程度不高，新业态培育仍滞后于市场需求。从数据维度看，旅游大数据在产业中的应用不足，在市场精准分析、定位和决策等方面仍然难以实现跨部门、跨地区的有效融合。从资本维度看，政府投融资平台建设不足，各种投资资金难以有效融合，区域旅游公司上市尚未实现重大突破。

四　福建文旅产业体系建设发展趋势分析

在2024年福建省文旅经济发展大会上，省委书记、省人大常委会主任周祖翼强调要深入学习贯彻习近平总书记关于文化和旅游事业发展的一系列重要论述，提出走好具有福建特色的文旅经济高质量发展路子的三项要求：

一是坚持树好品牌、优化环境,持续做好人气聚合;二是突出文化底蕴、数字赋能,持续做好产业融合;三是着眼山海联动、城乡统筹,持续做好资源整合。据此研判,福建文旅产业体系建设呈现完整性、先进性、安全性的发展趋势。

(一)文旅产业体系的完整性

福建省正围绕"海丝起点、清新福建"定位,实施"一市一品、一品一策、一策一业、一业一龙头"品牌塑造工程,积极推动各地打造特色浓、档次高的主题形象,完善服务配套,提升服务品质,推动文旅资源保护利用、交通服务、产品供给、文旅品牌、公共服务、要素保障、旅游市场等体系不断完善,促进文旅产业体系整体效能明显提升。近年来,福建省高度重视文化和自然遗产保护利用,专门设立专项资金,持续加大投入力度,特别是2019年以来,省级以上财政共投入15.7亿元,支持各地深入推进文化和自然遗产保护利用工作,鼓励开发红色旅游资源,推进革命文物保护和利用,推进非物质文化遗产数字化保护。从旅游业价值链看,福建省旅游业逐步形成了覆盖旅游交通运输、旅游景区、旅游服务、传媒服务、酒店服务、餐饮服务等环节的具有综合性、完整性的产业体系。

(二)文旅产业体系的先进性

近年来,数字经济蓬勃发展,新旧动能加速转换,福建省正加大文旅产业数字基础设施建设力度,以强化数字化转型、智能升级、融合创新支撑,推进遗产资源数字化保护利用,发展新型文旅业态,打造全域智慧旅游平台,丰富平台功能,完善应用场景,不断提升旅游体验和服务品质,现代旅游供应链逐渐形成,文旅产业体系的先进性日益凸显。福建各地市坚定文化自信,将文旅资源、产业链条和消费市场有机结合,推动文旅产品与服务优化提升、融合发展,赋予文旅消费新内涵。比如,泉州市深度挖掘闽南文化,打造"宋元中国·海丝泉州"品牌。再如,厦门市不断推动公共文化服务创新发展,将文旅服务融入区域基础设施建设,推动建设"小而美"

的公共文化新空间及复合型文旅空间，提升公共文化服务效能，创新文旅产品，打造主客共享的旅游目的地。

（三）文旅产业体系的安全性

2018年，福建省公安厅下发了《关于进一步加强全域生态旅游安全管理的通知》，提出着力强化旅游安全监管、规范旅游市场秩序，营造"放心游福建"优质旅游环境，全省公安、旅游、交通等相关部门加强了巡逻、监管和协作，维护旅游秩序和安全。全省各景区加强了安全管理、安全教育，推进景区安全监控系统和智慧旅游设施建设，将更为有效地预防各类安全事件的发生。各级政府部门加强了对旅游景区、旅游空间、旅游酒店、旅行社等的监管，加大了执法力度和应急救援体系建设力度，将大大提高旅游应急处理能力，进一步推动文旅产业安全形势总体稳定。

五　福建文旅产业体系建设发展的对策建议

（一）完善文旅产业政策

根据《关于释放旅游消费潜力推动旅游业高质量发展的若干措施》和《关于打造消费新场景培育消费新增长点的措施》，文旅融合发展、旅游投融资、文化创意产业、旅游消费新场景、旅游公共服务、入境服务体系等仍是文旅产业发展的重点、难点，在利用好国家更多利好政策的同时，福建省应该结合全域生态旅游省建设的客观需要，更加关注人民群众对美好生活的向往，推进文旅产业发展政策创新。各级党委、政府应加快出台促进文旅经济发展的综合性政策文件和实施方案，相关部门应出台专项支持政策文件，统筹各部门资金支持文旅产业发展，加大财政对文旅产业的投入力度，适度增加文旅专项经费，完善文旅发展奖励补助政策和贷款贴息政策，制定开发性金融融资方案。探索建设现代文旅金融服务体系，增强金融服务文旅实体经济的能力。各级政府在国土空间总体规划和年度计划中应充分考虑和优先支持文旅项目用地，明确文旅产业发展新增建设用地指标，促进土地要素有序流动和合理配置，探索福建文旅项目用地保障新政策。各级党委、政府在人才发展规划中，应充分考虑文旅人才引、育、留、用环节，构建省—市—县立体化旅游专家智库，建立健全多层次的人才引进和培训机制，实施文旅人才奖励政策。

（二）强化文旅创新驱动

以新质生产力赋能文旅创新，全方位推进文旅业态和产品创新。依托福建优越的生态环境，加快做大生态旅游、康养旅游；依托全省产业优势，推进"旅游+""+旅游"产业融合发展，培育农旅、工旅、体旅、文旅、康旅等新产品、新业态、新模式，探索文旅融合新案例，打造文旅新产品、新场景、新空间。一是推进科技赋能文旅产业全方位、全要素、全链条。鼓励与支持全省旅游交通、旅游酒店、旅游餐饮、旅游景区、旅行社等相关主体在管理、设计、销售上进行全方位、全要素、全链条的数智化改造升级，用数智技术赋能文旅传统行业，增强福建省文旅产业竞争力。二是发挥制造业优势，加快发展文旅装备制造产业。精准预判文旅装备制造产业的价值和潜力，科学编制全省文旅装备制造产业发展规划，明确文旅装备制造产业行动计划、招商项目以及产业创新、产业培育的任务和措施，做大做强福建省文旅装备制造产业。三是构建高水平的文旅人才队伍。建立健全"政府引导、企业主体、市场化运行、产学研一体"的文旅技术创新体系，将高水平人才队伍建设作为重点工作，加大文旅复合型人才引、育、留、用力度。以新质生产力为引领，推动文旅产业创新。

（三）拓展文旅产业链条

一是优化价值链。强化旅游资源整合，立足福建丰富的文旅资源优势，深入挖掘旅游资源特色和文化独特性，推动福建文旅融合提档升级，围绕"海丝泉州、清新福建"品牌，整合迷人的武夷仙境、浪漫的鼓浪琴岛、神圣的妈祖朝觐、奇特的水上丹霞、动人的惠女风采、神奇的客家土楼、光辉的古田会址、悠久的昙石山文化、神秘的白水洋奇观、壮美的滨海火山等资源，丰富福建文旅产品体系。通过深化省域内文旅产业合作，实现市场要素高效流通，进而促进文旅产业链组织形态的变革和重组，着力建设福建现代化文旅产业体系。二是整合企业链。深化产业跨界合作，促进要素融通循环。推进"旅游+"跨界融合，促进福建旅游业与会展、体育、电商及文创等关联产业的互动发展，推动大健康与旅游业深度融合，加快发展文旅金融。三是延伸空间链。推动产品协同创新，释放旅游消费需求。以创新理念拓展城市游、近郊游、周边游等新空间，创新旅游产品业态，丰富优质旅游产品供给，加速释放旅游消费需求，打造更多新场景、新业态、新模式，激发旅游消费的更大潜能。四是升级供需链。拓展旅游消费空间，通过科技创新带动福建文旅产业供需链升级，推动旅游供给侧结构性改革和旅游消费升级，促进福建文旅产业加快融入新发展格局。

（四）培育文旅龙头企业

认真落实《关于开展国家文化产业和旅游产业融合发展示范区建设工作的通知》，进一步激发文旅企业创新创业活力，提高文旅产业规模化、集约化、专业化水平，强化企业创新主体地位，加快培育一批文旅龙头企业和"专精特新"企业，提高市场化水平。具体措施包括：一是鼓励各类市场主体通过资源整合、改革重组、收购兼并、线上线下融合等投资旅游业，促进旅游投资主体多元化；二是培育和引进有竞争力的文旅骨干企业和大型文旅集团，促进规模化、品牌化、网络化经营；三是扶持与引导中小文旅企业朝专业、精品、特色、创新方向发展，形成以文旅骨干企业为龙头、大中小文旅企业协调发展的格局。

（五）完善文旅市场体系

多措并举，不断完善文旅市场体系，为福建文旅融合发展创造良好环境。一是扎实完善全省"互联网+监管系统"，重组行政审批职能，确保文旅产业监管系统信息准确有效。二是完善各类应急预案和预警预报机制，确保有效处置各类突发事件，防范和遏制重特大涉文旅安全事故发生，开展文旅市场培训，严格落实各项安全防范措施，夯实安全生产基础，组织开展应急救援实战演练，增强风险意识，提高应对突发事件的决策指挥和组织协调能力。三是广泛开展文旅活动宣传，制作展板，现场发放宣传手册、宣传单，平台设立专栏，及时发布有关信息，充分利用网络媒体宣传造势，提升公众安全素质，增强市场感召力，不断巩固文旅产业安全生产持续稳定态势。

B.10
福建省生态旅游可持续高质量发展研究

福州大学课题组*

摘　要：　近年来，生态旅游成为全球旅游业发展的一个新方向，它强调在旅游过程中欣赏、尊重和爱护自然，旨在实现与保持旅游可持续发展。近年来，福建省全域生态旅游步伐加快，培育生态旅游新业态，生态旅游市场供给充足、保障有力。本文分析了观鸟生态旅游模式、自然保护区旅游模式等福建省生态旅游主要模式及其案例，发现福建省生态旅游面临环境保护和旅游开发之间存在矛盾、生态旅游产品同质化问题严重、生态旅游从业人员素质有待提高、宣传推广和品牌建设力度不足等问题与挑战，提出坚持生态环境保护优先，促进多产业、多主体、多内容融合，加强人才培训与职业教育规划等对策建议，以期促进福建省生态旅游可持续高质量发展。

关键词：　生态旅游　高质量发展　"清新福建"　福建省

生态旅游已成为全球旅游业关注的热点。与传统旅游相比，生态旅游鼓励游客走进自然、亲近自然、探索自然，同时提倡最大限度地减少对自然环境的干扰，尊重和爱护自然。在我国，生态旅游逐渐成为一种丰富多彩的旅

---

* 课题组成员：邓晓岚，管理学博士，福州大学经济与管理学院教授，主要研究方向为自然资源资产管理与监督；胡家宁、李玉玉，福州大学经济与管理学院会计学专业2024级学术型硕士研究生，主要研究方向为自然资源资产管理与监督；陈燕，福建省旅游有限公司人力资源部副总经理，主要研究方向为旅游管理；杨金，福建省观鸟协会常务副会长，主要研究方向为观鸟生态旅游；陈小阳，泉州晚报社记者，主要研究方向为文化旅游；杨子清，森林经理学博士，福建省林业局造林处副处长，主要研究方向为康养旅游；吴拏云，泉州晚报社二级首席编辑，泉州市湿地学会副会长，主要研究方向为生态旅游。

游供给形态。发展生态旅游业是充分挖掘并释放旅游消费潜力，推动旅游业健康、稳定、高质量发展的重要举措之一。2023 年 9 月，国务院办公厅正式印发《关于释放旅游消费潜力推动旅游业高质量发展的若干措施》①，提出了 30 条推动旅游业高质量发展的具体措施，包括拓展休闲度假、乡村旅游、海洋旅游等产品供给，合理利用自然生态资源以及发展生态旅游产品等。

福建省作为一个生态大省，凭借其得天独厚的亚热带海洋性季风气候条件，成为地球上众多同纬度地区中生态保存最为完好、独具魅力的地区之一。其优渥的生态环境和种类繁多的自然资源，为生态旅游业的发展提供了独特且优越的条件。② 2022 年 4 月，福建省人民政府正式印发《福建省"十四五"生态省建设专项规划》③，明确指出要加速推进全域生态旅游发展，在 2035 年前将福建省打造为美丽中国的领先示范区。2022 年 10 月，福建省人民政府正式印发《深化生态省建设　打造美丽福建行动纲要（2021—2035 年）》④，提出持续推进全域生态旅游省建设，努力实现"清新福建人间福地"的美丽愿景。近年来，福建省在全域生态旅游省建设的过程中取得了较显著的成果。

一　福建省生态旅游主要成效

（一）全域生态旅游步伐加快

近年来，福建省全面统筹、强力推进以生态为特色的旅游业发展，促进

---

① 《关于释放旅游消费潜力推动旅游业高质量发展的若干措施》，中国政府网，2023 年 9 月 29 日，https：//www.gov.cn/zhengce/zhengceku/202309/content_6907052.htm。

② 郭斌、张权：《气候+旅游，让最美的风景如约而至》，《福建日报》2024 年 7 月 19 日，第 8 版。

③ 《福建省"十四五"生态省建设专项规划》，福建省人民政府网站，2022 年 4 月 27 日，https：//www.fujian.gov.cn/zwgk/zxwj/szfwj/202204/t20220427_5900528.htm。

④ 《深化生态省建设　打造美丽福建行动纲要（2021—2035 年）》，福建省人民政府网站，2022 年 10 月 25 日，https：//www.fujian.gov.cn/zwgk/zxwj/szfwj/202210/t20221025_6023864.htm。

旅游业发展全域化。截至 2023 年 12 月，全省共培育了平和县等 18 个省级示范县（市、区）、长汀县三洲镇三洲村等 180 个"金牌旅游村"、南靖县梅林镇等 84 个"全域生态旅游小镇"。截至 2023 年，福建省已成功打造 494 个国家 A 级旅游景区，其中包括 10 个 5A 级旅游景区，福建成为全国首个各设区市拥有至少一个 5A 级旅游景区的省份。全省共评选出 32 家智慧景区，其中五钻级 10 家、四钻级 18 家、三钻级 4 家。在全域生态旅游理念的指引下，福建省人民政府鼓励各区积极参选各类国家生态康养项目。2020~2022 年，先后有 17 家森林康养基地入选国家森林康养基地，2023 年 3 家单位入选国家级森林康养基地试点建设单位。

（二）融合资源，培育生态旅游新业态

《深化生态省建设 打造美丽福建行动纲要（2021—2035 年）》提出要弘扬并传承特色海洋文化，塑造具有鲜明海洋特色的旅游文化品牌。同时，深入挖掘乡村丰富的文化资源，积极探索农业与旅游、休闲、康养深度融合的模式。2023 年 8 月，福建省总工会和省文旅厅联合公布包括凤翔首邑温泉酒店在内的 61 家单位为"福建省职工疗休养示范基地"，涵盖森林康养、生态农业等类型，打造有影响力的"疗休+文旅"品牌。为了赋能产业升级，培育生态旅游新业态，全省着力开发滨海、山林、河湖、温泉等类型的国家级旅游度假区，各地区积极融合音乐、非遗、演艺等产业，打造多条特色乡村旅游线路。福建省泉州市"'端午风情 海丝泉州'之旅"、龙岩市"畅游永定土楼体验非遗民俗之旅"、南平市"武夷山春季'喊山采茶'民俗体验之旅"3 条线路成功入选 2024 年春季全国乡村旅游精品线路，为生态文旅拓展了更大的发展空间。

（三）生态旅游市场供给充足、保障有力

福建省各大景区通过改造升级、新增项目、丰富消费产品与业态等方式实现对原有景区的潜力挖掘，在景区开发中加强对绿道、骑行道、郊野公园、停车设施等微循环休闲设施的建设，满足旅游项目合理用海用岛需求，

全省各类型旅游产品供给力明显提升。2024年"五一"期间，全省累计接待游客2716.65万人次，游客旅游总花费213.96亿元；按可比口径，上述两项指标分别比2019年"五一"增长25.1%和26.6%。①

为创造更加安全舒心的旅游环境，2023年中秋节前后，福建省文旅厅组织10个检查组，采取跟团游等方式，赴全省各地进行暗访督导，为假日旅游市场安全健康、规范有序运营提供保障。福建在全省范围内成立了2个旅游巡回法庭以及12个旅游法庭，致力于打造"放心游福建"旅游品牌，确保游客在旅游点遇到纠纷时，能够享受到就地立案、就地审理、当庭裁决、立即执行的便捷司法服务。

二 福建省生态旅游主要模式及其案例

（一）观鸟生态旅游模式

观鸟生态旅游模式是一种在不打扰鸟类的前提下，在天然环境中欣赏鸟类自然之美、观察鸟类行为习性的旅游模式。该旅游模式不仅对旅游目的地的环境影响较小，而且带来的经济效益较为可观。福建作为中国绿植覆盖度最高的省份之一，为鸟类提供了优渥的生存条件，成为我国鸟类资源最丰富的地区之一。我国自然分布的鸟类中，超过40%在福建野外均可见到，其中列入《国家重点保护野生动物名录》的鸟类有152种。2023年，全省越冬水鸟同步监测共记录到水鸟90多种，数量超26万只，为历年最高。②

观鸟旅游业独特的分散属性和自然属性，决定了这是一个特殊产业。福建省观鸟协会推动观鸟生态旅游走进福建大众视野，培育福建省观鸟经济的

---

① 《"五一"假日福建累计接待游客2716.65万人次 新兴业态"热辣"火爆》，"中国新闻网"百家号，2024年5月6日，https://baijiahao.baidu.com/s? id=1798293020548493085&wfr=spider&for=pc。

② 施钰：《观景、康养、研学、探秘——到福建乐享特色森林游》，《人民日报》（海外版）2024年8月14日，第12版。

潜在消费群体。从 2004 年开始，福建省通过举办专业观鸟爱好者旅游、亲子自然观察、基于保护区的中小学生自然教育研学、观鸟比赛以及观鸟博览会等活动，在泰宁峨嵋峰国家级自然保护区、将乐龙栖山国家级自然保护区、长乐闽江河口湿地国家级自然保护区和全省其他保护区，明溪全县、部分鸟类集群海岛，以及福州周边 20 多条常规观鸟线路组织观鸟 10 万人次以上，预计促成旅游支出 5000 万元以上（不含器材），不仅大力提升了福建省观鸟旅游的知名度，而且通过在生态旅游中倡导爱鸟护鸟意识，大大激发了公众特别是青少年参与生物多样性保护的积极性。

三明市明溪县是众多国内国际观鸟爱好者的"鸟天堂"。截至 2024 年 10 月，全县已改造提升观鸟点 28 处，建有云海人家、云台人家等以观鸟为主的民宿 15 家，培育了 7 家专业的"村社合一"观鸟合作社，产业运营管理进一步专业化、规范化，形成了五大观鸟基地，同时组织开展"研学+产业"项目，联合厦门大学、三明学院等高校，制定观鸟等特色主题研学线路 5 条，赋能当地观鸟产业进一步升级。

闽江河口湿地坐落于福州市长乐区，是福建省环境最优良且面积最大的原生态河口三角洲湿地，2023 年入选《国际重要湿地名录》。此外，该湿地还入选了 2022 年国家青少年自然教育绿色营地名录、2023 年第四批全国自然教育基地名录。2022 年，闽江河口湿地公园获评国家 4A 级旅游景区，每年吸引超过 50 万名游客前来参观。截至 2023 年底，闽江河口湿地公园共开通了 3 条观鸟通道，每条通道全长 1000 多米。闽江河口湿地公园积极开展科普宣教活动，年均接待各类参观学习团体 300 批次 3.6 万人次。

（二）自然保护区旅游模式

自然保护区旅游模式是在保护自然环境的前提下进行旅游开发，通过科学合理的规划和管理，实现旅游与自然和谐共生的一种生态旅游模式。全省各地已批建省级及以上林业自然保护区 40 多处，并建立超过 3300 处自然保护小区（点），总面积达 80.86 万公顷，约占全省土地总面积的 6.6%。

武夷山自然保护区是世界上同纬度地区中保护最为完好、现存面积最大的中亚热带森林生态系统，是中国东南地区拥有物种数量最多的地方，被称为"昆虫世界""鸟的天堂""东南植物宝库"。2023年福建省印发《环武夷山国家公园保护发展带总体规划（2021—2035年）》和《环武夷山国家公园保护发展带交旅融合发展规划》，围绕武夷山国家公园，将协调保护区、融合发展区划定为"外圈"，在"外圈"范围内建设长度为251公里的环武夷山国家公园风景道，规划"公路+生态+风景+旅游"的多价值复合型通廊空间，串联沿线21个A级旅游景区及11个乡镇40个村。[①] 2024年5月1日，武夷山国家公园1号风景道正式投入运营，南平市借此机会特别推出26个精选"打卡点"，打造"茶园、茶经、茶村""古城、古镇、古村"等精品旅游线路。2024年"五一"期间，在1号风景道、景区、度假区安排1000余名志愿者为游客答疑解惑，80名"小小推介官"在风景道"打卡点"提供讲解服务。开通"武夷山旅游"直播间，通过户外实景直播"云陪伴"游客出行，累计观看11.2万人次。据统计，2024年"五一"期间，1号风景道沿线共接待游客超28万人次。[②] 环武夷山国家公园的生态旅游在确保国家公园自然生态系统完整性、原真性的基础上，科学有效地利用了外溢的生态红利。

（三）乡村生态旅游模式

乡村生态旅游模式是一种集农业、生态、旅游于一体的新型旅游模式，它依托乡村的自然环境、农事活动、民俗风情等，为游客提供观光、体验、休闲等服务。

泉州市结合乡村文化推进乡村生态旅游发展。在安溪县虎邱镇的湖西村，428户2000多名村民众筹资金3000多万元，建成白石岩景区，每年吸

---

① 《国内首条国家公园风景道启动运营 总长251公里，途经武夷山市、建阳区11个乡镇40个村》，东南网，2024年5月2日，https：//np. fjsen. com/2024 - 05/02/content_316348 72. htm。

② 《整体保护探新路 活态传承谱新篇 打造优秀传统文化传承发展标杆——访南平市委书记袁超洪》，东南网，2024年6月24日，https：//fjnews. fjsen. com/2024 - 06/24/content_ 31671846. htm。

引游客超 100 万人次。① 晋江东石镇的潘山村既是木雕之乡，又是南派木偶戏发源地，拥有南派掌中木偶和庙宇木雕两项非遗。该村传承与发扬古艺，通过塑造凸显木偶、木雕元素的景观，打造精品旅游线路。位于永春县桃城镇的上沙村从国内外引进 30 多个柑橘新品种，开发沙岭花果世界，同时设立现代农业展厅，并种植山樱花、格桑花等花卉，建成集赏花、采摘、游乐、科普、研学等功能于一体的田园综合体，探索农文旅融合的新模式。

（四）可持续发展旅游模式

可持续发展旅游模式是一种旨在平衡旅游经济活动、环境保护和社会福祉三方面需求的旅游发展模式。它强调循环经济，在确保不损害未来世代享受自然资源、文化的完整性和经济福利的前提下，实现旅游业的长期发展。

2019 年，福建省顺昌县依托县国有林场完成了《"一元碳汇"项目方法学》的编制工作，在全国范围内首次推出了具有创新性的"一元碳汇"试点项目，将生态产品价值同林业碳汇项目有机结合。顺昌县通过规划一系列"碳汇+"产品，倡导"零碳出行"。2021 年 8 月，国家 4A 级旅游景区顺昌县华阳山景区宣布，对所有游客实行免门票的优惠政策，并特别增设旅游公交专线。游客可以通过自愿支付 1 元购买碳汇产品，在享受免费游玩的同时，为生态保护做出贡献。截至 2023 年 8 月，"一元碳汇"微信公众平台已有 10427 人次参与认购，累计购买的碳汇量高达 8064 吨，成功募集 80.64 万元，为 27 个脱贫村 769 户脱贫户带来实实在在的收益，大大调动了村民植绿的积极性。

2022 年 3 月，习近平总书记首次提出"森林是水库、钱库、粮库，现在应该再加上一个'碳库'"②。宁德市周宁县的黄振芳家庭林场作为践行

---

① 《"乡村振兴泉州观察团"第九站走进安溪县虎邱镇》，泉州经济网，2023 年 6 月 6 日，http://www.qzce.com/html/news/202306/06/73269.shtml。

② 《森林"四库"系列解读：森林是碳库》，关注森林网，2024 年 8 月 16 日，http://www.isenlin.cn/sf_1E234975283F460583FBEB84B5F10F4B_209_0742BE1F760.html。

"三库+碳库"理念的代表，被誉为全国首座"森林党校"。该林场通过发展多样化的森林生态旅游类型，包括亲水休闲养生、山地运动以及湿地生态教育等，实现了生态效益与旅游经济的统一。游客可以在林场参与植树造林等活动，体验亲身为生态保护做贡献的乐趣。

三 福建省生态旅游发展面临的问题与挑战

（一）环境保护与旅游开发之间存在矛盾

生态旅游开发依托森林、海洋、湿地等自然资源。然而，旅游业的发展与规模扩张，对生态环境造成了一定的干扰和破坏。部分开发商的违法侵占、开发与建设行为，损害了生态系统的平衡与稳定。根据2023年中央生态环保督察组的报告，自2019年起，福建省某县旅游度假区项目未经批准，擅自占用75.4亩沿海防护林地用于修扩建经营设施，其中63.6亩属于基干林带。2023年中央生态环保督察组督察结果显示，福建省某区存在违法开发和建设海岛的行为。擅自围填海域损害了海岛、海滩的自然形态，不仅降低了自然景观的美学价值，也对海洋生态系统构成潜在威胁。此外，部分沿海旅游设施的兴建缺乏科学规划与环保考量，也可能造成海岸线侵蚀、海洋环境污染等问题。

在旅游旺季，部分景点接待的游客数量激增，给生态环境带来较重的负担。例如，2024年"五一"假期，鼓浪屿累计接待游客21.8万人次，接近其极限接待量。[1]巨大的客流量使当地的生态环境、文化遗产承受高压，也带来了垃圾堆积、噪声污染、交通堵塞等问题。

（二）生态旅游产品同质化问题严重，缺乏创新

许多生态旅游景区在开发过程中，盲目效仿已有的成功模式，产品设计

---

① 《2024年"五一"假日福建省文旅市场情况》，福建省文化和旅游厅网站，2024年5月5日，https://wlt.fujian.gov.cn/wldt/btdt/202405/t20240505_6443478.htm。

仍然停留在传统观光旅游层面，缺乏对生态与文化价值及独特性的深度探索，导致旅游品牌形象、市场定位出现同质化问题。例如，在乡村旅游项目开发过程中，对地方文化的挖掘与传承不足，活动内容缺乏创新性和故事性，导致"千村一面"，代入感不足。农家乐、采摘体验和农事参与等乡村旅游活动，在不同地区的呈现方式与内容重复性较高，未能有效融入生态科普教育及农业知识传播，影响了游客的多元体验与情感共鸣。

尽管福建省有着丰富的文化遗产和自然风光，但在生态旅游产品设计与自然文化遗产相结合方面，尚存提升空间。例如，永定土楼、南靖土楼和华安土楼在旅游产品设计上的区分度较低。相似的土楼游览线路、大同小异的民俗表演和手工艺制品等，使游客难以领会各个文化遗产的原真性。以"世界文化与自然双遗产"著称的武夷山拥有秀丽的山水和深厚的茶文化，但旅游开发中亦可见项目单一化倾向。多个景区竞相推出的茶艺表演、茶道体验等活动，使游客容易感到审美疲劳，难以形成深刻的记忆点。

（三）生态旅游从业人员素质有待提高

为保证旅游活动的可持续性与教育意义，生态旅游这一职业要求从业者必须具备生态保护、生物多样性以及环境教育等方面的知识背景。但在实际中，相当数量的旅游从业人员受教育程度不高、服务意识不强。此外，许多生态旅游区尚未建立起完善的从业人员培训教育体系。

2019年，国家林草局发布《关于充分发挥各类保护地社会功能大力开展自然教育工作的通知》，提出要加强自然教育人才队伍建设。福建省发布的《关于加快推进自然教育高质量发展的指导意见》也提出了"依托相关社团组织开展自然教育机构、自然教育师资的规范化建设，培养一批自然教育骨干人才队伍"，以及"优先从林业、教育业等相关行业中挑选和培养自然教育师资和讲解员队伍，吸引社会公众参与讲解志愿服务工作"。在职业教育层面，部分学校已经开始培养专门的生态旅游人才。例如，福建林业职业技术学院开设了森林生态旅游与康养专业。然而，整体而言，全省目前对保护地从业人员、自然教育从业人员、讲解员、志愿者的队伍建设投入不

足。此外，生态旅游职业认证对于确保服务质量、保护环境以及倡导文明旅游等至关重要。但生态旅游职业认证和行业准入规则尚不健全，缺乏统一的标准来指导和规范行业发展。

（四）宣传推广和品牌建设力度不足

在品牌建设方面，"海丝起点 清新福建"作为福建省旅游旗舰品牌，虽已积累了一定知名度，但其宣传主要集中在省内或周边地区，缺乏面向全国乃至全球的深度渗透与广泛推介。部分地区在品牌规划、建设和管理工作上可能存在浅层化倾向，缺乏长远视野，未能提炼出彰显地域特色的关键景点或文化符号以及具有辨识度的品牌形象。虽然福建蕴含着深厚的红色文化、海丝文化、华侨文化、闽台文化、客家文化等，但这些宝贵的文化资源与生态旅游的共振尚显不足。

此外，如何精准定位不同细分市场，并定制化开发适销对路的旅游产品，也是福建旅游市场在开拓中面临的一大挑战。旅游市场不断演变，生态教育旅行、健康疗养度假、摄影探索之旅、文化生态体验等新兴细分市场应运而生。然而，从业机构或人员对目标客群的消费需求、兴趣偏好、消费行为以及支付意愿等缺乏调研，导致产品设计与服务供给难以精准地满足特定消费群体。

四 推进福建省生态旅游发展的对策建议

（一）坚持生态环境保护优先

第一，结合福建省实际情况，并参考《国家级生态旅游区运营管理规范》，制定生态旅游区的环境保护标准和运营管理规范。根据《福建省"十四五"生态省建设专项规划》，明确福建省生态旅游环境保护的目标、任务和主要措施。以此为指导，在旅游项目规划阶段，做好环境影响评价工作，避免在生态脆弱区域开展旅游活动。在旅游项目建设阶段，应考虑旅游活动对生态系统的长远影响,[①] 遵循"最小干预"原则,避免破坏自然景观,保持生态系统的完整性和本土性。第二,尽可能降低生态旅游活动对自然环境的影响。根据生态承载力设定游客数量上限,推行预约和分时段游览制度。在2024年福建省数字文旅应用场景示范案例和优秀案例评选中,"景区科学预约与削峰填谷措施下的发展及应用——白水洋景区分流调度系统"成功入选。类似的数字预约与调度系统有助于减轻旅游对环境造成的压力,可在省内生态旅游景点加以推广。同时,建立生态旅游持续监测系统,及时采取调整措施,维持生态系统的稳定性。[②] 第三,盘活存量生态资源,释放旅游价值。例如,对退化的湿地进行生态修复,建设湿地公园,吸引鸟类爱好者和自然探索者等。第四,鼓励当地居民参与生态旅游产业。例如,培训当地居民成为观鸟旅游的导游,让他们从生态旅游中获益,成为自然资源的守护者。第五,鼓励观鸟协会等非营利的社会组织开发符合生态标准的旅游产品,通过互动体验等方式对游客进行环保教育,培养其环保行为习惯,倡导文明旅游。第六,在生态旅游中推行生态环境导向(EOD)开发模式,从门票收入中提取一定比例的资金用于生态管理和修复,降低生态环境治理成本。

(二)促进多产业、多主体、多内容融合

福建省人民政府办公厅印发的《福建省"十四五"文化和旅游改革发展专项规划》提出以"大旅游、大产业、大市场"为发展理念,推进文旅融合,实施创新发展,培育旅游新兴业态和跨界领军企业。根据这一规划,建议应在以下几个方面加强融合。一是与文化的融合。深入挖掘福建特有的文化,如客家文化、华侨文化、海洋文化等,将其与生态景观相结合,开发兼具自然生态体验与文化民俗体验的复合型旅游产品。[③] 二是与农业的融

---

① 求是杂志社、福建省委联合调研组:《山海聚力,推动福建高质量发展》,《求是》2022年第15期. .

② 蒋升阳、付文、王影迪、张博岚、翁宇菲:《福建牢牢守住绿水青山(高质量发展调研行)》,《人民日报》2023年7月2日,第2版。

③ 邰晓安、吴剑锋、颜之宏:《"清新福建"客纷纷,旅游强省势已成》,《新华每日电讯》2024年5月17日,第5版。

合。通过建设农旅综合体，开发农业主题公园，开展农业科普教育与研学、生态循环农业展示等活动，依托福建省的茶叶、水果、花卉、海产等特色农产品，促进农村经济与生态旅游的协同发展。三是与体育的融合。在"闽山闽海"中开发山地徒步、骑行、攀岩、皮划艇、潜水等户外运动项目，举办国际性、区域性体育赛事，吸引体育爱好者参与。四是与教育的融合。建设生态教育基地、自然学校，开展生态科普、自然观察、环境教育等活动，将自然教育引入学校社会实践或地方校本课程，吸引学生团体和亲子家庭参与。五是与科技的融合。一方面，为提升旅游便利性，可利用大数据技术构建智慧生态旅游平台，提供智能导览、旅游社交、在线预订、信息查询等服务。另一方面，为提升旅游趣味性和科技感，可开发沉浸式体验项目，如虚拟现实生态探险、远程互动观鸟、智慧步道等。六是与社区的融合。鼓励当地社区参与生态旅游的管理和运营，如举办文化节庆活动、开发特色农产品和手工艺品、开展旅游咨询服务。鼓励采取社区股份合作等形式，建立公平的利益分配机制，激发居民参与生态旅游经营的积极性。七是与区域的融合。加强福建与周边省份乃至国际生态旅游目的地的合作，共同推出跨区域旅游线路，如海丝之路文化之旅、闽赣生态走廊自驾游等，拓宽市场、共享客源。

（三）加强人才培养与职业教育规划

首先，应建立多层次、全方位的培训体系。针对不同岗位（如自然教育师、观鸟旅游导游、保护区工作人员等）开展定制化培训，内容应涵盖专业知识、地方文化、职业道德、应急处理等。鉴于福建省生态旅游具有国际化的潜力，可培养一批精通外语的从业人员。

其次，针对不同类型的生态旅游建立准入制度。例如，省文旅厅与省林业局就观鸟旅游达成合作协议，制定合适的准入制度，联合培训分级别的观鸟旅游导游，服务国内游客和国际游客。

再次，建立常态化的志愿服务队伍，提供专业的生态旅游解说服务。培训内容应包括地方生态特色、环保政策法规以及公共服务技能等。文旅、林业、环保、教育等多个部门建立合作关系，共同推动生态教育志愿服务的发展。

最后，构建从中专到高职、本科的多层次生态旅游职业教育体系。根据生态旅游的特点，设计生态保护知识、旅游管理、服务技能等相关课程。在知名生态旅游区建立实习基地，并通过"订单班"、校企合作等方式，让学生进行长期实习，积累生态旅游工作经验。

（四）强化品牌推广与营销宣传

一是深入挖掘和提炼各地特色，打响具有鲜明地方特色的生态旅游品牌，如长乐闽江口"湿地样板"、蟳埔"头上花园"等，通过特征鲜明的差异化品牌策略提升市场识别度。二是开展市场调研，对目标客户群体进行划分，如观鸟游客、家庭游客等，进而开发符合各细分市场需求的旅游产品和服务。同时，开发一些特色生态体验项目，如星空探索、野生动植物观察、潮间带观察、自然写生等，满足游客深度体验和探索的需求。三是从多种渠道提升福建生态旅游的知名度和吸引力，开发适合国际游客的生态旅游产品，并通过举办海外推介会，参加国际旅游展会，与国际旅游机构、航空公司合作等，提升"海丝起点　清新福建"的国际知名度。四是借助抖音、小红书等社交平台，利用"网红"直播、用户生成内容（UGC）等媒介形式，扩大品牌影响力。五是举办节庆活动与主题活动，如组织观鸟比赛、茶王赛、音乐节、美食节等，结合季节性特点推出主题旅游产品。

（五）推动金融支持模式创新

福建省在生态旅游融资方面有多个成功案例，如福州市推出"福山郊野生态旅游基础设施提升"项目，通过财政资金和专项债券资金，运用金融工具支持生态旅游基础设施建设；2024年举办的福建省文化和旅游项目投融资对接会，为海洋旅游、生态康养旅游等领域的重大项目进行融资对接，签约银企合作项目9个，融资83.35亿元。鉴于这些成功的经验，福建省在推动生态旅游项目的发展中，可通过优化和创新金融支持模式，推动生

态旅游项目的开发和建设。

首先，设立生态旅游项目专项贷款。在资金来源上，由政府、银行、社会资本等多方出资，共同设立生态旅游项目专项贷款基金，专门用于支持生态旅游项目的开发、建设和运营。在贷款投放上，根据项目在环境保护、社区参与和社会效益等方面的表现确定利率或条件。在还款安排上，为适应生态旅游项目的收入波动，可采用灵活的还款方案，如制订季节性还款计划。在咨询服务上，为项目开发者和经营者提供财务管理和项目管理的培训，提升资金使用效率和项目运营能力，确保贷款资金的有效利用。

其次，鼓励金融产品和金融服务的创新。将生态旅游融资纳入绿色金融的发展框架，鼓励金融机构为生态旅游项目提供绿色债券、绿色基金等绿色金融产品，促进生态旅游的可持续发展。探索自然资源资产抵质押贷款和旅游收益权质押融资，允许将林权、水权、碳汇等作为抵押物，以及使用生态旅游项目的未来门票收入、住宿收入等预期现金流进行质押，为缺乏传统抵押物的生态旅游项目提供融资渠道。发起众筹，吸引公众投资，用于支持景区建设或改建、乡村景观建造、赛事活动举办等。开发针对生态旅游项目的特殊保险产品，如旅游业务中断保险等，减少项目运营风险。运用金融科技提高金融服务效率，如应用大数据技术分析评估项目的环保与经济效益，依靠智能合约确保资金透明使用。

最后，促进生态旅游项目与金融机构的合作。第一，政府或相关部门应建立生态旅游项目推荐机制，定期举办生态旅游项目推介活动，邀请金融机构、投资者等参与，向金融机构推荐有潜力、有市场前景的项目，推动项目融资。第二，搭建生态旅游项目综合信息平台，促进项目进度、融资需求、政策支持等方面的信息共享，从而提高信息透明度，降低融资难度。

B.11
福建省文旅产业数据资产价值化研究

殷 杰 刘琳清*

摘　要： 　在数字化转型的全球趋势中，文旅产业作为典型的数据密集型产业，其产业数据的有效管理和价值化应用成为驱动产业转型升级的关键。本文在识别文旅产业数据资产价值化逻辑过程的基础上，分析福建省文旅产业数据资产价值化面临的具备良好基础、发展空间、巨大潜力等机遇，以及高端人才与技术设施存在短板、数据资产权属模糊等挑战，提出福建省文旅产业数据资产价值化的具体推进路径，即建设文旅产业数据资产价值化生态体系、强化文旅产业数据资源整合与治理能力、构建文旅产业数据资产化评估体系、强化文旅产业数据资产价值化应用与市场拓展，为福建省乃至全国文旅产业数据资产价值化提供实践参考和理论支撑。

关键词： 　文旅产业数据资产　数据要素　资产价值化　数字化　福建省

　　文旅产业数据资产价值化是指将文旅产业中产生的大量数据资源，包括但不限于数据库数据、虚拟现实（VR）数据、增强现实（AR）数据等通过有效管理和应用后转化为具有经济价值的资产，实现资源资产化，最终实现资产流通、交易或培育新旅游产品等价值化应用的过程。① 在当今数字化革命浪潮的席卷之下，旅游资源的探索和利用模式正经历前所未有的质变。数字旅游不再仅作为一种技术应用辅助工具，而是演变为挖掘旅游资源新价

---

　　* 　殷杰，博士，华侨大学旅游学院教授、博士生导师，主要研究方向为旅游管理与旅游安全；刘琳清，华侨大学旅游学院 2024 级硕士研究生，主要研究方向为旅游管理与旅游安全。

　　① 　王鹏、杨思萌：《银行数据资产价值实现路径》，《中国金融》2023 年第 24 期。

值的重要载体。

2023年底，国家数据局联合文化和旅游部等17部门印发的《"数据要素×"三年行动计划（2024—2026年）》明确提出，要推动文旅数据资源深度挖掘和创新应用，赋能文旅产业高质量发展。2024年4月，陕西省文旅产业先试先行，成功完成国内"首单"文旅产业数据资产入表、融资，为其他省份提供了宝贵的实践经验。随后，福建省人民政府发布了《关于推动数字文旅高质量发展的实施方案》，提出七大重点工程，推动数字文旅高质量发展。此后，福建省发展改革委进一步细化出台了《福建省促进数据要素流通交易的若干措施》，强调数据要素高效流通使用。这一系列的政策文件不仅凸显了地方政府积极响应国家号召，尝试探索文旅产业数据资产价值化的实施路径，而且为地方文旅产业数字化转型升级提供了明确的政策导向。

在此背景下，本文聚焦福建省文旅产业数据资产价值化这一关键议题，深入探讨文旅产业数据资产价值化的逻辑过程、面临的机遇与挑战，提出福建省文旅产业数据资产价值化的推进路径，以期为福建省乃至全国文旅产业的数字化转型提供实践参考和理论支撑，助力福建省文旅产业在数字经济时代转型升级、焕发新生。

一　文旅产业数据资产价值化逻辑过程

文旅产业涉及"食、住、行、游、购、娱、商、养、学、闲、情、奇"等要素，产生的消费数据覆盖了包含预订、消费、评论、反馈等在内的全过程消费链条，是典型的数据密集型产业。文旅产业数据资产价值化实质上是一个从数据收集到价值创造的数据质变过程，逻辑上由以下3个方面构成。

（一）文旅产业数据资源化

文旅产业数据资源化是指将无序的原始数据变为有序的能够直接利用并产生价值的数据资源，分为以下两个步骤。

1.文旅产业数据收集

数据资产化的首要步骤是进行数据收集。文旅产业数据有广泛的来源，包括但不限于线下销售系统、在线预订系统、旅游相关社交媒体平台、旅游接待场所、各式交通出行应用等。文旅产业可以通过这些多样的渠道收集游客消费偏好、游览线路、行为习惯、出游交通、消费评论等方面的海量数据。

2.文旅产业数据标准化与整合

文旅产业原始数据往往包含大量冗余信息，无法直接利用并产生价值，需要经过标准化处理。这一过程包括去除数据重复值、填补数据缺失值、纠正有误数据等，确保数据的质量与一致性。将标准化处理后的数据按照来源进行整合，创建一个完整、可直接利用的数据库，为下一步的资产化奠定基础。

（二）文旅产业数据资产化

文旅产业数据资产化的本质是形成数据资源的交换价值的过程，包括文旅产业数据资源确权、文旅产业数据资源估值、文旅产业数据资产入表三个环节。[①] 只有经过以上三个环节，才能实现金融意义上文旅数据从潜在的资源转化为可识别、可量化、可管理的资产。

1.文旅产业数据资源确权

文旅产业数据资源确权是文旅产业数据资产化的重要一环，需要明确界定数据资源的所有权、使用权和转让权等权利的归属主体，避免数据资源滥用。同时，要考虑场内外交易情况，积极探索有效的确权方式，进而保护数据资产权益，促进数据流通。[②]

---

① 隋敏、姜皓然、毛思源：《数据资产价值评估：理论、实践与挑战》，《会计之友》2024年第11期。
② 陈铭新：《以数据建模与应用为银行赋能》，《银行家》2022年第6期；陆岷峰、欧阳文杰：《数据要素市场化与数据资产估值与定价的体制机制研究》，《新疆社会科学》（汉文版）2021年第1期。

2.文旅产业数据资源估值

通过统计学、经济学、大数据分析等数据分析工具及算法模型，从确权后的数据资源中整合游客偏好、预订信息、评论信息及体验满意度等关键指标信息后，再结合数据资产评估方法①评估数据资源价值。

3.文旅产业数据资产入表

依据《企业会计准则》等的要求，文旅企业首先识别可作为"无形资产"或"存货"的数据资产，依据数据资产的计量要求，对资产进行计量准备；其次，将该数据资产纳入企业的资产负债表，实现数据资产在财务上的量化；最后，基于前期资产计量及最新资产分析结果，披露文旅企业当前"无形资产"的状况。②

（三）文旅产业数据资产价值化

文旅产业数据资产价值化是指在数据资产化的基础上，进一步发掘和实现这些数据资产的内在价值，通过市场流通、交易及应用等方式转化为多种形式的价值。

在经济利益上，文旅企业可实现数据资产信贷融资、数据资产入股等。③ 数据资产信贷融资是指企业将文旅数据资产作为信贷担保获批企业运营资金，如陕文投集团凭借其"文旅产业运营数据集"的数据资产获得了500万元的融资。

在公共服务上，政府部门可以通过共享各文旅经营主体收集的游客行为数据，在合法合规的基础上构建客群画像，分析游客消费习惯，由此优化目的地旅游资源配置，提升相关旅游配套服务。

在运营管理上，文旅场所可以共享公安身份信息等数据，实现景区"免证"购票，提升入场效率。同时，通过景区游客的动态数据，监测并预

① 隋敏、姜皓然、毛思源：《数据资产价值评估：理论、实践与挑战》，《会计之友》2024年第11期。
② 杨云龙等：《数据资产价值化实施路径分析》，《信息通信技术与政策》2024年第4期。
③ 王鹏、杨思萌：《银行数据资产价值实现路径》，《中国金融》2023年第24期。

警人群集聚风险，优化管理人员配置，以解决高峰期游客服务管理问题。

此外，文旅经营主体还可以创新个性化旅游服务和特色产品，如文化创意、博物馆等领域经营主体可以通过合法共享文物、古籍、非遗等数据资产，开发更具特色的产品，创造更大的经济价值。

二 福建省文旅产业数据资产价值化面临的机遇与挑战

（一）机遇

2024 年 4 月，福建省人民政府印发《关于推动数字文旅高质量发展的实施方案》，明确提出发展数字文旅七大重点工程，涵盖数据融合、政务服务升级及文化遗产数字化等方面。福建省发展改革委紧随其后出台《福建省促进数据要素流通交易的若干措施》，进一步强调了推动数据要素高效流通。在此背景下，福建文旅产业数字化转型为文旅产业数据资产价值化带来了新的发展机遇。

1. 数据资产具备良好基础

一是具备数据高质量供给基础。福建省通过建立健全数据质量反馈机制，确保公共数据持续向市场主体高质量、高价值供给，并对数据汇集和供给成效显著的数据服务平台给予最高 500 万元的资金补贴。这一举措促进了文旅数据的高质量供给，为打造全省数字文旅数据中心及推动文旅产业数据流通提供了强大的支撑。

二是具备一体化数据平台建设基础。福建省初步融合已建和在建的文旅数据库，形成了非遗、文物、旅游资源等专题特色文旅数据库，并进一步整合气象、交通、住宿、数字乡村、"拍在福建"等公共数据，构建全省数字文旅数据资源中心，大力推进文旅产业数据资源化、数字化，为文旅产业数据深度分析与共享流通奠定了坚实的基础，大大提升了数据资源的可用性和价值。

三是具备特色文旅资源数字化基础。福建省鼓励各级文旅机构挖掘闽南文化、"福"文化、茶文化等特色文化内涵与山海旅游资源，并利用数字媒

体技术及虚拟现实手段等进行数字化整合，大大丰富了文旅产业数据库，提升了数据资源的多样性，为文旅产业数据资产价值化奠定坚实基础。

2. 资源资产具备发展空间

一是非遗数字化活化空间。文化遗产数字赋能工程通过建立非遗数字化保护平台，推动非遗文化的数字化传播、保护及发展，同时以"数字非遗馆"强化了非遗资源的数字化和线上交互展示，不仅有效保存了非物质文化遗产，还让这些文化资源以数字化资产的形式焕发新生，促进旅游目的地吸引游客、开发数字藏品等新型文创产品。

二是文旅产业数据资产全链路空间。文旅产业链数字赋能工程中，福建将建立省级公共数据资源开发服务平台、大数据交易平台等一系列平台，打通从文旅产业数据资源确权、定价到交易的链条，使文旅产业数据资源能够有效转化为可交易的数据资产，提升了文旅产业数据资产的流通性与未来应用价值。

三是文旅产业数据资产补贴化空间。福建提出支持完善数据流通、数据资产登记等基础设施，对已产生实际效益的基础设施给予资金补助，这不仅减轻了文旅企业进行数据资产化的经济负担，而且促使企业更积极地投入数据资产的挖掘，推动文旅数据资产流通。

3. 市场发展具备巨大潜力

数字文旅新业态激发市场新消费。福建省利用 VR、AR 等数字技术手段，打造沉浸式夜游、展览等数字文旅沉浸式消费体验空间；同时，推动重点博物馆和国家 5A 级旅游景区引进热门影视 IP，孵化新型数字文创产品，以虚实结合的文旅消费新模式开拓了文旅市场，在更深层次激发文旅产业数据资产的市场吸引力，提升经济效益。

线上消费新空间推动资产价值化。福建省通过构建多元的线上营销渠道及推动文旅直播电商发展，拓展线上消费新空间。在此基础上，构建全维度的精准营销矩阵，针对不同消费群体定制个性化推广策略，大大提升了潜在用户的消费便利性，促进未来文旅产业数据资产的在线价值转化。

科技融合新场景拓展资产新应用。数字文旅应用场景集成创新工程通过融合5G、人工智能等前沿技术，创设数字人导游、AI智能导览、立体投影等体验式服务场景。这一举措不仅增强了游客体验感与黏性，更通过深层次挖掘文旅产业数据资产的应用潜力，在提升文旅景区服务水平的同时，为未来文旅数据资产价值化应用探索新增长点。

关键技术新突破推动资产智慧化。文旅产业链数字赋能工程中，福建省通过推动省内高等学府与专业研究机构的合作，聚焦文旅产业数据资产价值化的前沿关键领域，力求突破关键技术，研发数字文旅创新产品，加速文旅产业链的智慧化转型升级，为实现文旅产业数据资产价值化奠定坚实的技术基础。

文旅金融新动力推动资产金融化。福建省平潭农商银行以"平潭蓝眼泪数据资产"作为质押担保，成功办理全省首笔文旅产业数据资产授信业务，这一举措不仅标志着福建省在文旅产业数据资产价值化方面实现了金融创新，更为福建文旅企业开辟了新的融资渠道，加速了文旅产业数据资产价值化进程。

（二）挑战

1. 高端人才与技术设施存在短板

人才及技术是文旅产业数据资产价值化的首要制约因素。福建在推动文旅产业数据资产价值化的过程中，对兼具文旅知识与新型数字技术的复合型人才的需求将愈加迫切，尤其是在数据分析处理、数字化应用等关键领域。此外，部分未完全开发的文旅目的地的网络基础设施仍需完善，以满足文旅产业数据资产价值化过程中对大数据高速收集和即时响应的需求。

2. 数据资产权属模糊

我国虽有《中华人民共和国网络安全法》等法律规范个人信息数据和政府公开数据，但对于企业产生的商业数据界定还较为模糊。[①] 加之数据资

---

① 刘悦欣、夏杰长：《数据资产价值创造、估值挑战与应对策略》，《江西社会科学》2022年第3期。

产由多主体共同贡献，贡献不均导致数据产权较难达成共识。此外，数据资产使用权、修改权等其他权利缺乏明确法规指导。① 综上，即使目前福建相关政策鼓励数据要素流通，但数据公私交界处如何界定权属、平衡各方权益与责任仍是一大难题。②

3.数据安全与隐私保护问题

部分数据主体在面对数据共享及流通时，会产生"不愿意、不敢"等问题。③ 若是这些主体不够信任平台，将严重影响数据的收集、共享以及数据资产的流通。④ 因此，随着文旅产业数据的广泛收集与深度应用，个人隐私保护及数据安全问题成为不容忽视的挑战。福建文旅产业运营主体在推进数据资产价值化时，要筑起坚硬的数据隐私保护壁垒，确保文旅企业遵循《中华人民共和国个人信息保护法》及相关法律法规，保障游客隐私权益。

4.数据资产价值评估机制不完善

目前，数据资产价值评估仍然依赖不确定性较大的传统评估模型⑤，涉及传统的成本法、收益法、市场法，这些估值方法并非完全不可行，但都存在一定局限性：成本法和收益法难以适应数据资产的灵活性和时效性，在估算时无法明确资产的贬值因素和折现率，而市场法又因当前数据交易市场尚不成熟，无法获得公开可比数据而受到限制⑥。因此，需创新评估机制，融合改进传统方法，以准确反映数据资产的真实价值。

---

① 隋敏、姜皓然、毛思源：《数据资产价值评估：理论、实践与挑战》，《会计之友》2024年第11期。

② 赵蔡晶：《国内数据要素价值化研究综述及展望》，《信息资源管理学报》2024年第2期。

③ 王伟玲、吴志刚、徐靖：《加快数据要素市场培育的关键点与路径》，《经济纵横》2021年第3期。

④ 刘悦欣、夏杰长：《数据资产价值创造、估值挑战与应对策略》，《江西社会科学》2022年第3期。

⑤ 隋敏、姜皓然、毛思源：《数据资产价值评估：理论、实践与挑战》，《会计之友》2024年第11期。

⑥ 刘悦欣、夏杰长：《数据资产价值创造、估值挑战与应对策略》，《江西社会科学》2022年第3期。

三 福建省文旅产业数据资产价值化的推进路径

（一）建设文旅产业数据资产价值化生态体系

根据以上对福建文旅产业数据资产价值化面临的机遇与挑战的梳理，本文认为构建一个稳定、可持续的文旅产业数据资产价值化生态体系是实现福建省文旅产业数据资产价值化的首要条件，这一体系涵盖政策法规支撑、人才培养与技术支持、隐私安全与信息保护三大支柱，由此本文提出以下推进路径。

1. 完善政策与法规支撑

完善资产权属相关法规。福建省需要积极推动文旅产业数据资产权属界定的相关法规政策的完善，聚焦公私交界处文旅产业数据的权属界定问题，特别是对数据资产使用权、经营权等相关重要概念的界定及规范，以及如何公平公正地解决不同贡献主体的经济利益分配问题。[①] 由此推动形成更加明确的文旅产业数据资产权属规则，为文旅产业数据资产的合法交易与价值应用提供法律保障。

制定数据资产价值化扶持政策。首先，福建省文化和旅游厅可以联合省财政厅，设立文旅产业数据资产价值化专项基金，为文旅产业数据资产的开发、应用、创新等提供资金支持；其次，为激励文旅企业在数据资产积累与创新应用上开展积极探索，相关部门需制定一系列优惠政策，对在文旅产业数据收集、创新应用等方面有显著成效的文旅企业，通过减免税收、提供经营补贴等形式[②]，减轻经营负担，鼓励文旅企业针对文旅产业数据资产价值化进一步开拓创新。

[①] 隋敏、姜皓然、毛思源：《数据资产价值评估：理论、实践与挑战》，《会计之友》2024年第11期。

[②] 杨云龙等：《数据资产价值化实施路径分析》，《信息通信技术与政策》2024年第4期。

2. 强化人才培养与技术支持

建立文旅产业数据资产价值化人才培养体系。人才培养是提高文旅产业竞争力和强化技术支撑的关键。首先，福建应鼓励高校开设相关专业课程，如数字资产管理、文旅产业数据要素学等，紧跟行业趋势和国家政策，培养学生的数据洞察力和文旅产业数据资产价值评估能力。其次，理论联系实践更加重要。政府应主动引领，促进省内文旅企业与高校达成战略合作协议，为高校学生提供相应实训岗位，推动理论知识向专业技能的转化，为未来产业发展培养具有实战经验的专业人才。

激励数据资产相关技术研发与应用创新。为推动文旅产业数据资产价值化的技术革新，相关部门可设立"福建省第一届文旅数据应用场景创新大赛"等专项赛事和行业奖项，激发高校研究团队和企业的技术创新潜力。通过竞赛和评奖，为参与者提供交流平台，鼓励参与者探索通过机器学习预测旅游趋势、以区块链技术保障数据资产安全等文旅产业数据资产价值化的前沿技术，推动文旅产业数字化转型发展。

创新数据加密与匿名化处理技术。福建省应激励人才创新研发文旅产业数据加密与匿名化处理技术，并严格规定无论是政府通过省文旅产业数据资源中心收集数据，还是文旅企业收集景区游客数据，都应对身份证号码、手机号等敏感信息加密储存。同时，在数据分析和应用过程中，应对个人数据采取匿名化处理，保证无法通过数据信息反推至个人。

3. 注重隐私安全与信息保护

注重数据采集透明化，确保用户知情。在人脸识别应用、网络购票等个人数据使用的特殊场景中，持续加强隐私保护。在需要采集数据的环节，文旅企业应让第三方在系统上以清晰易懂的方式告知用户采集数据的用途、范围以及是否与第三方共享等关键信息，确保用户在充分了解的基础上再决定是否同意采集，提升数据收集过程的透明度与合法性。

注重访问权限控制化，确保信息安全。建议省委网信办对省文旅产业数据资源中心实施严格的访问权限控制，除内部技术人员外，访问人员必须遵循"提前申请—权限审批—访问授权"流程，才能查看特定类型的数据。同时，确保每次访问都能够被系统记录，包括访问时间、访问者身份及访问数据类型等，确保出现问题后可及时追溯，以保证数据安全，鼓励和引导文旅企业严格做好自身数据库安全管理。

注重外部监督常态化，确保隐私安全。引入专业的第三方数据安全评估机构，常态化监督文旅企业及政府运营的文旅产业数据资源中心，确保数据处理的流程符合数据安全相关法律法规。同时，设立数据隐私监督机构，开通线上热线、在线回答等便捷渠道，及时回应公众关于数据隐私安全方面的咨询与投诉，并定期公开监督处理进度，增强公众信心，推动文旅产业数据隐私保护体系的不断完善。

（二）强化文旅产业数据资源整合与治理能力

1. 数据处理标准化，提升数据汇集能力

整合不同平台的公共资源，构建全省文旅产业数据资源中心，建立统一的数据标准化体系，制定文旅产业数据采集、存储、分类、编码等环节的统一标准，方便不同源头的数据能够实现高效对接与整合，提升文旅产业数据汇集能力。

2. 数据管理全面化，确保数据可靠可用

构建全面的文旅产业数据质量监管体系，涵盖数据采集、清洗、存储、分析及应用等环节。通过设置数据质量关键评价指标，如数据准确性、完整性及时效性等，定期对数据开展质量检查与评估，同时利用自动化工具辅助监管，及时发现并解决数据重复、缺失等问题，保证数据的可靠性和可用性。

3. 合作交流常态化，共同推进数据治理

应与文旅企业、社会公众平台加强合作与交流，共同推进文旅产业数据治理体系建设。首先，在保障数据隐私与安全的前提下，建立公共数据开发平台，鼓励气象、交通、住宿等公共数据资源合理开放共享，打破"数据孤岛"，促进跨部门、跨行业数据协同。其次，成立文旅产业数据治理联盟，定期开展文旅产业数据治理交流与分享，通过相互学习交流，不断提升文旅产业整体的数据治理水平。

（三）构建文旅产业数据资产化评估体系

1. "一站式"实现文旅产业数据资产化

整合政府资金补贴、前沿技术支持和法律法规保障等相关资源，构建"一站式"文旅产业数据资产化平台，为文旅企业提供数据确权、数据评估、资产入表及资产信贷融资等服务，以"一站式"解决方案加速文旅产业数据资产化进程。

2. 精准式实现文旅产业数据资产价值化

数据资产评估是文旅产业数据资产价值化过程中的关键步骤，价值评估结果将直接影响该数据资产的未来应用与收益。[1] 传统的 3 种估值法都存在一定局限性。因此，在目前的实践中，将更广泛地运用多期超额收益法和修正后的成本法[2]（见表 1）。在此背景下，应组建一支专家队伍，融合传统与新型评估方法进行灵活创新，建立一套符合文旅产业数据资产实际情况的价值评估模型，细分文旅产业多样化场景，针对不同数据资产找到最合适的评估路径，以更科学地评估文旅产业数据资产的经济价值。

表 1 5 种数据资产估值法对比

估值方法	原理	适用场景	局限性
成本法	资产价值由重新获得相同数据的重置成本决定	资产价值难以量化但成本容易计量且买方差异较小的数据产品	数据资产成本分摊难，交易获取的数据成本评估困难，同时数据贬值因素繁多
收益法	资产价值以投入使用后的预期收益值估值	资产预期收益确定且可量化	资产预期的折现率与收益期限难以明确，同时存在市场竞争风险对收益的影响
市场法	资产价值以市场中可参照资产的市场价格为基础进行调整后得到估值	数据资产市场成熟，存在较多交易价格公开的可比案例	数据交易市场尚未成熟，交易规模小，可比案例难寻

① 杨云龙等：《数据资产价值化实施路径分析》，《信息通信技术与政策》2024 年第 4 期。
② 杨云龙等：《数据资产价值化实施路径分析》，《信息通信技术与政策》2024 年第 4 期。

估值方法	原理	适用场景	局限性
修正后的成本法	扣除贬值因素,并考虑资产预期溢价估算	适用于全面考量数据资产特性的场景	高度依赖各项参数的准确量化,在快速变化的市场中难以及时反映数据价值
多期超额收益法	剔除企业非目标资产的贡献收益,折现剩余超额收益	处于商业成熟阶段,能稳定创造经济效益的企业	可能不适合评估初期、企业内贡献不易划分和量化的数据资产

资料来源:杨云龙等《数据资产价值化实施路径分析》,《信息通信技术与政策》2024 年第 4 期;李源等《基于区块链的大数据交易模式研究与探索》,《大数据》2021 年第 4 期。

(四)强化文旅产业数据资产价值化应用与市场拓展

1. 培育数字化产品

满足游客需求,定制旅游套餐。"畅游八闽"平台可借助 AR、VR 技术,优化平台智能体验,如为游客提供沉浸式景区导览服务,包括实时路径规划、遗迹复原体验、景点沉浸式 VR 观览等。同时,基于对游客行为数据和偏好的分析,平台可推荐个性化的旅游套餐,增强用户黏性。

传承非遗文化,开发数字商品。对"福建非遗"小程序进行升级,利用 AR 技术活化非遗资源,使用户近距离体验木偶戏、剪纸等非遗文化,增强平台体验感。同时,可增设深度付费课程板块,邀请非遗传承人在线教学。此外,根据已有的非遗数字资产创新开发数字藏品、数字纪念票券等,利用区块链技术进行确权与限量发售。[1] 优化文旅服务平台,实现非遗数字资产价值转化,拓宽文化传播渠道。

细化景区管理,提升游客体验。文旅景区、企业可通过共享公共数据,逐步实现免证购票,游客通过人脸识别即可快速入园。同时,景区可运用大数据分析近期游客人流密度,通过灵活调整票价策略,提升运营效能。此

---

[1] 叶明、马羽男:《数据权利资产化收益的归属判定》,《大连理工大学学报》(社会科学版)2023 年第 6 期。

外，通过实时监控景点内不同区域的游客流量及气象数据，实现及时的集聚人群疏导、潜在极端天气快速预警等智能化管理。

强化 IP 联动，创新应用场景。在数字化时代，跨界合作已成为文旅产业数据资产创新应用的重要途径，其中游戏 IP 文旅跨界联动十分火热。福建文旅可借鉴江西、广东文旅跨界经验，联动 QQ 飞车、元梦之星等场景性较强的热门游戏 IP，将福建省独特的地标建筑、文化遗产、民俗风情等文旅元素巧妙植入，打造具有地域特色的沉浸式虚拟体验场景。同时，在线上创新研发民俗服装、非遗道具等数字产品，线下取景地可做主题联名"快闪"活动，售卖游戏联名文创，以虚实融合、跨界联动为用户带来更丰富的文旅体验，创新文旅产业数据资产价值化应用场景。

2. 推动精准营销

通过整合线上购票、住宿及线下景区的游客消费等数据，文旅企业可以深入洞察游客的消费偏好，实施精准营销策略。在此基础上，结合福建省文旅电商线上消费空间的拓展及全维度营销矩阵的构建，文旅企业可以有针对性地设计旅游促销套餐，优化旅游产品的组合搭配，并结合新媒体的电商直播、视频传播等，实现文旅产品的精准营销。

3. 创新价值化服务

福建省应积极推广并创新文旅产业数据资产金融化方面的应用，如携手金融机构设立文旅产业数据资产金融服务中心，为文旅企业提供融资咨询、融资方案定制等"一站式"服务，拓宽文旅企业的融资渠道。此外，积极探索文旅产业数据资产证券化、数据资产入股等更多文旅产业数据资产价值化新模式，在为文旅企业提供资金支持的同时，加速推动文旅产业数据资产价值化。

数据要素作为新质生产力，是文旅产业数字化转型升级的关键所在。目前，福建省在文旅产业数据资产价值化道路上已具备良好的政策支撑条件与初步实践成果，未来福建省需要通过文旅产业数据资产价值化体系建设、数据治理强化、资产化体系健全以及资产价值化创新持续探索实践，利用好发展机遇，直面挑战、多措并举，推动文旅产业高质量发展。

B.12
福建省邮轮旅游发展现状和对策研究

陈岩英　黄晓波　林钰炀　王璐　黄倩　林子潇*

摘　要： 　发展邮轮旅游产业对福建省打造海洋经济强省、全方位推动高质量发展具有重要意义。当前，福建省邮轮旅游发展总体形势良好：邮轮旅游市场需求旺盛，产业发展潜力大；邮轮旅游产品不断丰富，推陈出新促升级；邮轮旅游政策多元叠加，多措并举促发展。但也存在邮轮旅游产品创新度不高、产业链上下游延伸度有限、优质人力资源较为短缺等问题。本文建议：构建综合服务评价体系，提高港口竞争力；完善服务供应网络，延伸邮轮产业链；鼓励邮轮企业做大做强，推动高端市场发展；聚焦邮轮文化核心，加强创新产品设计；优化邮轮港挂靠政策，发挥邮轮港优势；完善人才引进政策，创新人才培养模式。

关键词： 　邮轮旅游　邮轮产业链　福建省

邮轮是国际市场具有风向标意义的旅游载体，邮轮旅游产业被称为“水上黄金产业”。国际邮轮协会发布的《2024年邮轮行业现况报告》显示，2023年全球邮轮旅游客运量达到3170万人次，较2019年增长7%。预

---

　*　陈岩英，博士，集美大学工商管理学院教授、硕士生导师，主要研究方向为旅游安全与城市旅游；黄晓波（通讯作者），博士，集美大学工商管理学院讲师，主要研究方向为旅游产业、文旅经济与邮轮旅游；林钰炀，集美大学工商管理学院2022级硕士研究生，主要研究方向为旅游安全；王璐，博士，集美大学工商管理学院讲师，主要研究方向为乡村旅游与海洋旅游；黄倩，博士，集美大学工商管理学院讲师、硕士生导师，主要研究方向为旅游安全与旅游服务；林子潇，博士，集美大学工商管理学院讲师，主要研究方向为康养旅游与旅游业可持续发展。

计到 2027 年，全球邮轮旅游客运量将达到 3950 万人次。在全球邮轮旅游市场复苏背景下，我国邮轮旅游市场也呈现快速增长态势。数据显示，随着国际邮轮复航、外资邮轮回归以及邮轮制造交付，2023 年我国邮轮经济景气指数大幅提高至 101.55，超出预期水平。[①] 根据交通运输部发布的数据，2024 年第一季度，我国国际邮轮中外旅客运输量已超 19 万人次。预计 2024~2025 年，我国邮轮旅游市场将全面恢复，进入产业发展新阶段。

得益于全球邮轮消费需求的逐步释放和我国邮轮旅游市场的强势复苏，福建省通过政策扶持、宣传推介以及优化服务等方式，不断做热邮轮旅游，打造出入境旅游市场新的增长点，推动邮轮旅游产业高质量发展。《福建省邮轮旅游产业发展规划（2020—2035 年）纲要》提出，到 2035 年，全省要建成"海丝"核心区重要的邮轮旅游目的地、全国邮轮旅游示范性目的地和中国邮轮旅游全产业链示范基地。但从邮轮旅游产业特征和发展阶段来看，福建省目前主要在厦门和平潭开展邮轮旅游，在邮轮旅游产业承接与引入、邮轮到港接待和乘客服务、邮轮港口设计规划和基础设施建设、邮轮码头功能布局、邮轮旅游产业要素配置、邮轮旅游产业政策同步配套以及邮轮旅游目的地开发和市场培育方面有一定的实践并取得成效，但整体而言，福建省邮轮旅游产业仍处于发展的起步阶段。发展邮轮旅游产业对福建省打造海洋经济强省、全方位推动高质量发展具有重要意义。

一　福建省邮轮旅游发展的总体形势与主要进展

（一）总体形势

1. 邮轮旅游市场需求旺盛，产业发展潜力大

随着全球经济的发展、人们收入水平的提高和生活方式的改变，邮轮旅游逐渐成为人们休闲度假的一种新形式。"坐着邮轮去旅游"受到越来越多

---

① 汪泓主编《中国邮轮产业发展报告（2023）》，社会科学文献出版社，2023。

关注，邮轮旅游市场需求旺盛。自 2023 年 10 月厦门国际邮轮母港海外航线正式复航至 2024 年 5 月，经厦门邮轮口岸出入境旅客人数显著增长，已累计查验国际邮轮 50 艘次，出入境旅客近 7 万人次，有力推动了厦门及周边地市文旅产业发展。2024 年，福建省计划接待国际邮轮 26 艘次，预计同比增长 85.7%。[①]

2. 邮轮旅游产品不断丰富，推陈出新促升级

除了培育东北亚、东南亚地区国际邮轮航线外，福建省大力开发海上丝绸之路、南岛语族小岛屿邮轮旅游航线。由于市场反馈良好，福建省还将着力开发境内邮轮旅游。厦门持续加大"招商引轮"力度，与爱达、MSC、招商维京等邮轮运营公司深入开展交流合作，开辟了一系列特色航线，涉及"地中海号""辉煌号""蓝梦之歌号"等超过 30 艘国际邮轮，以及"招商伊敦号"等 9 艘国内邮轮；平潭预计引进一艘豪华邮轮用于境内游航线，以加强平潭综合实验区和省内外各地市的文旅联动，共同做大做强邮轮旅游产业。

3. 邮轮旅游政策多元叠加，多措并举促发展

2019 年，福建省发展改革委等 10 部门联合印发《关于促进邮轮经济发展的实施方案》，要求加大力度推进邮轮经济发展。2020 年，省文旅厅印发《福建省邮轮旅游产业发展规划（2020—2035 年）纲要》，要求将福建省建设为"海丝"核心区重要的邮轮旅游目的地。2023 年底，省文旅厅出台的《关于进一步释放旅游消费潜力促进文旅经济高质量发展的工作方案》要求大力发展邮轮、游艇旅游。福州、厦门也分别研究制定相关政策，推动邮轮旅游产业高质量发展。

（二）主要进展

1. 构建国际邮轮码头，形成"一南一北"格局

加强平潭港口基础设施建设。2023 年 9 月，平潭国际邮轮中心取得港

---

① 《我省国际邮轮市场加快复苏重振》，福建省文化和旅游厅网站，2024 年 3 月 13 日，https：// wlt.fujian.gov.cn/wldt/btdt/202403/t20240313_6413744.htm。

口经营许可证、港口设施保安符合证书，10月通过省级口岸开放验收并具备开通国际邮轮航线的条件，11月国际邮轮在平潭开启首航，标志着平潭国际旅游岛迈入邮轮时代。平潭金井国际邮轮码头成为福建省除厦门国际邮轮码头以外的第2个邮轮码头，可满足15万吨邮轮泊位使用要求，辐射闽东北协作区1750万人口，与厦门国际邮轮码头形成"一南一北"格局。

2.推动邮轮旅游与城市旅游联动发展，助力打造国际旅游目的地

当前，福建省积极对接和吸纳邮轮旅游产业优质资源，加强邮轮制造、运营管理、人才培养等领域的合作；支持邮轮企业"走出去"，创建省外、国外研发合作平台，提升产品的市场竞争力；积极推进与国内外邮轮经济发达地区的产业合作，推动产业链互补，形成邮轮旅游发展合力。2023年以来，省文旅厅推动厦门、平潭等地发展邮轮旅游，依托"蓝梦之星歌"号等邮轮，陆续开航从厦门或平潭出发到达菲律宾、日本、韩国等地的航线，推动邮轮旅游与城市旅游联动发展，助力厦门、平潭等地打造国际旅游目的地。

3.积极开发两岸邮轮航线，深化两岸文旅融合

积极与邮轮企业对接，共同策划培育两岸邮轮航线，使平潭和厦门形成"客货游"两岸全通道，对建设平潭国际旅游岛、打造闽台旅游共同市场、促进两岸人员往来意义重大。在政策、区位等多重要素的赋能下，平潭正积极探索打造对台邮轮始发港。目前，已开通岚台直航客运、货运航线，在全国率先实现至台湾北部、中部、南部主要港口客货航线全覆盖，为发展两岸邮轮旅游提供了丰富的口岸、航线监管经验。

二 福建省邮轮旅游发展的突出特点与主要问题

（一）突出特点

1.政府高度重视，支持力度较大

福建省人民政府高度重视邮轮产业发展，出台了一系列支持政策。例如，2019年，省发展改革委等10部门印发《关于促进邮轮经济发展的实施

方案》，提出积极对接和吸纳邮轮产业优质资源，加大财政资金扶持力度。2020 年，省文旅厅发布《福建省邮轮旅游产业发展规划（2020—2035 年）纲要》，对邮轮旅游产业发展做出明确布局。2023 年，中国（福建）自由贸易试验区厦门片区管委会发布《关于支持福建自贸试验区厦门片区国际邮轮及国内游轮物供服务业发展的若干措施》，支持厦门发展邮轮旅游产业。

2. 产业经济增长趋势明显，市场活力逐步增强

在相关政策的鼓励和引导下，邮轮旅游已成为福建旅游业的新增长点。厦门港务控股集团统计数据显示，厦门国际邮轮母港 2019 年第一季度接待邮轮 32 艘次，旅客吞吐量达 89278 人次，两项数据分别同比增长 433.33%、283.38%，分别位列全国邮轮港口第 2、第 3 位。[①] 2024 年第一季度，平潭开通 5 条国际邮轮新航线，"地中海号"邮轮首次驶入厦门国际邮轮母港，厦门举办海上旅游专场推介活动，福建邮轮旅游迎来"开门红"。MSC 地中海邮轮旗下"辉煌号"邮轮、招商维京游轮旗下首艘五星旗游轮"招商伊敦号"已在厦部署航线，蓝梦国际邮轮公司旗下"蓝梦之歌号"也有来厦计划。

3. 邮轮港口及码头建设加速，基础设施逐步完善

厦门国际邮轮母港不断推进建设和改造工程，已成为旅客规模大、服务功能较完备和相关产业集聚度较高的邮轮母港。此外，福建省加快建设平潭金井国际邮轮码头，打造对台邮轮始发港。省内已建成的邮轮港口逐步完善服务配套设施。例如，厦门国际邮轮母港积极布局邮轮物资供应、港口酒店、免税商场、物流配送等配套服务设施，同时加强游客咨询、航班信息、旅游指南等信息服务建设，打造交通集散系统，为旅游者提供优质服务。

4. 邮轮旅游航线类型多样，布局合理特色鲜明

福建已开通前往东北亚、东南亚的国际邮轮航线以及海峡两岸直航特色邮轮航线和沿海邮轮航线，为旅游者提供多样选择。形成了以厦门国际邮轮母港为核心、平潭金井国际邮轮码头为补充的"一南一北"格局，共同推

---

① 《深耕细作，向海洋要经济增加值》，福建省发展和改革委员会网站，2019 年 6 月 21 日，http://fgw.fujian.gov.cn/ztzl/hxlsjjsyqzt/lsdt/201906/t20190621_4904659.htm。

动邮轮旅游产业发展。通过加密、多点连接等方式，突出闽台融合特色，实现"一程多站"，丰富了旅游者体验。

（二）主要问题

1.邮轮旅游产品创新度不高，服务品质需进一步提升

目前，福建省邮轮旅游产品同质化问题严重。大多数产品都集中在东南亚航线，文化内涵挖掘不足，缺乏显著的差异和特色。此外，福建省邮轮旅游服务品质有待提高，在与邮轮旅游相衔接的导游服务、餐饮服务、住宿服务等方面，须加强对服务人员的培训和管理，提高邮轮旅游产品及服务的品质和竞争力。

2.邮轮旅游产业链上下游延伸度有限，乘数效应不明显

在产业链上游，福建省在邮轮设计与建造方面的能力相对较弱，邮轮配套设备制造相对滞后，缺乏具有竞争力的本土邮轮设计和建造企业。在产业链中游，邮轮公司、旅行社、酒店等相关企业的合作不够紧密，导致资源利用效率不高，服务品质参差不齐。在产业链下游，市场推广和宣传效果有待提升。

3.人才培养体系有待完善，优质人力资源较为短缺

目前，福建省仅有集美大学、泉州海洋职业学院等少量院校培养邮轮旅游专业人才，须加强人才培养和引进工作。此外，邮轮旅游从业人员培训体系不健全，缺少专业的培训导师、培训资料、培训组织机构和认证体系，多数从业人员培训还停留在传统的导游、酒店服务方面，与邮轮旅游的结合度较低，专业、对口、优质的邮轮旅游人才短缺。

三 影响福建省邮轮旅游发展的因素分析

（一）国家政策环境良好，为邮轮旅游产业发展创造重要机遇

国家政策对福建省邮轮旅游产业发展起到重要的推动作用。《国际邮轮在中华人民共和国港口靠港补给的规定》自2024年6月1日起施行，在畅

通物资供应、提升通关便利化水平等方面做出规定，着力打通靠港补给环节堵点。国家移民管理局 2024 年 5 月 15 日发布公告，决定在我国沿海省份全面实施外国旅游团乘坐邮轮入境免签政策。根据规定，乘坐邮轮并经由境内旅行社组织接待的外国旅游团，可从厦门等 13 个邮轮口岸免办签证整团入境。该政策为国际邮轮访问厦门港提供极大便利，有利于吸引更多国际邮轮在厦门靠泊。

（二）省市政策环境优越，为邮轮旅游产业发展提供有力支撑

在省级层面上，福建省委、省政府高度重视邮轮旅游产业发展，出台《福建省邮轮旅游产业发展规划（2020—2035 年）纲要》等多份政策文件，为邮轮基础设施建设、邮轮产品培育、邮轮城市品牌建设等提供有力支撑。在市级层面上，2017 年 7 月，福州市获批中国邮轮旅游发展实验区，同年制定了《福州市邮轮产业发展规划》，指导邮轮产业快速健康发展；厦门市先后出台了《关于进一步促进邮轮旅游业发展的扶持意见》《厦门市邮轮旅游发展三年行动计划（2017 年—2019 年）》等政策文件，着力吸引邮轮旅客，培育"海丝"航线、长航线和定期航线。

（三）区域竞争激烈，分流福建省邮轮旅游客流

福建处于东北亚和东南亚两大邮轮圈的交叉带，与华东、华南邮轮港口竞争激烈，面临上海、广州、深圳等邮轮港口的多向分流。据统计，2024年上半年厦门国际邮轮母港累计运营邮轮 14 艘次，旅客吞吐量达 56673 人次（其中入境旅客 27549 人次、出境旅客 29124 人次）。[①] 上海 2024 年第一季度进出境国际邮轮 69 艘次，邮轮旅客达 21 万人次[②]，邮轮旅游接待规模

---

① 《厦门邮轮母港 2024 年上半年邮轮季圆满收官》，厦门港口管理局网站，2024 年 5 月 20 日，https：//port. xm. gov. cn/gkzx/zwzx/202405/t20240520_2847578. html。

② 《上海邮轮经济正加快复苏 今年一季度进出境国际邮轮 69 艘次、旅客 21 万人次》，上海市人民政府网站，2024 年 4 月 9 日，https：//www. shanghai. gov. cn/nw4411/20240409/7a77c63960be4e24b0a20f4acecce726. html。

远超福建。广州、深圳的邮轮港口运营能力、服务能力与资源整合能力也在不断提升，给福建省邮轮旅游市场带来巨大的竞争压力。

（四）资源整合力度不足，制约产业竞争力提升

当前，福建省邮轮旅游产业主要辐射地区分布于以厦门为中心的闽南地区和以福州为中心的闽东地区，沿海地区邮轮旅游产业对内陆地区的带动和辐射作用并不明显。此外，福建邮轮旅游产业结构不完整、产业链不健全，内陆城市在邮轮物资供给、邮轮旅游接待等环节中的作用尚未充分发挥，莆田东吴、泉州秀涂、漳州冬古和宁德城澳等邮轮访问港的潜力没有得到有效挖掘。

四　福建省邮轮旅游发展趋势分析

（一）传统文化赋能邮轮文旅

福建凭借其深厚的历史文化底蕴和得天独厚的资源禀赋，在邮轮文旅产业发展中展现出独特魅力。在当前文旅融合的大背景下，福建邮轮旅游产业积极响应号召，深入挖掘本土文化资源，以文化赋能邮轮文旅，为产业注入新活力。例如，厦门作为福建邮轮旅游重要港口城市，以文化为核心建立"海丝"文旅品牌，开发了集"船、港、城、产、游、购、娱"于一体的旅游产品，已成为港城融合、港旅融合的新典范。

（二）人工智能助力邮轮智旅

近年来，福建邮轮旅游产业在人工智能技术的应用上取得显著成效，邮轮的安全性、运营效率和服务质量均得到显著提升。智能导航与航线规划技术能够实时分析环境因素，为邮轮规划出最安全高效的航行线路；预测性维护与管理技术则通过实时监控邮轮设备的运行状态，预测维护需求，提高邮轮的稳定性和可靠性；个性化服务体验根据乘客的偏好和行为数据分析，提

供定制化服务，提升乘客满意度；智能客服则提供 24 小时不间断的咨询服务，为乘客出行保驾护航。此外，福建省还通过虚拟邮轮体验技术，使更多人能够深入了解邮轮旅游，为邮轮旅游宣传推广提供有力支持。

（三）"邮轮+康养"引领新风尚

近年来，福建省在"邮轮+康养"方面展现出较大的发展潜力，利用宜人气候、高森林覆盖率、丰富海洋资源等优势，赋予康养旅游环境新价值，以邮轮旅游产业为主要依托开展水上运动、海底科普观光、沙滩运动、滨海绿色活动、有氧活动等海洋康养旅游活动，打造海洋理疗、海泥 SPA、海产品美食等康养相关产业，为各类人群提供多样化康养体验。未来，福建省将持续推动邮轮旅游产业与康养产业深度融合和创新发展，为康养游客提供高质量的"邮轮+康养"服务。

（四）"邮轮+研学"创新教育模式

目前，研学旅行与邮轮旅游融合发展受到国家和地方政府的高度关注，主要呈现两大发展趋势。一是注重增强环保意识，寓教于"游"，培养学生可持续发展的观念。二是将邮轮航线与研学旅游目的地相结合，让学生在旅行中深入了解当地历史文化与风土人情。"邮轮+研学"不仅能为学生提供更加丰富的教育形式和学习体验，也能促进旅游和教育产业的高质量发展，促进社会全面进步和经济持续发展。例如，厦门凭借丰富的海洋资源和优美的自然环境，开展了一系列以海洋为主题的"邮轮+研学"活动，增强了学生的环保意识和社会责任感。

（五）可持续发展引导新方向

邮轮旅游产业的健康发展必须以可持续发展理念为指导。从环境保护方面来看，越来越多邮轮旅游企业积极采用先进环保技术，通过优化船体结构和动力系统，实现能效提升，减少燃油消耗和温室气体排放；从资源利用方面来看，邮轮旅游在环保技术创新应用、本地资源高效利用等方面的探索实

践是可持续发展的关键。福建邮轮旅游产业正探索构建更高效的能源系统，以减少对传统能源的依赖。同时，邮轮旅游企业更加注重与当地社区的合作，通过充分利用当地特色自然文化资源来提供更具特色和竞争力的邮轮旅游产品。

五　加快福建省邮轮旅游发展的对策建议

（一）构建综合服务评价体系，提高港口竞争力

近年来，福建省邮轮旅游产业在邮轮港口与码头、港口配套服务设施建设方面成效显著，但要进一步发展为成熟且具有较强竞争力的产业，需借助邮轮集群力量，构建综合服务评价体系，在提高港口竞争力的同时为旅游者提供优质服务。一是以厦门、平潭两大港口为主，协同周边城市港口，推进港口集群发展。集群内各邮轮港口根据自身区位条件和当地旅游特色进行市场细分，精心设计体现各个港口城市特色的航线，吸引更大客流量，实现区域共赢。二是加强跨区域交流，相互学习借鉴，助力均衡发展。福建应在与其他港口城市的交流合作中积极学习先进管理经验，将其与自身实际情况相结合，开展差异化竞争。福建各邮轮港口可在航线设计上开展深入合作，共同开发本地邮轮旅游航线，如围绕闽台文化开发海峡两岸特色邮轮航线，将两岸特色融入邮轮旅游。三是构建包含邮轮港口条件、经济水平、交通建设水平、旅游发展水平、安全抗灾能力、生态建设水平、集群发展条件等指标在内的综合服务评价体系[1]，促进邮轮港口全面协调可持续发展。

（二）完善服务供应网络，延伸邮轮产业链

邮轮港口在邮轮旅游产业供应链中是资金流、客流和信息流的交会点，其服务水平直接影响供应链的竞争力和运作效率。[2] 邮轮港口只有构建高效

---

[1]　孙家庆、房朝阳、徐帆：《基于安全和集群视角的邮轮港口竞争力评价》，《上海海事大学学报》2024 年第 1 期。

[2]　张效莉、张从容：《邮轮物流产业供应链资源分配机制研究》，《统计与决策》2015 年第 19 期。

的供应链管理制度，才能提高客户满意度并降低运营成本。为优化邮轮旅游供应链服务管理流程，邮轮公司和旅游企业应合理规划和协调各个环节，建立信息共享机制，进行风险管理，并充分推动技术创新。同时，邮轮港口应注重物流和服务管理，确保准确高效的产品供应。邮轮旅游全产业链协同发展离不开各环节主体参与，包括政府相关部门、船舶工厂、邮轮公司、邮轮港口、旅行社等。产业链主体间关系复杂，参与协同发展的目标不同，各主体所关注的利益各异，建立有效的激励机制可以提高参与主体的积极性。[1] 因此，可以在福建省设立邮轮旅游发展基金，用于优化邮轮旅游产业结构；还可以采取推广补贴等方式支持旅行社，对于营销推广能力较强的旅行社，可以适当提高船票价格[2]，以改善当前国内邮轮市场的低价困境，强化各主体协同发展意识，积极降低产业链各环节的生产、运营成本，实现区域产业协同发展。

（三）鼓励邮轮企业做大做强，推动高端市场发展

近年来，国内邮轮市场进入结构性调整阶段，福建省邮轮旅游在扶持政策的推动和业界的共同努力下，接待量、旅客吞吐量总体呈增长态势。相关扶持政策针对性、可操作性强，实施效果明显，不仅有利于吸引旅客来闽，而且促进了邮轮航次的快速增加。应加大对邮轮旅游产业和企业的政策支持力度，增强消费者对邮轮旅游市场的信心。在对引进邮轮来闽运营或访问福建港口的邮轮公司或包船企业给予补贴的基础上，增加对邮轮旅行社的补贴。鼓励旅行社积极接待邮轮旅客上岸观光，提供高质量的服务。同时，继续采用阶梯式补贴标准，适度调整招引旅客的补贴标准，引导邮轮企业做大做强，推动邮轮企业在规模和质量上优化提升，提高服务与运营管理水平。鼓励邮轮企业增加临时航次，开辟新航线特别是高品质航线，推动高端邮轮旅游市场发展。

---

[1] 刘刚等：《RCEP 背景下环南海国家邮轮产业链协同发展机制研究》，《工程管理科技前沿》2023 年 12 月 28 日。

[2] 徐成元、王磊：《邮轮旅游供应链的旅行社激励机制研究：组织游客奖励还是营销推广扶持?》，《旅游科学》2020 年第 1 期。

（四）聚焦邮轮文化核心，加强创新产品设计

福建邮轮旅游产品应以创新升级、满足游客消费体验及提升本土核心竞争力为出发点，突出地方特色，并采取氛围营造、文化赋能、参与互动等方式为消费者带来全新体验。① 一是提升福建邮轮旅游文化影响力。发挥对台优势开发邮轮访问港航线产品，吸引更多国际邮轮靠泊福建，增加具有文化内涵的高品质邮轮产品的供给。二是形成优势互补的产业空间布局。加强福建邮轮经济发展顶层设计，依托厦门和平潭邮轮港口布局，统筹规划各区域功能，发布福建邮轮经济总体规划，推动建立协同创新发展机制。厦门国际邮轮中心着力打造具有全国资源配置和补给能力的邮轮运营基地和以"国际邮轮+香山游艇+鹭江游船"为主题的国际海岛型度假区；平潭国际邮轮中心重点发展以"蓝梦之歌号"为主的"海丝"路线和对台始发港。三是丰富邮轮航线产品供给。支持开发层次丰富、具有福建特色的邮轮航线，打造多样化国际邮轮旅游产品体系②，成为链接国内、国际的邮轮旅游重要枢纽。吸引不同等级、不同品类、不同主题的邮轮以福建为母港差异化运营国际航线，增加挂靠港；鼓励邮轮公司以厦门国际邮轮中心和平潭国际邮轮中心为母港开发对台、对东南亚和对欧美等近程、中程、远程邮轮航线，以满足不同类型游客的需求。四是增强福建邮轮旅游目的地吸引力。挖掘福建文化旅游特色，推动城市旅游一体化发展，加快邮轮旅游和区域旅游协同发展；打造一流邮轮服务载体，形成邮轮配套服务集聚区；推进邮轮交通配套枢纽建设纳入全市综合交通规划，实现邮轮港与机场、铁路的便捷换乘。

（五）优化邮轮港挂靠政策，发挥邮轮港优势

一是拓展外籍邮轮多点挂靠业务。出台外籍邮轮在航线运营中挂靠两个

---

① 孙琳、周其厚：《"一带一路"背景下广西邮轮旅游的创新发展——基于广西邮轮消费需求的调查研究》，《社会科学家》2017年第7期。

② 孙晓东、倪荣鑫：《国际邮轮港口岸上产品配备与资源配置——基于产品类型的实证分析》，《旅游学刊》2018年第7期。

以上沿海港口的业务管理办法，允许外籍邮轮在福建邮轮港开展多点挂靠业务，吸引更多国际邮轮访问，促进邮轮经济发展。二是简化靠港补给流程。制定明确的靠港补给规定，优化国际邮轮靠港补给流程，明确补给活动的工作要求、各类物资供船渠道和制度规范以及通关便利化措施，解决供船物资"上船难"等问题，提高邮轮靠港补给效率。三是提升通关便利化水平。通过实施无纸化作业和增设邮轮直供物资，简化申报流程，提高通关效率，降低通关成本。此外，制定"常用低危物资清单"，为国际邮轮提供更加便捷的通关服务。四是加快发展邮轮旅游新业态。扩大中资方便旗邮轮海上游航线试点范围，支持国际邮轮在港停泊期间开展"静态游"，允许中外游客凭有效身份证件登轮参观体验。丰富国际邮轮旅游产品，吸引更多游客，促进邮轮旅游新业态的发展。

（六）完善人才引进政策，创新人才培养模式

一是建立"产教融合"育人机制，创新人才培养模式。高度重视和发挥社会各界力量，积极推动各大院校与各级政府、企事业单位紧密合作，联合培养高素质、应用型的专业人才。积极探索企业进校园参与实验室建设、教学实习等工作，完善"产教融合"的协同育人机制，实现人才共育、过程共管、成果共享、责任共担，提升人才培养质量。[1] 二是构建完整的邮轮产业社会人才体系。出台鼓励政策，吸引全球邮轮人才，培养本土邮轮人才，建立邮轮产业人才库，储备邮轮设计制造、邮轮运营、高端服务等邮轮全产业链人才。[2] 建立邮轮人才培养实训基地，支持高校开发邮轮产业职业人才培养课程，实现产学研合作，推进产教深度融合。加强邮轮旅游从业人员职业培训，鼓励具备条件的企业自主开展从业人员培训，支持职业院校、培训机构为企业提供培训服务，符合条件的可享受职

---

① 沈佳坤、李玉珠、张军：《重大工程项目中的产学研融通创新——基于高校参与大型邮轮项目的案例》，《高等工程教育研究》2024 年第 3 期。
② 郑燕华：《"四段融合、海陆互通"人才培养体系研究——以国际邮轮乘务管理专业为例》，《教育理论与实践》2019 年第 6 期。

业培训补贴。建立国际邮轮专家资源库，促进国际邮轮行业高层次人才交流。三是建立海峡两岸邮轮船员服务中心。聚焦邮轮船员招募、派遣、培训和服务等需求，搭建海峡两岸邮轮船员线上服务平台和线下服务中心，促进邮轮船员综合素质的提升，形成与海峡两岸邮轮经济圈相匹配的邮轮船员综合服务体系。

两岸融合发展篇

B.13
两岸文旅融合发展的现实基础
与实践路径研究*

卢长宝　王　储　张　羽**

摘　要： 两岸文旅融合发展是福建探索海峡两岸融合发展新路的关键板块，对于推动两岸融合发展具有重要作用。当前，两岸文旅融合发展具有良好的现实基础，主要体现在文化同根同源且文旅融合底蕴深厚、系列政策出台、聚焦特色项目和构筑产品体系、人才引进和人员素质优化、文旅平台搭建等方面。同时，两岸文旅融合发展面临融合深度和广度不够、产品核心吸引力与体系建设欠佳、产业主体带动力不强、复合型人才不足等问题。本文从政策、区域、资源、市场、产业和人才等方面提出两岸文旅融合实践路径。

---

 * 本文系 2024 年福建省文化和旅游研究重点咨询课题（编号：2024WLYJ04）阶段性研究成果。
** 卢长宝，博士，福州大学经济与管理学院教授，福建省哲学社会科学重点实验室"数字消费与实体经济发展研究实验室"主任，主要研究方向为旅游消费行为；王储，福州大学经济与管理学院 2022 级博士研究生，主要研究方向为旅游营销与消费者行为；张羽，福州大学经济与管理学院 2022 级博士研究生，主要研究方向为微旅游、乡村旅游消费者行为。

关键词： 文旅融合　两岸关系　福建省

党的二十大报告强调，继续致力于促进两岸经济文化交流合作，深化两岸各领域融合发展。① 两岸文旅融合发展，不仅是文化和旅游产业之间的融合，更是探索海峡两岸融合发展新路的关键板块，推动两岸文旅深层次融合及高质量发展具有重要的时代意义。两岸文化和旅游产业的融合发展，不仅有利于深度挖掘两岸同根同源文化，还有利于提升旅游产品和服务的文化底蕴及体验，为文化和旅游融合发展模式的创新性探索带来两岸经验。此外，两岸文旅融合发展有助于深化两岸文化交流和经济合作、促进情感共鸣和心灵契合，是实现两岸经济社会繁荣发展、助力两岸和平统一的重要路径。

一　两岸文旅融合发展的现实基础

2019 年 1 月 2 日，习近平总书记在《告台湾同胞书》发表 40 周年纪念会上发表重要讲话时强调，实现同胞心灵契合，增进和平统一认同。② "国家之魂，文以化之，文以铸之"，福建与台湾地缘相近、血缘相亲、文缘相承，两岸同胞同根同源、同文同种，中华文化是两岸同胞心灵的根脉和归属。随着闽台文化往来日益频繁，两地文旅交流正呈现新景象。近年来，福建充分发挥闽台"五缘"优势，通过政策引领、平台构建和项目规划等，大力推动两岸在多个领域的深度合作。同时，随着两岸文旅产品联合开发的不断加强，富有特色性和创新性的文旅产品大量涌现，新业态文旅产品深受市场欢迎，文旅节事、赛事活动及相关文创产品综合效益全面提升。同时，福建还

---

① 《习近平：高举中国特色社会主义伟大旗帜　为全面建设社会主义现代化国家而团结奋斗——在中国共产党第二十次全国代表大会上的报告》，中国政府网，2022 年 10 月 25 日，https：//www.gov.cn/xinwen/2022-10/25/content_5721685.htm。
② 《习近平：为实现民族伟大复兴　推进祖国和平统一而共同奋斗——在〈告台湾同胞书〉发表 40 周年纪念会上的讲话》，中国政府网，2019 年 1 月 2 日，https：//www.gov.cn/xinwen/2019-01/02/content_5354223.htm。

策划实施了多项文艺演出、文化展览、人才培训等项目，进一步拓展了闽台文旅交流与合作途径。文化交流促进会、旅游交流协会等民间组织和社会团体也积极策划和组织各类交流活动，有效推动了闽台文旅融合发展持续深化。

（一）两岸文化同根同源，文旅融合底蕴深厚

两岸文化同根同源、底蕴深厚且形态多样，为文旅融合发展提供了得天独厚的条件。福建作为80%台湾同胞的祖籍地，自明清时期就有大量民众从泉州、漳州、厦门迁往台湾。[①] 福建登记在册涉台文物共1515处，占大陆涉台文物总数的80%。[②] 两地均受中华传统节日、妈祖文化、客家文化和闽南文化等影响深远。"妈祖信俗"台湾信众达1600多万人[③]，台湾1万多座庙宇供奉的前20位主祀神中有16位来自福建[④]。在此背景下，全省各地积极开展两岸文化交流活动，厦门和台湾自2009年开始定期轮流主办海峡两岸郑成功文化节；"海峡第一村"晋江围头已成功举办了7届海峡两岸七夕返亲节；石狮蚶江与台湾鹿港已联合举办16届闽台对渡文化节；三明宁化举办了28届世界客属石壁祖地祭祖大典。此外，"海峡两岸书院论坛"和"闽台同名村镇续缘之旅"等活动连年举行。[⑤]

不仅如此，福建和台湾拥有丰富的旅游基础资源。截至2023年12月，福建有博物馆142家；A级旅游景区494家，其中5A级10家、4A级124家、3A级272家、2A级88家。截至2024年3月，全省共有旅行社1931家；星级饭店218家，其中五星饭店46家、四星饭店113家、三星饭店55

---

① 《国务院新闻办就〈中共中央 国务院关于支持福建探索海峡两岸融合发展新路建设两岸融合发展示范区的意见〉举行发布会》，中国政府网，2023年9月14日，https://www.gov.cn/lianbo/fabu/202309/content_ 6904169. htm。

② 《福建检察：让涉台文物成为两岸同胞心灵契合纽带》，福建省文物局网站，2023年6月14日，http://wwj. wlt. fujian. gov. cn/xwzx/wbyw/202306/t20230614_ 6186814. htm。

③ 《妈祖文化：以海为媒 闪耀世界》，福建省人民政府网站，2024年7月18日，https://www. fujian. gov. cn/zwgk/ztzl/sxzygwzxsgzx/flsxkmh/202407/t20240718_ 6485121. htm。

④ 《两岸一脉 循根叙缘——第十六届海峡论坛·两岸民间宫庙叙缘交流活动在平潭举办》，福建省民族与宗教事务厅网站，2024年8月12日，https://mzzjt. fujian. gov. cn/xxgk/gzdt/stdt/bmdt/202408/t20240812_ 6500931. htm。

⑤ 黄国勇：《闽台文旅交流呈现新景象》，《中国文化报》2023年10月11日，第2版。

家、二星饭店 4 家。台湾地形地貌丰富，包括各种自然资源、海洋资源、森林资源和人文资源，拥有日月潭、台北故宫博物院和野柳地质公园等著名景点，旅游景点、人力资源和基础设施等方面建设完善，为两岸文旅融合发展奠定了良好的资源基础。①

（二）出台系列发展政策，促进两岸文旅融合

福建作为两岸融合发展示范区，在两岸文旅融合发展的政策实践上先行先试，出台了一系列政策推动两岸文旅融合高质量发展。2017 年 9 月 11 日发布《福建省促进闽台文化产业合作发展实施方案》，2023 年 12 月 28 日发布《中共福建省委 福建省人民政府关于贯彻落实〈中共中央 国务院关于支持福建探索海峡两岸融合发展新路 建设两岸融合发展示范区的意见〉的实施意见》，随后发布 13 条惠台利民新措施，2024 年 1 月 8 日印发《关于经贸领域支持福建探索海峡两岸融合发展新路若干措施的通知》。福建省文化和旅游厅出台《促进闽台文化交流合作的若干措施》《福建省关于促进厦金、榕马文化旅游融合发展十条措施》等政策。

在政策指引下，福建自由贸易试验区针对文旅发展推出了一系列对台优惠政策，如允许台资合资旅行社试运营福建居民赴台旅游业务。② 此外，对各地区两岸文旅融合发展提供政策支持，包括建设泉州、漳州世界闽南文化交流中心，创新龙岩两岸客家文化交流，建设三明海峡两岸乡村融合发展试验区，加强南平围绕旅游、生态、文化产业的对台合作，以及加速推进福马和厦金"同城生活圈"等。这些政策一方面从宏观层面在人文交流、经济贸易和设施互通等方面为两岸文旅建设指明发展方向；另一方面，从中观层面的产业建设、制度推进，以及微观层面的项目开发、活动规划等方面给予了明确指向，为两岸文旅融合发展提供了良好的政策环境。

---

① 王宏：《闽台乡村生态旅游协同创新与开发研究》，《海峡科学》2019 年第 9 期。
② 王宏：《闽台乡村生态旅游协同创新与开发研究》，《海峡科学》2019 年第 9 期。

（三）聚焦特色项目活动，构筑文旅产品体系

近年来，福建注重以情促融，不断推动两岸文旅融合，开发以地域特色为主题的活动和产品。

一是积极开展以民俗信仰文化为核心的节庆活动，包括妈祖文化节、郑成功文化节、海峡两岸开漳圣王文化节、海峡两岸民俗文化节、海峡两岸七夕返亲节、闽台对渡文化节、世界客属石壁祖地祭祖大典、海峡两岸书院论坛、闽台同名村镇续缘之旅、海峡两岸（平潭）沙滩文化节等民间信俗和文化旅游节庆活动，满足两岸游客文旅体验需求。

二是积极开展两岸青年研学旅游活动，促进两岸同胞相互了解，增进文化认同和情感认同。以妈祖文化、闽南文化、客家文化等祖地文化为纽带，积极开展客家文化研学体验营、两岸青年闽都文化研学营、闽台朱子文化研学营等多种形式的研学活动。[1]

三是福建在全国首创以乡建乡创为主题的闽台合作模式。2018 年以来福建省住建厅会同省台港澳办等部门出台了《关于鼓励台湾建筑师来闽参与乡村建设的若干意见》《关于深化闽台乡建乡创融合发展若干措施》《福建省闽台乡建乡创合作管理规定》等一系列政策举措，吸引了一大批从事文创、旅游等行业的台湾文创团队扎根福建乡村，涌现了"石头会唱歌"艺术聚落、泰宁"耕读李家"等台青创业典型。

四是积极开展两岸文旅融合发展合作项目。近年来，闽台携手创建了"厦金旅游协作区"和"连江环马祖澳滨海旅游度假区"，打造"十大海洋旅游品牌"。[2] 例如，东山岛长达 38 公里的优美海湾已成为当地旅游标志之一；多项台商投资项目聚集于马銮湾、金銮湾等地，包含计划投资 25 亿元的"海峡论坛"、投资 25 亿元的海岛风情旅游综合开发项目以及投资 7 亿

---

[1] 黄国勇：《闽台文旅交流呈现新景象》，《中国文化报》2023 年 10 月 11 日，第 2 版。
[2] 李宝轩、赵莹：《福建自贸区闽台海洋旅游合作研究》，《吉林工商学院学报》2019 年第 1 期。

元的五星级大酒店等项目。① 福州马尾与台湾马祖在"情系两岸 畅游两马"——2024马尾区新春文化旅游暨马尾马祖文旅推介活动中签订文旅交流合作框架协议。

（四）人力资源引力增强，人员素质持续优化

一是两岸文旅产业人才政策助力转型升级。福建各地积极推出人才补贴、税收减免以及对台旅游从业人员执业限制放宽等一系列利好政策。例如，福州、厦门等地通过政策搭桥、机制对接、情感牵引等方式吸引了大批台湾青年建筑师和文创团队来闽助力乡村振兴。截至2024年8月，福建已引进超过150支台湾建筑师团队和文创团队，以及560余名台湾乡建乡创人才，为福建515个村庄、93%以上的县（市、区）提供规划设计、产业文创等服务，有力促进两地乡村文化融合。②

二是人员素质培育和评定体系不断完善，文旅从业人员素质不断提升。近年来，福建积极举办海峡两岸融合发展与高等教育交流合作研讨会，搭建对话平台，在教育领域合作培养英才，为文旅产业输送大量优秀人才。2023年，已有200余名台湾导游经培训考核后，执业范围覆盖了福建全省。此外，支持台胞参加非遗代表性传承人、乡村文化和旅游带头人、全省文化和旅游系统青年拔尖人才等文旅人才评定，并择优给予特定的传承补助或扶持经费。2023年，已有8名台胞被评为福建省乡村文化和旅游能人、福建省文化和旅游系统青年拔尖人才。

（五）搭建文旅交流平台，两岸合作逐步深化

近年来，福建积极搭建各类文化、旅游和经贸等交流平台，充分发挥闽台文创园区、重要会展和就业创业基地等平台优势，强化了两岸在文化旅

---

① 谢汉杰、朱少文：《擦亮一张"名片"换来"三喜"临门》，《闽南日报》2008年8月4日，第A1版。
② 《福建引入台湾团队提供专业驻村"陪护式"服务》，福建省人民政府网站，2024年8月29日，https：//www.fujian.gov.cn/zwgk/ztzl/sxzygwzxsgzx/flsxkmh/202408/t20240829_6508066.htm。

游、数字文化、文化创意等领域的合作。一方面，积极举办海峡两岸（厦门）文化产业博览交易会、海峡旅游博览会以及海峡两岸经贸交易会等文旅和经贸会展活动，不仅为两岸文旅产业交流、投资和产业融合搭建了对接平台，还进一步深化了两岸文旅产业合作发展。

另一方面，福建省一直高度重视台湾青年创新创业平台建设。福州、厦门的闽台文化产业园吸引大批台湾文创企业机构投资创业，积极帮扶"闽台家园""唯美客"等多家台湾青年创新创业基地建设；福建省文化和旅游厅与福建工程学院协力共建"福建省闽台青年文旅创意产业促进中心"，助力闽台青年文旅产业交流合作和文旅融合产业发展。

二 两岸文旅融合发展存在的主要问题

（一）两岸文旅融合的深度和广度不够

第一，两岸文旅融合深度不够，旅游开发建设存在重形式、轻内涵的现象。部分文旅产品或服务对文化资源挖掘利用不够，品类少、层次低，难以对游客形成持续和长远的吸引力。此外，主题性、差异性不足，旅游的参与性、娱乐性、体验性项目不多，缺乏轰动市场和带动市场的旅游产品。

第二，两岸文旅融合广度不够，多部门协作、多制度契合和多主体参与的格局尚未形成。当前两岸关系特殊复杂，台湾在两岸文旅融合发展中的主动参与度不足，导致闽台文旅合作稳定性不够，建立双赢的文旅融合发展机制尚存一定阻碍。加之两岸文化旅游行业协会、民间联谊会、高校等非政府旅游组织和民众的参与性与联动性较为有限，使得两岸文旅产业整体规模较小、形式分散、品质欠佳。

（二）产品核心吸引力与体系建设欠佳

第一，文旅融合产品的市场吸引力不足。虽然两岸拥有丰富的文化和旅游资源，但在文旅融合产品开发策略、市场定位和品牌战略等层面，缺乏创新性设计、顶层规划和市场定位，导致部分文旅产品同质化、品质粗糙等现象严重，使得市场接受度较低，且难以满足市场多元化需求。一些地市举办的节庆、会展等活动"高开低走"，同样无法形成长远性市场吸引力。第二，文旅融合产品体系建设尚不完善，尤其是在融入新技术层面。随着人工智能、虚拟现实、5G等新技术的普及，市场对于虚拟旅游、智慧旅游和数字旅游的需求持续增长，对两岸文旅产品体系提出了新的迭代标准和方向，但是相关体系建设相对滞后，难以释放新技术对两岸文旅融合发展本应有的强效驱动力。

（三）文旅融合产业主体的带动力不强

第一，文旅融合产业主体数量不足，产业链条不够完善。两岸文旅产业合作以项目合作为主，缺乏系统性、广泛性和多元化的合作。尽管两岸文化和旅游企业集聚能力有所增强，但是企业总量仍然不足，难以从根本上打造完善的两岸文旅融合发展产业链。第二，缺少具有强大辐射能力的文旅融合发展企业，产业主体引领作用未得到充分发挥。当前文旅企业多为中小型企业，对于文旅融合市场的响应和拓展能力偏弱。因此，文旅融合产品与产业建设仍呈现散点特征，使得区域丰富的资源难以有效地转化为产业优势。此外，文旅产业结构性矛盾突出，难以形成大型企业以辐射带动两岸文旅融合发展。

（四）文旅融合发展的复合型人才不足

尽管两岸在文化产业和旅游产业方面都有一批专业人才，但文化与旅游的融合发展并非两个领域简单叠加，更需要精通两个领域的复合型人才。随着两岸文旅融合发展持续深化，产业和市场两端对高水平文旅产业人才的需求不断增长，如何优化文旅融合产品创意、丰富产品内涵和创新营销策略是两岸文旅融合发展亟待解决的问题。但是现阶段既精通闽台文化，又懂得新潮创意和市场营销的人才不足。此外，现行人才培养体系未能充分满足两岸文旅融合发展需求，对创新性、综合性和实践性等复合型人才的培育仍待进一步加强。

三 两岸文旅融合发展的实践路径

（一）政策融合实践路径

政策融合实践路径强调政府制定一系列政策措施，强化文旅融合发展政策和规划引领力，创造有利的发展环境。

第一，以习近平新时代中国特色社会主义思想为指导，深入贯彻党的二十大精神，充分发挥福建对台独特优势和先行示范作用。一方面，从全局规划和长远建设着手，充分聚焦两岸特色文化与乡村旅游等资源基础，进一步出台适配全局和区域两岸文旅融合发展的系列政策。另一方面，依托两岸融合发展示范区建设、两岸经济文化交流合作持续深化，以及福建作为台胞台企登陆第一家园的深远效应，制定两岸融合发展的总体规划和政策保障体系。

第二，拓宽两岸文旅融合发展联通渠道。一方面，从顶层合作发力，深化两岸文化、旅游、公共服务等部门协作，打破行政、区域和行业壁垒，协力构建和平、统一和平等的发展对话平台。另一方面，推动闽台基础设施应通尽通、应联尽联，依托福厦机场及福州港、厦门港、泉州港等枢纽，构建贯通公铁水空的立体式综合性两岸通道枢纽，同时畅通闽台与大陆其他地区连接通道。①

第三，全面优化文旅企业营商环境。一方面，适度放宽台资台企市场准入限制，用好税收优惠政策和专项激励资金。同时，依托福建自由贸易试验区对台先行先试建设，鼓励两岸产学研企共同制定行业共通标准，合力构建资质评估、认证和权益保障体系。另一方面，充分汇聚民间力量，发挥非政

---

① 王文博：《中共中央国务院：支持建设两岸融合发展示范区》，《经济参考报》2023 年 9 月 13 日，第 1 版。

府旅游组织和社区作用。建立两岸文旅融合发展协会，并适当赋予其在闽台文旅活动管理、经营监督和两岸协会机构沟通等方面的权限。

（二）区域融合实践路径

区域融合实践路径强调两岸文旅资源和产业在地理空间层面的对接与融合，系统性发挥区域协同发展效应。

第一，充分发挥示范地区的带动作用。一方面，继续深化福州与马祖、厦门与金门等地的发展联动，利用"同城效应"加深地区文旅合作，不仅要重视双向文化传播、共享文化和旅游资源，还要注重增强市场、产业之间的连通性。另一方面，在系统性塑造具有地域文化特色旅游产品体系的同时，注重打造两岸文旅融合发展核心示范区域；探索福马、厦金文旅融合发展示范区建设，进一步形成和发扬福马与厦金等区域文旅融合发展经验，并在此基础上由点及面辐射带动周边区域协同发展，打造两岸文旅融合发展福建样本。

第二，形成多个两岸文旅融合发展核心区域。依托自由贸易区的先行先试与集约效应，构建综合性、大众化和引领性的两岸文旅融合发展目的地；依托泉州"海上丝绸之路"重要起点、"东方第一大港"、闽南文化发源地等文旅资源优势，打响泉州作为服饰、建筑、美食、茶叶等多元文化融汇之都的文旅品牌形象；整合南平朱子文化和闽越文化等特色，将南平塑造成集文化、研学、休闲、度假于一体的两岸文旅融合发展基地；挖掘龙岩、三明客家文化资源，建设适宜两岸文旅融合发展的客家文化集中展示地，同时推进三明海峡两岸乡村融合发展试验区建设，打造特色乡村旅游地；发挥漳州闽南文化和台湾文化发祥地、台胞重要祖籍地等优势，塑造世界闽南文化交流中心与世界闽南文化节等文旅品牌。此外，支持平潭综合实验区加快构建全方位对台文旅合作新格局，探索建设两岸共同文旅市场先行区域。①

第三，增强核心区域之间的发展联动。一方面，注重各个核心区域在资

---

① 王有哲：《平潭打造邮轮经济"钻石名片"》，《中国水运报》2023年11月22日，第2版。

源优势互补、政策与配套设施等方面的协商、共创与互通。既要重视闽台文旅融合发展合作，也要注重福建省内两岸文旅融合发展核心区域的联动。另一方面，明确未来区域整体发展格局。在现有区域建设基础上，最终形成以沿海县市为核心的、能够辐射带动相关内陆县市、南北互联、东西协同的立体性、综合化和高质量的两岸文旅融合发展格局。

（三）资源融合实践路径

资源融合实践路径重点在于深度挖掘两岸文旅融合发展资源，突出两岸文化与旅游产业相关资源融合的综合效应。

第一，活化利用闽台文化资源，在注重文化资源保护前提下，借助科技赋能两岸文旅融合发展"宜融则融、能融尽融"。一方面，借助人工智能、虚拟现实、增强现实和声光电等新技术，将文化创新性融入实景演绎等旅游项目开发，深入探索闽台文化内涵，充分展现闽南话、客家话以及闽都文化、妈祖文化、客家文化等祖地文化底蕴。[1] 另一方面，在现有民俗节庆、商业会展、寻根谒祖等活动基础上，开展形式多样的文旅融合发展活动。例如，将网络直播等传播形式与福建皮影戏、漳浦剪纸和泉州簪花等非物质文化遗产结合并融入两岸青年元素。

第二，充分发挥闽台既有旅游业态优势，坚持以文塑旅、以旅彰文。[2] 借助民俗旅游、研学旅游、乡村旅游、生态康养等受两岸欢迎且具有一定发展基础的旅游形式，提高旅游文化底蕴和产品服务质量，发挥旅游在文化传承方面的独特优势，依托现有旅游资源进一步释放两岸文旅融合发展效能。例如，进一步推广和优化两岸青年在陶瓷文化、茶文化、戏曲文化等方面的研学活动，让两岸同胞在高质量旅游体验中增强文化认同。

第三，创新两岸文旅融合发展资源转化的形式、结构和效率。结合市场需求趋势、文化保护现状和旅游建设基础，遵循多元化要素、精品化原则和

---

[1] 吴明刚：《闽台文化与两岸关系的发展》，《福建党史月刊》2014 年第 24 期。
[2] 林丽明、林泽贵：《打造文旅融合精品，助力经济高质量发展》，《福建日报》2023 年 4 月 23 日，第 3 版。

可持续性理念，优化文化和旅游资源组合，实现资源融合内涵由浅及深、资源开发维度由单一到多元、资源转化效率由低到高的转变。例如，将德化瓷传统工艺设计理念与现代两岸青年共同认可的电视、电影和动漫等故事元素相结合。

（四）市场融合实践路径

两岸文旅市场融合实践路径旨在推动两岸文旅市场实现资源共享和优势互补，提高整体市场竞争力和吸引力。

第一，基于市场特性优化产品设计与营销策略。一方面，充分挖掘市场消费热点并细分市场板块，围绕民俗文化、宗教信仰、海丝文化和闽菜闽味等两岸同胞高度认同的特色资源，创新性开发以民俗节庆、宗教朝觐、海滨度假和寻味美食等为主题的旅游线路、产品和服务。另一方面，两岸应携手推进文旅融合发展宣传与营销。举办旅游推介会、签署旅游合作备忘录或协议，拓展各自文旅市场业务，如在金门举办"福建旅游文化周"，展示闽台在文化、美食等领域的独特魅力。同时，借助自媒体、互联网等渠道，打造与挖掘泉州簪花等热点文旅 IP 的长期效益，总结和推广发展经验。

第二，塑造一批特色节事节庆、文艺汇演和旅游活动品牌。重点支持妈祖文化旅游节和闽台陈靖姑民俗文化旅游节等旅游节庆活动、海峡旅游博览会和海峡两岸（厦门）文化产业博览交易会等会展活动、海峡两岸民俗文化节和闽台美食文化节等民俗节庆活动、两岸艺术青年音乐会和闽台青年演员戏剧研习班等文艺活动、海峡两岸文创设计大赛等赛事活动，打造世界妈祖文化论坛、福建文化宝岛行、海峡两岸书院论坛等一批聚焦两岸、面向全国的特色文旅节庆节事品牌。此外，坚持多元化、个性化、优质化的产品开发策略，加快对传统文旅产品体系的迭代升级，优化旅游文创产品、旅游纪念品和旅游工艺品等旅游商品供给。

第三，培育一批两岸文旅融合发展示范企业。在总结以往扶持平潭"石头会唱歌"艺术聚落、泰宁"耕读李家"等台青创业典型的经验基础上，深入推进"同沐中华风共创人生梦"台青创业就业和"匠心意蕴"闽台文创周等活动，以研学、分享会和推介会等多元化形式，全面帮扶两岸文旅企业创新创业基地建设，培育壮大地区龙头文旅企业。鼓励台湾中小文旅企业来闽发展，注重以台联台、以台引台，吸引更多台资台企入驻文旅领域集聚发展。支持福建创建海峡两岸中小文旅企业发展合作区，适度放宽台资台企贷款门槛和市场准入限制，持续激发中小企业创新活力。同时，支持在闽文旅相关企业特别是台企聘用更多台湾员工，扩大直接采认台湾地区职业技能资格范围，① 吸引台胞来闽从事餐饮、景区和康养等文旅相关行业。

（五）产业融合实践路径

产业融合实践路径主要关注两岸在文化和旅游产业如何实现优势互补、创新发展。

第一，推动文旅产业与其他相关产业融合，巩固产业链与创新链、人才链和资金链的连接韧性。注重发挥文化创意、旅游地产、医疗旅游和智慧旅游等文旅产业的综合效力。一方面，依托武夷山《印象大红袍》实景演出等项目，增强两岸文化创意和旅游地产的产业竞争力；另一方面，依托医疗旅游健康产业园和"福马同城通"等途径助力两岸医疗旅游和智慧旅游深度融合发展。

第二，借助网络大数据等信息技术实现两岸文旅市场和产业的深度对接。一是利用网络大数据及程序算法，基于两岸文旅市场在文化关注、旅游习惯、产品兴趣和服务偏好等多个方面的特征，动态描绘当前市场消费偏好图谱，构建两岸文旅消费基础数据库。此外，进一步识别未来两岸市场消费趋势，为及时优化市场运营策略、设计满足两岸市场需求的高质量文旅产品提供有力的数据支撑。二是借助物联网、云平台等技术构建两岸文旅交流平台。一方面，有利于实现特色景区、旅游路线和文旅产品等信息实时互联，

---

① 周丽华：《在福建全域建设两岸融合发展示范区》，《海峡人才报》2023年9月20日，第1版。

以及两地政府部门、文旅企业和社区民众等文旅主体的信息共建与共享。另一方面，有利于政策发布、旅游推广和服务反馈等信息的高效传递与响应，从而推动两岸文旅融合发展提档升级。

第三，注重科技赋能两岸文旅产业融合发展，运用人工智能技术和声光电等现代科技手段创新两岸文旅融合形式，深入推动"文旅+科技"融合。一方面，助推妈祖文化、客家文化、闽南文化、茶文化、戏曲文化等多种文化形态与民俗旅游、生态旅游、乡村旅游等旅游业态深度融合，[①]立体化、动态化、多维度呈现传统文化的丰富内涵，创新两岸文旅融合发展数字化场景。另一方面，借助 AI 模拟和人机协同技术，为两岸游客提供个性化、智能化和新奇的旅游体验，提高对景点信息查询、旅游路线浏览和文化背景讲解等需求的回应效率。

（六）人才融合实践路径

人才融合实践路径强调两岸加强人才交流、共享与培养，以满足两岸文旅融合发展需求。

第一，完善人才引进制度。编制人才队伍建设规划，通过优化人才选拔、人才激励和公共服务保障等机制，吸引两岸文化从业者、旅游从业者、文化学者、旅游学者、旅游技能型人才等汇聚文旅融合发展领域，为两岸文旅融合发展建立高水平人才引进机制。

第二，优化人才培育环境。鼓励高校、科研机构、旅游职业教育院校、旅游培训中心加大对专业人才的培养力度。同时，鼓励两岸高校开展高水平合作办学与多元化合作，合作开展旅游从业人员资格认证。[②] 支持两岸高校联合建立与文旅融合发展相关的师资培养、人才培养、产学研一体化的建设项目和科研活动，优化文旅人才培养环境。

第三，建立人才培养基地。支持共建两岸文旅教育和人才培养基地，

---

① 吴燕霞：《五缘文化与"海峡旅游"的耦合》，《学术评论》2012 年第 Z1 期。
② 《中共中央　国务院关于支持福建探索海峡两岸融合发展新路　建设两岸融合发展示范区的意见》，《人民日报》2023 年 9 月 13 日，第 1 版。

设立文旅人才培养基金，联合开展专业培训、技能竞赛和资格评定等活动。此外，在福州、厦门和泉州等地率先建立一批两岸青少年研学基地，促进两地青年人才交流与共享，加大人才合作培养力度，打造国际文旅人才孵化基地和技术展示平台，为两岸文旅融合发展提供优质且充足的人才队伍保障。

B.14
闽台研学发展现状、难点与对策研究[*]

郑春霞　罗小青　李艺玲　郑丽娟[**]

摘　要： 开展闽台研学交流活动，是深化台湾同胞文化认同、推进祖国和平统一的重要举措。当前，闽台研学发展呈现以下特征：台青创业就业研学是对台研学的一大特色，国学研学成为联结闽台交流的文化纽带，闽台高校师生互访研学持续推进，亲子研学成为闽台交流的新契机，闽台赛事研学拥有广阔前景和机遇。然而，"禁团令"阻碍闽台研学交流，对台研学优质项目供给有限，承接对台研学活动的人才短缺，这些因素成为闽开展对台研学活动的主要困难。闽赴台研学的主要困难是研学通道受阻，可通过深化合作的方式拓宽研学渠道，同时蓄力储备，以便在限制放开后迅速启动赴台研学项目。具体而言，可通过以下三个维度合力推动闽台研学目标的达成：实施以台引台，强化在闽成团服务，保障赴闽研学通道畅通；构建涵盖地缘、血缘和文缘认同，逐级深化的课程体系，辅以科学的方法落实课程，以此打造优质对台研学项目；引入台青创意、设置专项比赛，优化闽台研学领域的人才供给。

关键词： 闽台研学　研学旅游　文化认同

---

* 本文系福建省创新战略研究项目（编号：2023R0057）阶段性研究成果。本文撰写期间，大陆还未放开赴台旅游，且台当局仍然禁止大陆居民赴台旅游，闽赴台研学活动几乎中断，因此本文侧重于分析台籍人员到闽研学。

** 郑春霞，闽南师范大学商学院教授、硕士生导师，主要研究方向为旅游地理；罗小青，闽南师范大学商学院旅游管理专业2023级硕士研究生，主要研究方向为旅游管理；李艺玲，闽南师范大学商学院教授、硕士生导师，主要研究方向为区域旅游与旅游文化；郑丽娟，博士，闽南师范大学商学院讲师，主要研究方向为闽南地方文化。

开展两岸研学交流活动，是增进两岸同胞情感联结、巩固共同文化根基、促进两岸关系和平发展的重要举措。福建省作为对台门户，在地缘、血缘、文缘、商缘、法缘方面具有天然优势，中共中央、国务院高度重视闽台融合发展，赋予福建省重要使命与责任。着力解决闽台研学面临的难题，促进闽台研学高质量发展，对于推动闽台融合向更高层次迈进、推进祖国和平统一进程具有重要意义。

一 闽台研学发展现状

（一）国家政策、地方政策协同推进闽台研学发展

福建在对台工作全局中具有独特地位和作用，国家高度重视闽台研学交流。2023 年，我国出台《中共中央 国务院关于支持福建探索海峡两岸融合发展新路 建设两岸融合发展示范区的意见》（以下简称《意见》），明确要求促进台生来闽求学研习，建立一批两岸青少年研学基地；同时《意见》要求畅通台胞往来通道，进一步优化、加密福建沿海与台湾本岛及金门、马祖客货运航线①，为台湾青少年赴大陆研学提供便利的交通保障。

为深化闽台研学发展，2017 年福建省旅游局出台了"鼓励港澳台青少年入闽研学旅行奖励措施"，奖励金额共计 330 万元，主要针对港澳台旅行社和有关研学旅行机构，以及接受研学交流活动的院校或基地。② 2023 年厦门市集美区文化和旅游局与台港澳事务办公室联合印发《集美区两岸研学活动扶持奖励资金审批规程》，规定对组织台湾青少年来集美区开展研学活动的机构，按台籍团组人员每人每天 500 元的标准给予

---

① 《中共中央 国务院关于支持福建探索海峡两岸融合发展新路 建设两岸融合发展示范区的意见》，中国政府网，2023 年 9 月 12 日，https://www.gov.cn/zhengce/202309/content_6903509.htm。
② 《福建鼓励港澳台青少年入闽研学旅行 线路延伸至金马》，福建省人民政府台湾事务办公室网站，2017 年 4 月 5 日，http://www.fjtb.gov.cn/news/201704/t20170405_11738835.htm。

奖励,首来人员再按每人 400 元的标准给予奖励,每人全年奖励不超过 5000 元。①

国家政策的出台在宏观层面指引福建对台研学的发展方向,地方政策的实施在微观层面以奖励的方式吸引更多台湾同胞来闽研学旅游,助力提升研学活动的质量。

(二)台青创业就业研学是对台研学的一大特色

针对台湾同胞在台就业难的问题,福建特别推出了具有鲜明特色的创业就业研学活动。台湾与大陆在社会环境和生活方式等方面存在一定差异,福建作为台胞台企登陆的"第一家园",各级政府部门和研学基地积极行动,开展多项研学活动以促进台湾同胞在大陆的创业就业。

福建开展的台青创业就业研学活动主要分为以下三种类型:一是组织台湾高校学生赴福建台青创业基地及宁德时代等知名企业实地考察,切身感受当地的创业就业环境,增强来闽就业创业的意愿;二是开展台青专项培训研学营,详细解读福建针对台青创业的优惠政策,包括启动资金奖励、经营场所扶持、财税补贴与减免等,同时介绍企业注册、信贷流程、人才公寓申请等具体事项,并提供"一站式"服务以解决实际问题;三是为已在福建创业就业的台青及其家属提供生活支持,如提供在闽就学咨询、心理辅导、介绍移动支付使用方法等服务,帮助他们快速融入当地生活。通过这一系列研学活动,福建为台青在大陆创业就业提供了全方位的支持和保障。

在台青创业就业研学活动中,福州和厦门两市起了很好的示范作用。从2021 年开始,福州市每年都举办"好年华 聚福州"闽台青年人才研学营,并配套开发"好年华 聚福州"研学小程序,提供从报名到来福州研学全程跟踪式服务。2023 年暑期,"好年华 聚福州"研学活动共有来自境内外

---

① 《厦门市集美区人民政府关于印发集美区进一步促进"集美研学"发展若干措施的通知》,厦门市集美区人民政府网站,2022 年 7 月 11 日,http://www.jimei.gov.cn/zfxxgk/001/XM03100/XM03100/202207/t20220711_855158.htm。

2000 多所学校的 2.1 万余名学子报名参加，活动热度再创新高。① 厦门市集美区和海沧区连续多年举办台青专项培训研学营，为台青解读各种惠台政策措施，提供就业岗位，带领台青参与社区改造，引入台湾夜市和创意民宿等，让台青在研学中理解乡村振兴战略，为实现民族复兴出一份力。截至 2024 年 6 月 16 日，厦门市已拥有台青就业创业基地 25 个，其中国家级海峡两岸青年就业创业基地 8 个，累计吸引台青 8000 多人。②

福州市与厦门市凭借创新活动形式和卓越成效，已成为福建台青创业就业研学活动典范。通过这些举措，越来越多的台湾年轻人跨越海峡、向西而行，掀开了新时代闽台融合发展的新篇章。

（三）国学研学成为联结闽台的文化纽带

台当局曾全力推动传统文化复兴，国学教育备受重视，使得国学文化在台湾得到很好的传承与发展。然而，自李登辉修改课纲以来，国学课程淡出教育体系，国学在台湾日益衰落，淡化了台湾青少年对中国传统文化的认同。国学是中华文化的精髓，两岸同胞应当共同传承。为此，福建依托地缘优势，创建平潭两岸国学中心，该中心积极打造两岸青少年特色研学基地，成为两岸研学的"国学打卡点"，让两岸民众零距离体验国学魅力，感受两岸文化同根同源、一脉相承。

尽管国学在台湾被弱化，但其深厚的底蕴仍然吸引着来自福建等地的中小学生赴台进行国学文化研学。赴台研学有助于大陆中小学生了解台湾国学现状及其特点。在国学文化研学中，他们在台湾高等学府、休闲农场、台北故宫博物院、台北孔庙等地，感受国学大师的风采、沉浸式体验国学氛围，并在研学中与台湾学子建立友谊、共同传承中华优秀传统文化。除了面向学生的国学研学外，还有诸如厦门大学管理学院 EDP 中心与台湾大学哲学系

---

① 《青年研学擦亮"好年华　聚福州"品牌》，政协福州市委员会网站，2023 年 10 月 27 日，https：//zx.fuzhou.gov.cn/zz/csfz/tpxw/202310/t20231027_4706096.htm。

② 《跨越海峡、向西而行　台湾青年登陆实现创业梦想　绽放精彩人生》，央视网，2024 年 6 月 16 日，https：//news.cctv.com/2024/06/16/ARTIVelYdF01OgLJnd3kw9Wb240616.shtml。

联手打造的"企业家国学经典研修课程"等项目，组织企业家及高管报名参加，遍访宝岛人文胜地。

国学是中华文化的精髓，是两岸同胞的共同记忆，是联结两岸的文化纽带。闽台开展国学研学活动，对于共同弘扬传统文化、振兴文明之邦具有重要作用。

（四）闽台高校师生互访研学持续推进

2010 年 9 月，台湾 40 名大学生赴闽开启"闽南文学之旅"。而后，来自厦门大学、华侨大学、泉州师范学院、漳州师范学院的 40 名大陆学生代表到台湾高校回访，开启"台湾文学之旅"。① 2013 年 7 月，福建开启"万名台湾青年学子来闽修学旅游"活动。② 长期以来，福建各大高校与台湾高校保持良好互动往来，最具代表性的是厦门大学。厦门大学 MBA、MTA 打造移动课堂，组织多届学生访问台湾知名高校，参观各大知名企业和创意农庄，学习了解前沿经营管理理念，游览自然风光和名胜古迹，在研学中与台湾学生建立了深厚的友谊。2023 年 3 月 9 日，厦门大学发起"花开中国"名校台港澳青年互访计划，旨在带领台港澳青年欣赏中华大地的自然之花、祖国名校的学术之花、中国现代化建设的成就之花，青年之间开出珍贵的友谊之花。该计划至今已举办 5 期，在台湾高校影响深远。③ 2023 年 3 月 31 至 4 月 4 日，厦门大学举办"情牵厦金"两岸青年学子文化研习营，邀请金门大学、台湾铭传大学的 53 位师生与厦大师生一同参加。④

---

① 《2010 闽台"文学之旅"大学生交流活动落幕》，中国新闻网，2010 年 9 月 9 日，https：//www.chinanews.com.cn/edu/2010/09-09/2523049.shtml。

② 《台湾青年学子来闽修学累计突破 8000 人次》，福建省人民政府台湾事务办公室网站，2016 年 12 月 30 日，http：//www.fjtb.gov.cn/news/201612/t20161230_1667291.htm。

③ 《"花开中国"名校台港澳青年互访计划启动》，厦门大学新闻网，2023 年 3 月 15 日，https：//news.xmu.edu.cn/info/1003/430051.htm。

④ 《"情牵厦金"厦门大学 2023 年两岸青年学子文化研习营开营》，厦门大学新闻网，2023 年 4 月 3 日，https：//news.xmu.edu.cn/info/1003/431961.htm。

（五）亲子研学是"禁团令"下保持闽台交流的新契机

亲子研学作为台当局实施"禁团令"后兴起的研学方式，对于增进闽台同胞的交流和友谊具有重要意义。"禁团令"背景下，台湾学子只能以散客方式赴闽研学。然而，家长对于孩子以散客方式出游的安全问题深感担忧，影响了闽台研学活动的开展。对此，厦门（集美）闽台研学旅行基地推出了亲子研学项目，以家庭来闽的方式缓解家长对安全问题的担忧，使闽台研学活动能够继续开展，并且推进闽台两地的家庭在亲子教育探讨和亲子游戏互动中建立友谊。

（六）闽台赛事研学拥有广阔前景和机遇

赛事研学是福建对台研学活动的重要组成部分，并展现出显著效果。如2018青少年厦金研学旅行嘉年华以数学竞赛为契机，汇聚了来自包括台港澳在内的全国各地以及菲律宾、马来西亚等海外地区的900余名青少年学子。台港澳学子共同参与了研学交流与旅行互助活动，深入领略了厦门与金门秀美风光和祖国改革开放取得的辉煌成就，并对两岸同宗同源的中华民族传统文化产生了浓厚的兴趣与探索欲望。[①] 再如漳州台商开发区闽台融合研学基地积极筹备推出棒垒球运动对台项目，此项目核心在于通过建立赛事中心吸引台湾同胞参赛与研学，从而加深闽台青少年之间的交流与互动，增进彼此之间的了解与友谊。

赛事研学尽管当前在众多研学形式中占比尚小，但无疑具备巨大开发潜力，尤其是闽台两地在棒垒球项目上已有开展赛事研学的深厚基础。棒垒球有"从家出发，再回到家"的特殊含义，且是台湾第一运动，有800多万群众基础。福建拥有多个闽台棒垒球区域发展中心，目前已确定100所学校开展棒垒球运动，覆盖人群达22.7万余人，并且多次举办海峡两岸

---

① 《2018青少年厦金研学旅行嘉年华在厦金成功举行》，中国日报网，2018年8月14日，https：//fj.chinadaily.com.cn/2018-08/14/content_36760181.htm。

棒垒球赛事，初步实现"月月有赛事"，超 80 支台湾队伍参与。① 闽台在棒垒球项目上保持良好的互动，可进一步开发赛事研学。

二 闽台研学发展的难点

（一）"禁团令"阻碍台胞赴闽研学

"禁团令"是影响闽台研学交流的最大障碍。在疫情防控期间，台当局以疫情防控为由，禁止台湾居民组团前往大陆旅游。疫情防控放开后，台当局原定计划于 2024 年 3 月恢复赴大陆组团旅游，但在 2024 年 2 月 7 日突然叫停这一计划，台胞赴闽的研学通道再次受阻。在"禁团令"影响下，福建各研学基地失去了最大的客源市场——团体客户，散客也因信息不对称或担忧安全问题，降低赴闽研学的意愿。因此，在"禁团令"背景下，如何吸引更多的台胞赴闽研学，成为困扰福建开展对台研学业务的主要难题。

（二）闽赴台研学渠道受限

近年来，闽台研学活动以台湾同胞赴福建研学为主，而福建居民赴台研学活动几乎中断，原因在于台当局实施的"禁团令"禁止大陆居民赴台旅游，以及文化和旅游部宣布暂停居民赴台自由行。双重限制下，赴台个人旅游签注（G）和团队旅游签注（L）暂停办理。福建居民个人赴台进行国学研学等活动受阻，福建高校组织学生以学游结合为主要目的赴台短期研学项目中断，仅保留以学习为主要目的的长期赴台研修项目。

（三）增进台湾学生文化认同的难度大

台当局不断修改课纲，阻断两岸正常交流往来，导致台湾"80 后""90

---

① 《历史性突破！两岸联合组队参加国家级体育赛事》，福建省体育局网站，2024 年 4 月 25 日，https://tyj.fujian.gov.cn/zwgk/xwzx/sxdt/202404/t20240425_6439577.htm。

后""00后"等群体出现重大认同危机。举办闽台研学活动是推进两岸关系健康发展和增强文化认同的重要举措。然而，引导纠正台湾青少年对大陆的认知偏差，增强文化认同，是一项长期工程，并且交流渠道容易受外界的阻碍，闽台研学交流中断将影响增进台湾青少年文化认同的进程。此外，研学目标贯穿研学活动的全过程，涉及课程设计、课程实施效果、服务质量等诸多环节。福建举办的台生赴闽研学活动普遍采取"1+1"的方式，即1位大陆学生与1位台籍学生结对，共同生活、共同学习，推进闽台两地学生建立友好关系，但是，还存在研学设计与研学目标分离、课程实施过程形式化、研学服务质量不高等问题，影响增进台湾学生认同感这一研学目标的达成。

（四）对台研学优质项目供给有限

课程设计水平有限和课程实施效果不理想共同影响了对台研学项目的质量，导致优质项目供给不足。在对台研学课程设计方面，课程同质化严重，剪纸类的非遗研学课程出现频次高；课程设计停留在表层，缺乏对闽台渊源的深入挖掘；课程类型单一，以展示中华文化和地域文化为主，较少让台湾学生领略祖国的壮丽河山和体验祖国科技迅猛发展。在课程实施方面，形式主义倾向明显，学游分离的"教育+旅游"模式普遍、单向灌输的"讲解+参观"方式突出；研学过程未引导学生探究文化背后的闽台情缘。

（五）承接对台研学活动的人才短缺

福建一些承接对台研学业务的基地人才短缺问题突出，尤其是规模和实力较小的研学基地，甚至出现一人多岗的现象。人才短缺体现在两方面，一是数量上的不足，二是质量上的不足。究其原因，首先，研学旅游是新兴经济业态，其发展速度超过高校人才培养的更新速度，福建省内的本科院校还未开设相关专业和课程，以漳州职业技术学院为代表的高职院校正逐步开设相关专业。其次，福建承接对台研学业务的研学基地中国企占主导地位，国企清退编外人员客观上造成人才短缺问题。最后，研学活动具有明显的季节

性特征，暑期是开展研学的旺季，台湾学生赴闽研学也集中在暑期，加剧用工难、用工荒的问题。

三 闽台研学发展对策

（一）研学通道畅化

1. 呼吁台当局撤除政治藩篱

两岸统一是全体中华儿女的共同愿望，是大势所趋、人心所向。任何企图阻碍台湾回归的势力，都必将遭到历史的淘汰和人民的唾弃。因此强烈呼吁台当局撤除政治藩篱，解除"禁团令"，以获得更广阔的发展空间，共享中华民族伟大复兴的荣光。"禁团令"不仅切断了台湾学子前往大陆研学旅游的主要途径，更压缩了当地旅游从业者的生存空间，遭到了台湾民众及当地旅行社的强烈反对，国民党党团也于 2024 年 5 月 7 日提议解除"禁团令"。福建学生数量众多、客源市场潜力大，若台当局放开限制，鼓励福建学生到台研学旅游，将给台湾带去巨大的经济效益。因此，呼吁台当局倾听民意，顺应历史潮流，尽快撤除政治藩篱，保障两岸研学通道畅通，共同推动经济社会的繁荣发展。

2. 提升台胞赴闽研学的便捷性

"禁团令"背景下，台湾旅行社失去宣传和揽客的作用，散客成为台湾民众赴闽研学的主要群体。因此，可从宣传和消除散客顾虑两方面提升台胞赴闽研学的意愿。宣传方面，可巧借以台引台的方式，吸引更多台胞来闽研学，如通过在闽工作生活的台胞推荐亲朋好友赴闽研学；借助在闽从事新媒体运营工作的台青的力量，通过他们的视频号向台湾观众传递到闽研学的信息；建立台籍学员信息管理系统，记录其基本信息，以便保持联系，邀请他们再次入闽研学并以奖励方式激励其邀请首来学员；与台湾学校建立合作关系，弱化对旅游中介的依赖，实现点对点的直接服务。相较于团体客人，散客在安全性与便利性方面的需求更为迫切，因此在消除散客顾虑方面，建立线上预订系统是解决这个问题的关键措施。闽台研学活动的主办方或研学基地可在抖音、小红书、哔哩哔哩等已在台湾拥有广泛用户群体的短视频平台和社交媒体上开通线上预订系统，方便台湾同胞了解来闽研学的相关信息，包括研学课程介绍、行程安排、费用明细、政策补贴等，从而降低他们的感知风险，提升赴闽研学意愿。同时，线上预订系统还能让研学基地及时了解台湾同胞的出游计划与意愿，以便根据他们的行程到机场、码头完成接应任务，而后可集零为整，在闽成团出游，确保其研学行程安全顺畅。

3. 突破空间限制，开展线上研学

闽台研学交流通道容易受到疫情、"禁团令"等外界因素的影响，且未来闽台研学交流通道可能受到更大的阻力。若闽台研学活动中断，前期所取得的成果将付诸东流，且重启过程困难重重。因此，必须建立应对机制以保证闽台研学交流在困境中持续发展。例如，建立线上研学平台，突破空间限制，保证两岸在研学通道受阻的情况下仍能保持正常交流。疫情防控期间，厦门（集美）闽台研学旅行基地对台开展线上研学营，平潭两岸国学中心开展线上直播系列国学课堂，为打造线上平台积累了经验，其模式可以推广应用。但是线上研学活动只是暂缓之计，长远来看还是要坚守线下阵地，绵绵用力、久久为功，在两岸研学活动中无声增进文化认同，绘就民族团结"同心圆"。

（二）研学课程体系化

在当前研学活动中，如何有效推进台湾学子对中华文化的认同是困扰各研学活动组织者的一大难题。文化认同的形成具有逐层递进的特征，因此，课程设置乃至整个研学活动的设计要有层次性，从寻找两岸紧密联结的纽带入手，唤醒台湾同胞的共同记忆，产生情感共鸣。建议在深入挖掘闽台深厚渊源的基础上，构建由地缘认同研学课程、血缘认同研学课程、文缘认同研学课程组成的逐层递进的课程体系。

1. 增强闽台学子地缘认同感的课程

闽台两岸仅一水之隔，东山陆桥将两地紧紧相连，是古人类及动物东迁

台湾的主要通道。在厦门的环岛路、大嶝岛、小嶝岛，可以远眺金门，甚至能够互闻两岸的鸡鸣声。福州连江的黄岐村离马祖的最近距离只有 8 公里，借助望远镜还能清晰地看到对岸的风景。因此，建议把这些能够证明两地紧密相接的地点纳入研学路线，使闽台学子得以亲身感受两地的地缘相近性。如组织学生到环岛路观看"一国两制，统一中国"的标语，理解祖国的大政方针；参观大嶝岛金门县旧址，进一步感受两地的深厚渊源；走进黄岐古村，感受和马祖相似的民居建筑风貌；亲临东山博物馆，在陈列的史前化石中见证海峡两岸本相连，进而认同台湾自古属于中国。

2. 增进闽台学子血缘认同感的课程

闽台两地同根同源、血脉相连，大量史前遗址及族谱资料，证实了两岸人民血脉相通的历史渊源。现今，2300 万台湾同胞中的 80% 祖籍地在福建省，闽南地区和客家地区是多数台胞的祖籍地。因此，福建对台开展寻根谒祖研学游具有得天独厚的优势。目前，寻根谒祖研学游在各类闽台研学活动中所占比重较小，史前遗址地研学更是微乎其微，建议将开发较为成熟的万寿岩国家考古遗址公园、昙石山遗址博物馆、壳丘头遗址博物馆、平潭国际南岛语族考古研究基地等场所作为研学体验基地，策划史前遗址地研学游，促使台湾学子了解两岸同胞始于史前的亲缘关系；开展寻根谒祖研学游、同姓研学游、同名村研学游，以祖籍地、宗祠为空间载体，以民居建筑、相似饮食为物质载体，以族谱、民俗、乡音为文化载体，将闽台两岸血缘相连具象化，深化台湾同胞的血缘认同和祖先认同。

3. 唤起闽台学子共同文化记忆的课程

得益于地缘相近，闽台两地在人口迁移中建立了深厚的血缘关系，文化也随着人口迁移传播至台湾，然后世代相传、文缘相承。闽台两岸有众多共同文化，如信俗文化、非遗文化、国学文化。台湾四大民间信仰妈祖信仰、关帝信仰、开漳圣王信仰、保生大帝信仰的祖庙都在福建，且台湾民间信仰十分盛行，民间信仰研学游对台湾同胞具有相当大的吸引力。可以构建以祖庙为载体、以节庆（如妈祖诞辰）为桥梁的两岸民间信仰研学课程，让台湾同胞在朝圣中增进文化认同。两岸有共同的非遗，如两岸共同申请批复的国家级非遗马尾马祖元宵节俗，盛行于漳州市华安县和台湾岛中部山区的高山族拉手舞，广泛流传于闽南和台湾地区的布袋木偶戏，这些非遗成为联结闽台两岸文化的纽带，以此开展闽台非遗研学课程对于共同保护传承非遗、在非遗研学中唤醒共同记忆具有重要作用。闽台两地都有深厚的国学文化，开展国学文化研学游对于传承中华优秀传统文化、铸牢中华民族共同体意识具有重要的作用。

（三）课程实施科学化

课程实施是落实课程设计的过程，同时课程的实施效果影响研学目标的达成。当前，对台研学的课程实施效果不理想导致对台研学优质项目供给有限，也影响了增进台湾学子文化认同目标的达成，建议采用科学的教学方法提升课程实施效果。

1.创设情境，实现身心统一

组织闽台学生走出教室，将能够见证闽台渊源的海峡两岸交流基地及其他场地纳入研学路线，依托这些场地创设情境，深化学生对研学主题的理解，以游学相结合的方式落实增进文化认同的研学目标。例如，要让学生真切感知闽台地缘相近，并非简单的文字表述所能达到，必须让他们置身于实际的场景中。因此，在设计研学活动时，可组织学生亲临厦门环岛路眺望金门，乘坐游船体验"海上看金门"项目，在领略秀美风光中身临其境体验"闽台两岸地缘相近"，使学生对闽台地理位置关系有更为立体和全面的认知，从而深化地缘认同。

2.模拟复刻，达成知行合一

模拟复刻是一种深度体验的教学方法，引导学生通过身体力行的方式，深入体验并探索隐藏于背后的知识奥秘，达成知行合一，有效克服单向灌输的"讲解+参观"方式的弊端并提升学生的动手能力。台湾著名农庄卓也小屋开设的蓝染技艺研学体验课程是这方面的典范。卓也小屋将知识科普与文化元素融入艺术体验之中，学生在学习了解蓝染技艺后，可以自制蓝染 T恤，在体验制衣的乐趣中领略传统文化的魅力和掌握蓝染技艺的要领。卓也

小屋通过模拟复刻的方式吸引众多学生慕名而来，使得逐渐没落的传统手工艺发扬光大。在组织闽台学生进行非遗研学时，可借鉴卓也小屋的模式，让闽台学生模拟非遗传承人的技艺，合作复刻非遗产品，在相互学习与借鉴中共同传承和弘扬非遗文化。

3. 数字赋能，促成虚实融合

数字科技的迅猛发展推动了博物馆研学的变革，将枯燥、深奥的专业知识生动形象化，激发了学生学习兴趣，提升了学习效果，改变了灌输式的讲解方式。在闽台研学活动中，可以进一步将这项技术应用于史前遗址的研学活动中，通过数字化技术深度还原化石背后的故事，让学生沉浸式感知远古人类的生活场景，重现祖先跨越海峡的迁徙历史，与祖先进行一场超越时空的对话。通过虚拟与现实相融合的技术，打造现代科技与远古文明碰撞的视听盛宴，增进闽台学生的血缘认同感，深刻体会祖国科技发展之迅速。

（四）研学人才高质化

研学导师的素质对研学课程实施成效具有决定性影响，课程开发者的能力直接关系课程设计水平的高低，这两者均间接影响台湾学子的认同感。因此，必须着重解决人才短缺问题，建议从以下两个方面提升人才的数量和质量。

1. 多方合作，共建共享

多方合作、共建共享是走出当前困境的有效途径之一。大陆首个对台研学基地、全国标杆研学基地厦门（集美）闽台研学旅行基地树立了典范。一是建立研学导师培训中心，提升研学导师的专业性，且在满足自身用人需求的同时还可为其他机构输送人才；二是与导游和高校优秀学生合作，培训合格后担任研学导师，解决用人长期性与研学活动季节性的矛盾；三是与高校合作进行课程设计和指导，提升研学课程的专业性和质量；四是与在大陆创业就业的台青合作，将他们的创新创意融入研学设计中，将他们的热情与活力融入研学活动中，为闽台研学发展注入新动力。为进一步提升人才的专业性，可与研究闽台文化的专家学者合作，深化研学课程与闽台情缘的关联性；高校开设的研学专业可增设闽台研学方向，培养专门的人才。

2. 以赛促才，以赛促建

可通过开展闽台研学赛事驱动指导老师和学生深耕闽台研学领域，培育优秀的闽台专项研学导师和课程设计者。同时，可推广应用参赛团队设计的闽台研学旅行优秀作品，促进闽台研学高质量发展。具体措施如下：在已有广泛影响力的赛事中引入闽台研学专项比赛，如在福建省职业院校技能大赛中的研学旅行赛项开设闽台研学旅行专项，在海峡两岸暨港澳大学生职业技能竞赛中增设闽台研学赛项。另外，可鼓励教育主管部门、行业协会举办专门的闽台研学赛项，并且将本科学生纳入参赛群体，加强本科层次的闽台研学人才储备。

（五）研学活动双向化

近年来，闽台研学以台籍人员赴闽研学为主，福建到台湾的研学活动几乎中断，呈现明显的单向特征。应强化闽台的双向互动，遵循"能通先通，能动先动"原则，积极探索海峡两岸融合发展新路径，推进建设两岸融合发展示范区，努力落实中共中央、国务院委以的重任。

1. 深化合作，应邀赴台

虽然赴台的个人旅游签注（G）和团队旅游签注（L）暂停办理，但应邀签注（Y）仍开放。两岸关系发展的内在动力在民间，因此，深化闽台研学交流可依靠民间的力量，推进闽台研学双向互动。如加强闽台中小学及高校的点对点合作，提升闽台校际互访频率，以应邀的方式到台湾学校进行文化、科技、体育、学术等方面的研学交流活动。依托闽台在棒垒球项目上的合作基础，强化两地赛事互动，应邀赴台参与赛事研学。强化闽台农业合作，以海峡两岸现代农业博览会·海峡两岸花卉博览会为桥梁，深化闽台农业联系，应邀赴台进行现代农业、休闲农业研学，学习经营管理经验，建立友好合作，推进乡村振兴。深化闽台宗亲会合作，通过闽台同宗族谱展等活动深化闽台宗亲互动，应邀赴台开展同姓和同名村研学交流。发挥妈祖等民间信仰精神纽带的作用，深化闽台民间信仰协会的交流合作，应邀赴台进行信俗研学交流。

2. 蓄力储备，迅速响应

2024年4月28日，文化和旅游部表示将率先恢复福建居民赴马祖旅游。5月17日，福州市旅游协会与马祖旅游观光协会互相交换《福马"同城生活圈"旅游合作共识书》。开展福建到马祖的研学有望在近期实现，预计后期将逐渐恢复福建居民赴金门和赴台湾岛内旅游。因此，可做好前期准备工作，分阶段推进闽到马祖、闽到金门、闽台全域开展研学活动。前期，重点推动福州到马祖的研学，各举办闽台研学活动的机构可提前到马祖考察踩线，设计到马祖研学的路线和课程，以便在福建居民赴马祖旅游正式开放后，能迅速启动到马祖的研学活动。并且可将研学活动的范围扩展至马祖，促使闽台同胞在研学交流中建立友好关系，推进构建福马同城生活圈。中期，做好推进厦门到金门的研学准备。借助厦金合作前期取得的成果，发挥与厦门建立合作关系的金门文旅单位的桥梁作用，将被评为"两岸青少年研学基地"的5家金门工业观光企业作为研学体验基地，纳入厦金特色研学旅行线路中，恢复有较大影响力的厦金研学旅行嘉年华，推进构建厦金共同生活圈。后期，应着手推动涵盖闽台全域的大空间尺度研学活动。将能够印证两岸血缘关系的史前遗址地串联成南岛语族文化研学路线，重现史前先祖的迁移路线；借助宗亲会的力量，根据族谱梳理祖先的迁移路线，开展闽台两地寻根研学游；旅行社恢复组织居民赴台国学研学等业务，使两岸学生在交流中增进友谊，推动国学文化在两岸的传承。

专题研究篇

B.15
福建文旅新质生产力发展现状
及路径研究[*]

谢朝武 章坤 余军[**]

摘 要： 在新发展阶段，如何通过培育新质生产力进一步推动文旅产业高质量发展是当前福建省面临的重要战略问题。本文对福建省文旅产业高质量发展现状进行梳理，并以文旅新质生产力企业为基础，对福建省文旅新质生产力内容结构展开系统分析。研究发现：福建省文旅新质生产力具有较大的区域差异性，企业集中在厦门、福州和泉州三地，占比合计83.68%；文旅新质生产力企业以小微企业为主，占比高达90.32%；经济发展水平越高的地区，文旅新质生产力企业数量越多；在业务上，福建省文旅新质生产力企业集中在技术服务、装备制造、数字营销、智慧旅游、文化传播等方面；从岗位来看，文旅新质生产力企业人力资源呈现数字化、精品化、个

---

[*] 本文系2024年福建省文化和旅游研究重点咨询课题（编号：2024WLYJ02）阶段性研究成果。

[**] 谢朝武，博士，华侨大学旅游学院院长、教授、博士生导师，主要研究方向为旅游安全管理、文化遗产与旅游地管理；章坤，华侨大学旅游学院2021级博士研究生，主要研究方向为文旅融合；余军，华侨大学旅游学院2020级博士研究生，主要研究方向为文旅融合。

性化和体验化的转向。基于此，本文从科技创新、企业培育、人才培养以及区域协调等角度提出培育文旅新质生产力、推动福建省文旅产业高质量发展的措施建议。

关键词： 新质生产力　文旅产业　文旅经济　高质量发展　福建省

一　引言

福建省是文旅资源大省，发展文旅经济具有巨大优势。习近平总书记在闽工作期间始终高度重视文化和旅游事业发展，亲自推动鼓浪屿、武夷山、福建土楼等申遗工作，为福建文化保护传承和文旅经济发展奠定了坚实基础。[①] 近年来，福建省高度重视文旅产业发展，出台了《关于推动数字文旅高质量发展的实施方案》《福建省文化和旅游厅推动非物质文化遗产与旅游深度融合工作方案》等政策，将文旅经济与数字经济、海洋经济、绿色经济作为福建省"四大经济"，极大促进了福建省文旅产业高质量发展。在新发展阶段，如何以文旅新质生产力推动高质量发展是当前福建省文旅产业发展面临的重要战略问题。

新质生产力是高质量发展的重要内涵，也是文旅产业高质量发展的重要驱动力。习近平总书记指出："新质生产力是创新起主导作用，摆脱传统经济增长方式、生产力发展路径，具有高科技、高效能、高质量特征，符合新发展理念的先进生产力质态。"[②] 文旅新质生产力是以科技创新为主导，以新一代信息技术为支撑，以数字经济为背景驱动，追求文旅融合的高科技、高效能、高质量和绿色低碳效益，符合新发展理念的先进文旅生产力质态。[③] 文

---

① 郭斌：《守护文化根脉　谱写当代华章》，《福建日报》2023年11月30日，第1版。
② 《新质生产力的内涵特征和发展重点》，《人民日报》2024年3月1日，第9版。
③ 刘沛林、徐硕：《文旅新质生产力：内涵审视、支撑向度与实践路径》，《旅游导刊》2024年第3期。

旅新质生产力作为一种优化重塑力量，有助于推动传统文旅产业整体向现代化的生产关系、产业关系和市场关系转型升级。

本文首先从品牌形象、基础设施、文旅产业和文旅融合等多方面剖析福建省文旅产业高质量发展现状，并以文旅新质生产力企业为对象，从文旅新质生产力企业的区域分布、经济关联、资本规模、业务类型和人力资本等方面，探索了福建省文旅新质生产力的要素结构特征，最后以培育文旅新质生产力为着力点，提出福建省文旅产业高质量发展的路径。

二　福建省文旅新质生产力的发展背景

（一）"清新福建"熠熠生辉，文旅品牌声誉不断提升

早在 2001 年，福建省便提出"从旅游大省迈向旅游强省"的目标，并制定了跨度达 20 年的《福建省旅游业发展总体规划》。福建省坚持将生态文明作为旅游业发展理念指导，"清新福建"逐渐成为福建一张亮丽的目的地名片与招牌。在旅游影响力上，2023 年福州荣登"海丝"城市文旅经济影响力榜单第 4 位。[①] 综合来看，"清新福建"品牌形象是福建省在生态文明和可持续发展理念指引下，注重生态环境保护和实现绿色可持续发展的重要体现。

（二）文旅产品供给不断优化，旅游基础设施日趋完善

优质文旅产品是发展文旅经济的核心竞争力。为落实落细《新形势下促进文旅经济高质量发展激励措施》，福建省文化和旅游厅于 2023 年 8 月印发《关于促进文化和旅游消费的措施》，有效增强了文旅产品供给。如平潭旅游度假区推出的"星球唤想·蓝眼泪"项目，打造平潭旅游沉浸式体验新场景；福州烟山旧剧场沉浸式戏剧演绎，打破表演区与观众席之间的隐形墙，做到

[①] 《"闽江之心"位居 "海丝"文旅新项目影响力榜首》，福建省人民政府国有资产监督管理委员会网站，2023 年 11 月 22 日，http：//gzw.fujian.gov.cn/zwgk/gzdt/gzyw/fzsgzw/2023 11/t20231122_ 6305820.htm。

真正的游客沉浸式体验。福建省通过充分发掘文旅资源，满足了游客多元化、个性化消费需求，体现了新质生产力驱动传统文旅业态的探索创新。

（三）文旅产业发展齐头并进，文旅经济初见规模成效

文旅产业是引领高质量发展的重要着力点，福建省第十一次党代会明确将文旅经济作为全省"四大经济"之一。在 2023 年全省文旅经济发展大会上，福建省委、省政府做出了做大做强做优文旅经济、打造世界知名旅游目的地的战略部署。从成效来看，2023 年福建省接待旅游总人数 5.72 亿人次，比上年增长 45.9%；全省实现旅游总收入 6981.08 亿元，增长 61.3%。① 从品牌建设来看，2023 年福建省新获评六项国家级文旅品牌 27 个单位，进一步丰富了福建省文旅市场的产品供给。从文旅消费市场的表现来看，福建省各地推出多样化的文化和旅游活动，有效激发了文旅消费市场活力。

（四）文旅融合业态不断丰富，文旅产业链条纵深发展

"以文塑旅、以旅彰文"是推动文旅深度融合发展和文旅高质量发展的重要途径。文旅产业作为现代产业体系重要组成部分，能够有效缩小收入差距和增进民生福祉。福建省坚持"以文塑旅、以旅彰文"的文旅发展理念，各地文旅融合业态呈现多样化特征。如福建省在 2023 年推出 1317 场涵盖群众文化、非遗、文旅营销、文艺展演、陈列展览等形式的文旅主题活动。此外，福建省鼓励各地根据本地特色打造一批具有代表性的文旅融合项目，包括"工业+文旅""茶文化+文旅""影视+文旅""音乐+文旅""美食+文旅"等多类业态，文旅产业融合日益呈现多样化、品质化和个性化特征。

三 福建省文旅新质生产力的发展特征

新质生产力是科技发挥重要作用的生产力，新质生产力的发展离不开高

---

① 《一组靓丽数据》，福建省文化和旅游厅网站，2024 年 4 月 17 日，https：//wlt. fujian. gov. cn/zwgk/ztzl/fjswljjfzdh/cgzs/wltpyyxczx/202404/t20240417_ 6431993. htm。

素质的科技人才、高水平的研发机构和生产机构、高质量的生产资料等。①企业作为社会生产最活跃和最前沿的单位，是发展新质生产力的重要主体。② 福建省是中国民营经济最具代表性的省份之一，民营企业是推动福建省高质量发展的重要生力军。福建省政府工作报告显示，2023年民营经济贡献了全省近70%的地区生产总值、70.6%的税收和70%以上的科技创新成果。民营经济同样也是推动福建省新质生产力发展的重要动力。综合上述原因，本文以企业经营业务为基础，以福建省具有文旅新质生产力经营业务属性的相关企业为代表，探索福建省文旅新质生产力的结构特征与发展水平。

本文根据全国工商企业注册数据对福建省文旅新质生产力企业进行统计分析，数据来源于爱企查企业信息查询平台。爱企查平台中的企业数据来自国家企业信用信息公示系统，具有较高的准确度和可信度。本文以"文化+科技""旅游+科技""旅行+科技""餐饮+科技""酒店+科技""娱乐+科技""酒店+科技"等组合关键词对文旅新质生产力企业进行检索，并筛选在2000年1月至2024年6月注册的企业③，剔除已经吊销、注销、停业的企业和没有注册资本记录的企业，最终共获得文旅新质生产力企业13320家。

由图1可知，福建省新增文旅新质生产力企业整体呈现逐年上升的态势。福建省文旅新质生产力企业发展历程总体可以划分为3个时期：萌芽发展期（2000~2011年）、快速发展期（2012~2018年）和稳步发展期（2019年至今）。其中，2000~2011年，文旅新质生产力企业数量处于缓慢增长阶段，每年新增企业数量在百家以下；2012年党的十八大以来，福建省新增文旅新质生产力企业数量呈现快速攀升的趋势；2019~2024年为福建省文旅新质生产力企业稳步发展阶段，虽然受公共卫生事件冲击的影响，2020年和2021年新增企业有一定下降，但下降幅度较小，新增企业数量仍保持较高的水平，表明福建省具有良好的文旅市场发展环境，文旅新质生产力企业

① 王维国、崔佳：《形成与新质生产力相适应的新型生产关系》，《人民论坛》2024年第8期。
② 李政、崔慧永：《基于历史唯物主义视域的新质生产力：内涵、形成条件与有效路径》，《重庆大学学报》（社会科学版）2024年第1期。
③ 如无特别说明，本文中文旅新质生产力企业数据统计时间均为2000年1月至2024年6月。

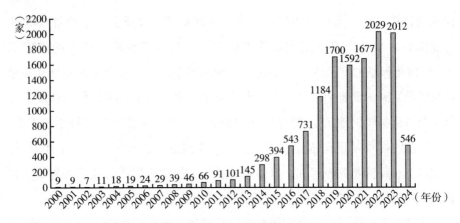

图 1　2000~2024 年福建省新增文旅新质生产力企业数量

说明：2024 年数据为截至 6 月。

资料来源：爱企查。

具有较强的韧性。数据显示，2024 年上半年新增文旅新质生产力企业数量为 546 家。① 根据福建省文旅产业发展趋势，预计 2024 年福建省文旅新质生产力企业将保持平稳增长态势。

（一）福建省文旅新质生产力的地区结构特征

为探索福建省文旅新质生产力的地区结构特征，本文对福建省文旅新质生产力企业所属城市以及所属区县做进一步统计与分析。根据企业注册地址信息，统计福建省文旅新质生产力企业的城市和区县分布。

从城市分布来看（见表 1），厦门市是福建省文旅新质生产力企业分布最多的城市，企业数量达 6752 家，占全省的 50.69%；排名第二的城市为福州市，企业数量为 3431 家，占全省的 25.76%；泉州市文旅新质生产力企业数量排名全省第三，为 963 家，占全省的 7.23%。此外，排名第四到第九的依次为：漳州（443 家）、龙岩（412 家）、莆田（408 家）、宁德（371 家）、三明（329 家）和南平（211 家）。从极差来看，厦门与南平文旅新质生产力企业数量相差 6541 家，表明福建省文旅新质生产力发展具有较强的地区差异性。

———————

① 爱企查平台数据更新存在一定延迟。

表 1　福建省文旅新质生产力企业城市分布

单位：家

序号	所属城市	数量	序号	所属城市	数量	序号	所属城市	数量
1	厦门市	6752	4	漳州市	443	7	宁德市	371
2	福州市	3431	5	龙岩市	412	8	三明市	329
3	泉州市	963	6	莆田市	408	9	南平市	211

资料来源：爱企查。

　　从区县分布来看（见表2），福建省文旅新质生产力企业在区县层面也具有明显的区域差异性。具体而言，文旅新质生产力企业分布数量前三的区县分别是厦门市思明区（2354家）、湖里区（2041家）和集美区（1215家），占全省的比重分别为17.67%、15.32%、9.12%；排名第四和第五的分别为福州市鼓楼区（809家）和台江区（552家），占比分别为6.07%和4.14%。从企业数量排名前十区县所属的城市来看，排名前十的区县厦门市有4个，企业数量占比为45.68%；福州市有5个，企业数量占比为20.42%；泉州市有1个，企业数量占比为2.63%。

表 2　福建省文旅新质生产力企业区县分布

类别	区县
1000 家及以上	思明区、湖里区、集美区
500~999 家	鼓楼区、台江区
200~499 家	海沧区、晋安区、闽侯县、仓山区、丰泽区、翔安区、新罗区、同安区、马尾区
50~199 家	蕉城区、福清市、晋江市、芗城区、平潭县、荔城区、城厢区、龙文区、三元区、长乐区、武夷山市、仙游县、惠安县、安溪县、南安市、龙海区、福安市、鲤城区、永春县、沙县区、秀屿区
50 家以下	福鼎市、连江县、霞浦县、漳浦县、涵江区、延平区、石狮市、德化县、永安市、永泰县、洛江区、建阳区、上杭县、宁化县、平和县、大田县、尤溪县、泉港区、永定区、泰宁县、闽清县、建宁县、长泰区、长汀县、南靖县、罗源县、古田县、明溪县、清流县、诏安县、周宁县、东山县、邵武市、顺昌县、漳平市、屏南县、武平县、浦城县、云霄县、将乐县、柘荣县、连城县、政和县、光泽县、寿宁县、建瓯市、松溪县、华安县

注：未包含金门县数据。

资料来源：爱企查。

从各地级市文旅新质生产力企业数量排名第一的区县来看（见表3），不同地级市的首位区县存在较大差异。其中，厦门排名第一的为思明区，占全省的17.67%，而南平武夷山市在全省占比仅为0.72%，两地的企业数量相差2258家；从各区县文旅新质生产力企业数量在本市中的占比来看，占比最低的为福州市鼓楼区，在本市占比为23.58%，占比最高的为龙岩市新罗区，在本市占比为78.16%，表明文旅新质生产力企业分布在不同地级市内也存在较大的差异性。

表3　各市文旅新质生产力企业数量排名首位的区县分布

单位：家，%

城市	区县	企业数	本市排名	本市占比	全省排名	全省占比
厦门市	思明区	2354	1	34.86	1	17.67
福州市	鼓楼区	809	1	23.58	4	6.07
泉州市	丰泽区	350	1	36.34	10	2.63
龙岩市	新罗区	322	1	78.16	12	2.42
宁德市	蕉城区	164	1	44.20	15	1.23
漳州市	芗城区	130	1	29.35	18	0.98
莆田市	荔城区	119	1	29.17	20	0.89
三明市	三元区	99	1	30.09	23	0.74
南平市	武夷山市	96	1	45.50	25	0.72

资料来源：爱企查。

从各地级市每年新增企业分布来看（见图2），各市新增文旅新质生产力企业的发展演变具有差异性。厦门市在2014年新增注册企业超过百家，福州市则为2016年，而泉州市为2019年，其他城市的新增注册企业数量增长相对较慢。进一步观察厦门、福州和泉州三地文旅新质生产力企业的年度发展趋势（见图3）可以发现，2012～2023年厦门市文旅新质生产力企业一直保持快速且稳定的增长趋势；2012～2019年福州市文旅新质生产力企业保持快速增长趋势，但2020～2023年新增企业数量出现波动；2012～2020年泉州市新增企业整体保持稳定增长趋势，但增长数量相较厦门市和福州市偏少。

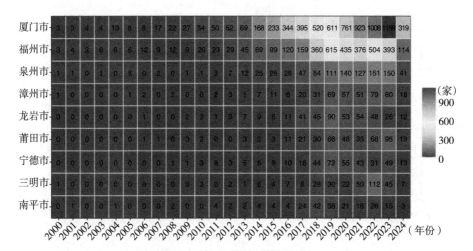

图 2 2000～2024 年福建省各地级市文旅新质生产力企业数量年度热力图

说明：2024 年数据为截至 6 月。

资料来源：爱企查。

综合来看，福建省文旅新质生产力企业分布具有较为明显的区域差异性。城市分布上，福建省文旅新质生产力企业主要集中在厦门、福州和泉州，三地文旅新质生产力企业数量合计占比为 83.68%；区县分布上，福建省文旅新质生产力企业主要集中在思明区、湖里区、集美区、鼓楼区、台江区、海沧区、晋安区、闽侯县、仓山区、丰泽区。可见，福建省文旅新质生产力企业的数量分布无论是在区域内还是在区域间都存在较为明显的差异性。

（二）福建省文旅新质生产力与经济发展的关联特征

为探索福建省文旅新质生产力与地区经济发展水平的关联性，本文以地区生产总值（GDP）表示各地经济发展水平，绘制 GDP 与文旅新质生产力企业数量的散点图（见图 4），并计算二者的 Pearson 相关性系数。

从城市 GDP 与企业数量的关系来看，二者相关性系数为 0.798，表明城市 GDP 与文旅新质生产力具有高度的相关性。从拟合结果来看，漳州、泉州和福州处于拟合线上方，表明三地的经济发展水平相较于文旅新质生产

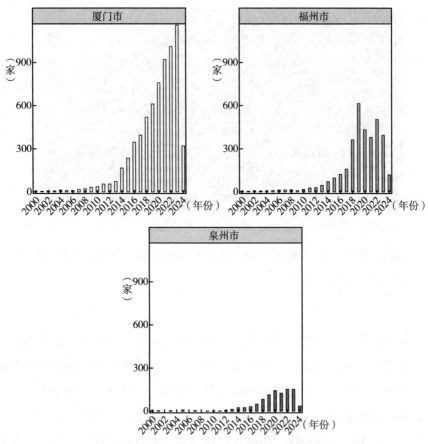

图3　2000~2024年厦门、福州和泉州三地新增文旅新质生产力企业数量

说明：2024年数据为截至6月。
资料来源：爱企查。

力企业发展水平较高。从区县GDP与企业数量的关系来看，二者相关性系数为0.79，表明文旅新质生产力与区县GDP也具有高度的相关性。综合来看，福建省文旅新质生产力与经济发展水平状况密切相关，经济发展水平较高的地区，文旅新质生产力发展水平也较高，相关企业数量较多。

（三）福建省文旅新质生产力的规模结构特征

本文采用企业注册资本和参保人数来探索福建省文旅新质生产力企业规

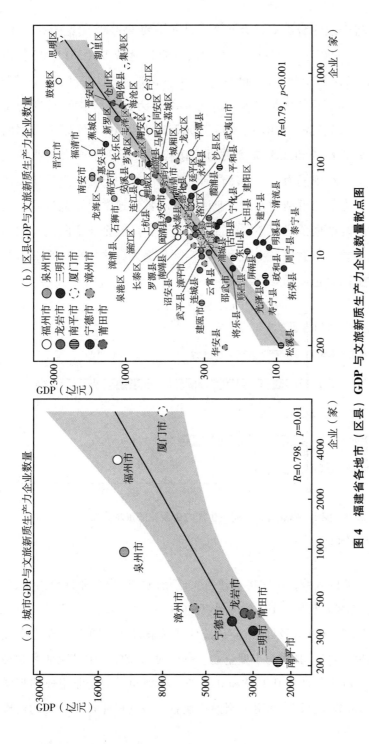

图 4 福建省各地市（区县）GDP 与文旅新质生产力企业数量散点图

资料来源：福建省统计局、爱企查。

模。首先，将企业注册资本分为 6 类。从统计结果来看（见图 5），注册资本为 100 万~500 万元（不含）类别的企业数量最多（5813 家），占比为 43.64%；其次为 1000 万~5000 万元（不含）类别，占比为 22.27%；10 万~100 万元（不含）类别和 500 万~1000 万元（不含）类别的企业占比分别为 15.77% 和 9.44%；5000 万元及以上和 10 万元以下类别的企业占比分别为 5.64% 和 3.24%。表明福建省文旅新质生产力企业的注册资本规模以中、小规模为主。虽然注册资本可以在一定程度上反映福建省文旅新质生产力的规模结构，但企业注册资本数额通常由企业创始人或股东在公司注册时根据公司业务发展自行决定，在反映企业实际规模大小方面存在一定偏差，本文进一步使用企业实际参保人数这一指标来揭示福建省文旅新质生产力企业的规模特征。

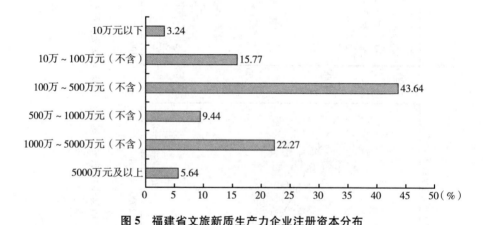

图 5 福建省文旅新质生产力企业注册资本分布

资料来源：爱企查。

根据企业参保人数，本文将福建省文旅新质生产力企业划分为微、小、中、大 6 类：微型（小于 10 人）、小型（10 人~99 人）、中型（100 人~299 人）和大型（300 人及以上）。从统计结果来看（见图 6），微型企业最多，占比为 85.24%；其次为小型企业，占比为 5.08%；中型企业和大型企业数量最少，占比分别为 0.19% 和 0.10%。小型和微型企业组成的小微企业占比合计 90.32%。综合来看，当前福建省文旅新质生产力企业的规模普遍较小，企业类型以小微企业为主，特别是微型企业在福建省文旅新质生产力企业中占主导地位，亟须培育大型文旅新质生产力龙头企业。

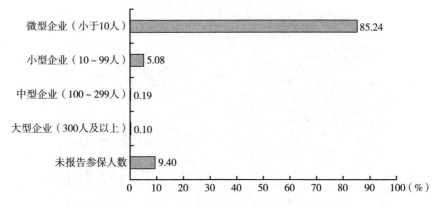

图6　福建省文旅新质生产力企业参保人员占比分布

资料来源：爱企查。

（四）福建省文旅新质生产力的内容结构特征

为探索福建省文旅新质生产力企业的业务要素，揭示福建省文旅新质生产力企业能够为福建省文旅高质量发展提供的新质生产力内容，本文以福建省文旅新质生产力企业的经营业务范围形成的文本内容为数据分析基础，采用文本内容分析方法对业务范围进行主题分析，绘制新质生产力企业业务内容要素词云（见图7）。图中词语的大小表示出现频次的高低，频次越高表明该主题相关的内容是文旅新质生产力企业经营范围中的重要业务。从主题分析结果来看，福建省文旅新质生产力企业的经营业务范围主要包括技术服务、装备制造、数字营销、智慧旅游、文化传播等类别。

在技术服务方面，5G、云技术、互联网等为文旅产业高质量发展提供了技术支撑，如泉州的源之宇宙（福建）科技集团有限公司以元宇宙为手段，融合人工智能、区块链等技术探索文旅场景应用创新，为文旅资源开发和保护提供了重要的技术支撑。

在装备制造方面，文旅装备在文旅产业中发挥了重要作用，沉浸式体验

图7　福建省文旅新质生产力企业业务内容要素

设备、AR、VR、全息成像、裸眼3D、智能穿戴、混合现实娱乐设备等装备有助于推动行业创新和提升游客体验,如福建票付通信息科技有限公司通过搭建旅游云平台,为不同业态的旅游企业提供信息化解决方案,推动文旅企业票务系统的智慧升级。

在数字营销方面,数字技术正在催生文旅消费新业态、新场景和新模式,数字技术在文旅资源活化、产业整合、艺术创作、创意传播、沉浸体验等方面发挥着重要作用,如厦门小题旅行科技有限公司以视频和直播为核心赋能文旅营销,通过内容运营、达人营销、直播电商等方式助力旅游企业的用户连接和消费转化。

在智慧旅游方面,智慧旅游建设有助于推动文旅产品优质供给,如厦门市依托中国移动、咪咕文化等企业打造的厦门鹭江"5G+AR 夜景秀"智慧旅游试点项目,实现了全场景虚实融合的沉浸式体验。

在文化传播方面,信息技术的快速发展和新质生产力革新为文化传播带来了更快速和直接的手段,推动了文化产业的快速发展,如厦门普普文化股份有限公司作为嘻哈文化第一股于 2021 年在美国纳斯达克上市,为中国文化的海外传播提供了代表性案例。综合来看,当前福建省文旅新质生产力企业的主要经营业务范围具有技术性、专业化和综合性等多样特征。

(五)福建省文旅新质生产力的人力资源结构特征

发展文旅新质生产力是推动福建省文旅产业高质量发展的重要途径,而人才作为第一资源和第一动力,在文旅产业高质量发展过程中具有重要的支撑作用。随着新质生产力发展的加快推进,文旅产业的人才需求也在不断更新,文旅产业的人力资源结构也在悄然发生变化。为此,本文利用 BOSS 直聘、智联招聘等招聘网站,对福建省相关文旅新质生产力企业的招聘岗位进行数据收集,绘制了新质生产力背景下文旅行业"新"岗位需求图谱(见图 8)。新质生产力领域的文旅岗位需求聚焦数字化生产、数字化运营、个性产品设计和优质体验管理等四个方面。

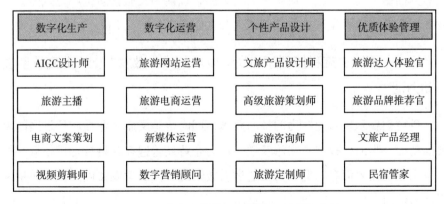

图8　新质生产力背景下文旅产业"新"岗位

具体来说，在数字化生产方面，主要包括 AIGC（生成式人工智能）设计师、旅游主播、电商文案策划、视频剪辑师等岗位，这类岗位主要利用数字化技术设计、生产文旅产品，需要员工具备较强的数字化工具使用能力。在数字化运营方面，主要包括旅游网站运营、旅游电商运营、新媒体运营、数字营销顾问等岗位，这类岗位工作重点在于利用新技术和新媒体加强对文旅产品的营销和推广，提升面向新生代人群的营销成效。在个性产品设计方面，主要包括文旅产品设计师、高级旅游策划师、旅游咨询师、旅游定制师等岗位，这类岗位工作重点在于根据游客需求和市场趋势，为游客提供个性化的旅游产品和服务。在优质体验管理方面，主要包括旅游达人体验官、旅游品牌推荐官、文旅产品经理、民宿管家等相关岗位，这类岗位工作注重提升游客对旅游产品的体验感受，包括旅游过程中的情感体验、互动体验、服务体验等。综合来看，新质生产力催生了福建省文旅产业数字化、精品化、个性化和体验化的岗位需求，是福建省文旅产业高质量发展的重要人才基础。

四 新质生产力促进福建文旅产业高质量发展的路径

基于对福建省文旅新质生产力企业的区域、规模、内容、人才等方面的分析，本文从文旅科技创新、文旅企业培育、文旅人才培养以及区域协调发展等方面提出提升文旅新质生产力的措施，以期为文旅新质生产力赋能福建省文旅产业高质量发展提供政策依据和实践参考。

（一）加强文旅科技创新和先进技术应用，激发文旅产业高质量发展动力活力

科技创新是新质生产力的核心要素，同时也是文旅产业高质量发展的重要推动力。当前，福建省文旅新质生产力企业还普遍存在科技含量较低、技术应用停留在表面等问题，需要通过科技赋能多方面激发文旅产业高质量发展动力活力。

推进措施包括：第一，加快文旅产业数字基础设施建设，夯实福建省文

旅新质生产力发展基础。数字基础设施是福建省文旅产业高质量发展的重要根基，应加强对景区、旅游线路、文化场所等重点文旅区域的宽带设施、5G 基站、移动通信网络、互联网等数字基础设施建设，为文旅产业科技创新和技术应用提供信息支撑。第二，打造智慧文旅综合服务平台，推动福建省智慧文旅生态建设。引导文旅企业形成智慧化发展观念，打造福建智慧文旅综合服务平台和数字文旅生态基础，推动全省 A 级旅游景区、星级饭店、旅行社以及文博场馆等文旅机构入驻福建智慧文旅综合服务平台，发挥综合服务平台在客流监测、票务预订、服务查询、信息获取、旅游投诉等多维度的作用，提升福建省文旅产业治理现代化水平。第三，加快科技创新赋能文旅产业发展，推动文旅产业数字化转型升级。持续推动生成式人工智能、元宇宙、AR/VR 等新技术的集成创新和应用创新，加速开发面向福建文旅需求的大模型产品，有效实现文旅产业的数字化转型升级；拓展创新智能科技在文旅消费场景中的应用范围和应用手段，以科技赋能特色产品、夜间旅游、博物馆旅游等，实现人、景、情、境的完美融合，提升游客的感官体验质量。

（二）积极培育优质文旅新质生产力企业，推动文旅产业集群高质量发展

企业是文旅产业高质量发展的重要基础。当前福建省文旅新质生产力企业以小微企业为主，大型文旅新质生产力企业严重不足。应积极培育优质的文旅新质生产力企业，推动福建省文旅产业集群的高质量发展。

推进措施包括：第一，积极培育优质本地文旅企业，夯实福建省文旅产业链基础。本地文旅企业是文旅产业高质量发展的根基，应以福建省本地文旅企业为基础，遴选具有发展潜力的优质文旅新质生产力企业，加大对优质企业政策支持和培育力度，推动一批优质文旅企业在科创板、新三板上市。第二，加大文旅龙头企业引进力度，推动福建省文旅产业链做大做强。文旅龙头企业对文旅产业高质量发展具有较强的带动和示范效应，应积极引进一批如中国旅游集团 20 强、全国文化企业 30 强等具有影响力的文旅产业龙头企业，发挥龙头企业引领作用，壮大福建省文旅产业集群。第三，加大对中

小微文旅企业支持力度，优化福建省文旅产业发展环境。在文旅产业发展的过程中要积极回应中小微企业利益诉求，加大对中小微文旅企业在人才、技术、产权等方面的支持力度，破解中小微企业的融资难、融资贵和融资慢等问题，提升中小微企业在审批、税费、市场准入等方面的便捷性。

（三）加强文旅新质生产力人才队伍建设，夯实文旅产业高质量发展人才基石

高质量的人力资本是文旅新质生产力的重要支撑。传统文旅人才的素质和能力与文旅新质生产力发展需求不相匹配，尤其是在创新能力、数字素养和国际化方面无法满足文旅产业高质量发展对文旅新质生产力人才队伍的要求。福建省文旅新质生产力人才队伍建设需要建立和完善有效的人才培养和引进机制。

推进措施包括：第一，在人才培养战略导向方面，强调建立创新要素双向流动的产教融合体系，重点培养具备数字技术应用、创新设计、国际化视野的复合型人才，以适应文旅产业的快速发展和文旅业态模式的快速更新，满足日益多样化的文旅市场消费需求。第二，在人才培养产教融合方面，福建省应充分利用省内高校与科研院所的优质教育资源，积极推动华侨大学、厦门大学、福建师范大学等高校和优质文旅企业的科研合作，发挥教学科研资源与产业资源的合作优势，加快人才要素、技术要素和数据要素等向高校和企业流动。第三，在人才培养实践操作层面，要大力培养宏观、微观数据分析和政策研究型人才，准确研判文旅经济发展趋势。要重点培养具有数字化创新能力的文旅研发和数字营销队伍，强化数字化发展思维和数字化业务运作能力。要积极提升文旅一线人员的服务技能水平和数字化职业素养，以满足文旅产业和企业发展的数字化劳动力需求。

（四）提升文旅新质生产力区域协调发展水平，推动文旅产业高质量发展齐头并进

发展新质生产力为提升区域经济协调发展水平带来了新机遇。受经济、

科教和产业等发展不均衡的影响，福建省文旅新质生产力企业集中分布在厦门、福州和泉州。为此，政府需要制定并实施差异化和有针对性的文旅产业高质量发展政策。

推进措施包括：第一，在区域统筹发展方面，福建省需要继续提升福厦泉三地核心区文旅新质生产力发展水平，加快打造世界知名旅游目的地，实现目的地建设与文旅新质生产力企业发展的良性互动；充分发挥优势地区文旅产业经济发展的辐射与带动作用，加大对漳州、莆田和三明等地区文旅产业投资力度，激活文旅新质生产力薄弱地区的消费市场。第二，在区域竞争合作方面，建立常态化、全方位、多渠道的文旅新质生产力产业的区域协调与联动机制，强化省级层面统筹协调。以新质生产力服务文旅新优势建构，促成文旅资源连点成线、由线到面，以充分发挥福建优质文旅资源、多元历史文化等独特优势。第三，在区域人才流动方面，福建省需要积极推动文旅新质生产力人才在区域间更合理地布局并实现协调发展，尤其是应加快提升文旅产业欠发达地区的人才培养和吸引能力。第四，在区域土地保障方面，构建新质生产力导向下文旅产业高质量发展用地保障机制，强化用地分级分类保障，优先开发与盘活文旅产业欠发达地区的存量土地，以进一步推进闽东北、闽西南等地区文化旅游协同一体化发展，实现福建八闽文旅经济发展的互联互通和优势互补。

B.16
福厦高铁对福建省文旅经济发展的影响及发展对策研究*

包战雄　赵宏伟　游滨　陈永昱**

摘　要：　福厦高铁是全国"八纵八横"高速铁路网的重要组成部分，福厦高铁的开通将极大地缩短沿线城市间的时空距离，在福建省内串联起一条"滨海旅游带"，并在东南沿海城市群串联起一条"高铁旅游通道"。福建省可以主动谋划、把握机遇，打好"高铁牌"，推动福建省文旅经济快速发展。本文基于成贵高铁和福厦铁路开通案例，探讨福厦高铁开通对福建省文旅经济的影响，并提出需要特别关注的问题以及借力"高铁红利"加快福建省文旅经济发展的建议，以助力打造"常来常往、常来常想、常来常新"的世界知名旅游目的地。

关键词：　福厦高铁　文旅经济　福建省

一　福厦高铁概况

福厦高铁是全国"八纵八横"高速铁路网中至关重要的组成部分，北端衔接规划中的温福高铁，南端衔接漳汕高铁，与甬台温、汕汕、广汕等高铁共同形成贯通东南沿海的高铁大动脉，对促进福建与长江经济带、粤港澳

---

* 本文为福建省社会科学基金项目（FJ2023B128）研究成果。

** 包战雄，博士，福建师范大学文化旅游与公共管理学院副教授，主要研究方向为生态旅游、国家公园、旅游目的地开发与管理；赵宏伟，博士，福建省文化和旅游厅政策法规处处长，主要研究方向为旅游政策法规；游滨，福建省文化和旅游厅政策法规处二级调研员，主要研究方向为旅游政策法规；陈永昱，福建省文化和旅游厅政策法规处科员，主要研究方向为旅游政策法规。

大湾区等区域联系，优化福建旅游交通大环境，推动历史文化保护传承传播发展，建设文旅经济强省具有重要意义。

福厦高铁的开通，一方面，在东南沿海地区串联起一条"高铁旅游通道"。福厦高铁开通运营后，从厦门到杭州最快旅行时间将缩短至 4 小时左右；漳汕高铁贯通后，从福州到广州旅行时间将从 6 小时缩短至 3 个多小时。这将极大拉近浙、闽、粤三省时空距离，大幅提升福建省对经济发达、人口稠密的长三角、珠三角的旅游吸引力。另一方面，在省内串联起一条"滨海旅游带"。福厦高铁是国内首条时速 350 公里的跨海高铁，开通后将大幅提升沿线城市可达性，福州至厦门有效旅行时间缩短至 50 分钟左右、较现有铁路缩短 40%，形成福厦"一小时生活圈"和厦漳泉"半小时交通圈"，将极大促进福州都市圈和厦漳泉都市圈的旅游协同发展。

福建省可以主动谋划、把握机遇，打好"高铁牌"，加大宣传推介力度，持续开拓"高铁+"旅游市场、开辟文旅经济发展新空间，把福厦高铁通道优势转化为文旅经济发展优势，助力打造"常来常往、常来常想、常来常新"的世界知名旅游目的地。

二 福厦高铁开通对福建省文旅经济的影响

鉴于福厦高铁新开通，其对福建省文旅经济的影响还未完全显现，可以借鉴成贵高铁和福厦铁路案例进行分析探讨。

（一）成贵高铁和福厦铁路对区域旅游发展的影响

1. 成贵高铁开通对沿线城市旅游发展的影响

成贵高铁于 2019 年 12 月 16 日正式开通运营，途经四川省成都市、眉山市、乐山市、宜宾市，云南省昭通市威信县、镇雄县，贵州省毕节市、贵阳市，全程只需 3 小时，并串接起乐山大佛、蜀南竹海、黄果树瀑布等著名景区。相关研究表明，成贵高铁开通后，大幅减少了沿线各城市之间的有效平均旅行时间，大部分城市间的日常可达性也明显增加，但由于成贵高铁未途经云南省昭通市区，该市有效旅行时间仅缩短了 2.96%，交通改善效果大大低于其他城市（其他城市的有效旅行时间减少率为 31%~70%），且昭通到各城市的日常可达性无明显变化（其他城市为高铁开通前的 2~5 倍）；从旅游经济联系强度来看，成贵高铁开通对沿线 7 个地市经济联系有不同程度的提升作用，但昭通市旅游经济联系强度排在最末（仅为 193.35），沿线其他城市中强度最弱的毕节市（7493.61）是昭通市的 38.76 倍。① 由此可见，开通高铁城市与尚未开通高铁城市（或高铁只是经过下辖县）之间的差距是很大的，而这种差距随着时间的推移可能会越来越大。

为进一步分析成贵高铁开通的影响，本文选取高铁开通前的 2018 年五一假期与 2023 年五一假期，作为高铁开通前后的两个典型时间段进行对比。分析发现，处在成贵高铁沿线两端的成都市、贵阳市和毕节市的五一假期旅游接待人数有明显的增长，而处在中间的眉山市、乐山市和宜宾市的旅游接待人数没有增长，反而有明显下降（见图 1），表明成贵高铁的开通可能产生了虹吸效应或过道效应，特别是从成都到眉山、乐山和宜宾，以及贵阳到宜宾的可达性明显改善，可能导致成都和贵阳对这些城市产生了虹吸效应。贵阳到毕节的可达性也明显改善，但贵阳对毕节并没有产生虹吸效应，还表现出一定的协同效应，值得深入研究。这可能与毕节和贵阳长期合作有关，两地资源互补性强，并于 2022 年正式成立区域一体化发展合作领导小组，全力推动区域一体化合作。

2. 福厦铁路开通对沿线城市旅游的影响

福厦铁路于 2010 年 4 月 26 日开通，是福州至厦门的国铁 I 级双线电气化铁路，也是我国"四纵四横"快速客运网中"上海—杭州—宁波—福州—深圳客运专线"的重要组成部分。本文分析福厦铁路开通对沿线城市福州（含平潭）、莆田、泉州、厦门旅游发展的影响。由于统计口径不一致，未能获得各市 2009 年相关数据，本文选取福厦铁路开通当年（2010 年）和 2019 年数据进行对比分析。

---

① 补声荣：《成贵高铁对沿线城市可达性及旅游经济联系的影响研究》，硕士学位论文，贵州财经大学，2022。

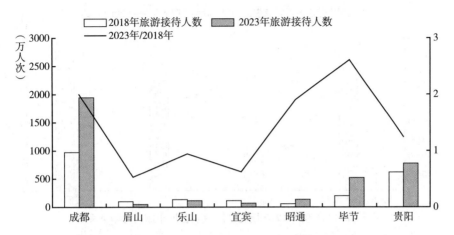

图1　2018年和2023年成贵高铁沿线各地市五一假期旅游接待人数变化

资料来源：根据各地市文旅部门公布数据整理。

从图2、图3可见，福厦铁路开通后，并没有产生明显的虹吸效应或过道效应。福厦铁路开通对福州、莆田的旅游接待人数和旅游总收入的促进作用更明显，可能原因是福厦铁路对这两个地市的交通可达性改善作用更明显。而厦门、泉州作为传统的旅游城市，与珠三角联系比较紧密，旅游发展较早，故福厦铁路开通对厦门和泉州的促进作用相对不明显。

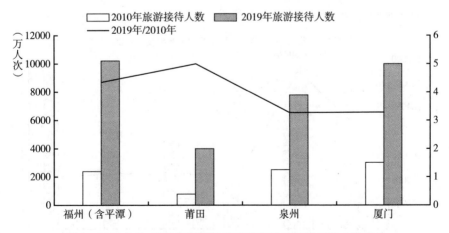

图2　2010年和2019年福厦铁路沿线各地市旅游接待人数变化

资料来源：根据各地市《国民经济和社会发展统计公报》数据整理。

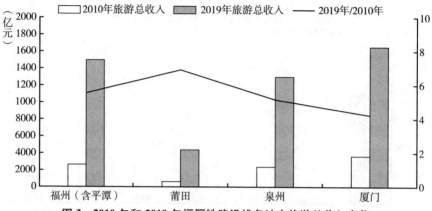

图3　2010年和2019年福厦铁路沿线各地市旅游总收入变化

资料来源：根据各地市《国民经济和社会发展统计公报》数据整理。

为分析各经济区域之间旅游发展的竞合关系，本文选择2009年（开通前）和2019年（开通后）两个年份，分析海峡西岸经济区主要省份（福建、江西）、长三角经济区主要省市（上海、江苏、浙江）和珠三角经济区主要省份（广东）的旅游发展变化。分析发现，福厦铁路开通后，海峡西岸经济区主要省份（福建、江西）的旅游接待人数和旅游总收入增长率明显高于其他两个经济区，表明福厦铁路开通促进了海峡西岸经济区旅游发展，而没有产生虹吸效应（见图4和图5）。

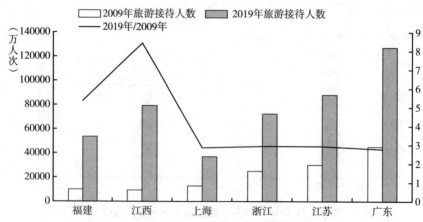

图4　2009年和2019年福厦铁路周边各经济区域旅游接待人数变化

资料来源：根据各省市《国民经济和社会发展统计公报》数据整理。

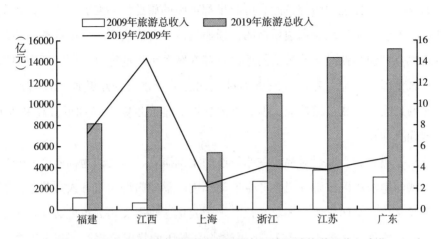

图5　2009年和2019年福厦铁路周边各经济区域旅游总收入变化

资料来源：根据各省市《国民经济和社会发展统计公报》数据整理。

（二）福厦高铁开通可能对福建省文旅经济的影响

1.旅游空间格局发生新变化

福厦高铁开通将大幅提升沿线城市可达性，并优化沿线城市旅游空间结构。相关研究表明，旅游资源丰富、旅游接待设施完善、景区知名度高的城市，高铁的开通能进一步推动这些城市加强旅游基础设施建设、扩大旅游产品宣传、促进旅游产业升级转型，形成一定的"马太效应"，对于其他旅游资源相对丰富、区位条件较好的城市也会有一定的促进作用，但对于旅游资源匮乏的城市，交通的便利反而会导致本地游客外流，形成旅游经济负面效应。①

从具体城市来看，厦门、福州、泉州为福建省内传统热门旅游城市，长期占据福建各大旅游人气城市排行榜前三名。② 这些城市具有自然环境优越、人文景观独特、交通便利等特点，旅游设施也较为完善。福厦高铁的开通将进一步提升城市的旅游吸引力，扩展客源吸引半径，强化福州与厦门之

---

① 汪德根：《高铁网络化时代旅游地理学研究新命题审视》，《地理研究》2016年第3期；陈莉：《福厦铁路对沿线城市旅游流的影响研究》，硕士学位论文，华侨大学，2015。

② 周文准、黄宝灼：《福建旅游业开启"冲浪模式"》，《闽商报》2015年8月17日，第6版。

间的联系，并促进福州都市圈和厦漳泉都市圈的旅游协同发展。此外，福厦高铁大大改变了沿线及周边城市的交通通达性，可能会产生一批高铁沿线旅游新热点，但高铁沿线旅游目的地也会存在客源市场的竞争，同时还要警惕中小城市因"快旅"被虹吸或成为过境地。尽管福厦铁路开通后没有产生明显的虹吸效应或过道效应，但此类效应在其他高铁案例（如成贵高铁等）中却确有存在。

从省域来看，通过对福厦铁路开通的案例研究，本文认为福厦高铁开通对海峡西岸经济区旅游发展会产生推动作用。福建山海相依、人文荟萃，拥有海丝文化、闽南文化、客家文化、朱子文化、妈祖文化等特色文化。福建省生态环境优越，根据《2023 年福建省生态环境状况公报》，2023 年全省生态环境质量优良并持续居全国前列，全省森林覆盖率为 65.12%、连续 45年保持全国首位。[①] "清新福建"品牌在全国已有较大的吸引力和影响力，再加上三坊七巷、客家土楼、武夷山、鼓浪屿、湄洲岛、泉州古城、古田会议会址等高级别的旅游地，对长三角和珠三角等地的游客具有较强的吸引力。但福建省仍需保持优势，积极开发特色旅游产品，以避免长三角、珠三角可能对福建造成的虹吸效应。

2. 旅游消费倾向呈现新特点

高铁开通对旅游消费行为产生显著影响。相关研究表明，高铁提高了人们的出游频率，2~3 天周末游显著增加，周末已然变为小黄金周；在出游方式上，自助游增多、跟团游减少。[②] 从近年来福建省国内游客出游方式构成中也可以看出，单位组织、旅行社参团的比例分别由 2009 年的 20.9%、10.3%降至 2019 年的 7.3%、3.2%，而个人亲友结伴则由 2009 年的 60.0%升至 2019 年的 87.5%（见表 1），说明相较于以往单位和旅行社组织的团体出游，目前人们更倾向于散客游。福厦高铁开通，将促使游客出游方式更加

[①] 《2023 年福建省生态环境状况公报》，福建省生态环境厅网站，2024 年 5 月 30 日，https://sthjt.fujian.gov.cn/zwgk/sjfb/hjsj/qshjzkgb/202405/t20240514_6448636.htm。

[②] 张建国等：《高铁对旅游者决策行为影响研究》，《昆明理工大学学报》（社会科学版）2019年第 2 期。

自主。在目的地选择上，"高铁+租车"成为新风尚，部分游客倾向于选择"绿水青山"的秀美小城和小众景点，因而催生一些网红打卡地，[1] 导致旅游资源"冷""热"格局的变化。此外，高铁有效缓解了中老年群体的时间、精力、身体状况等困扰，中老年群体出游占比上升。[2] 这与高铁的快捷性、舒适性和安全性等特点有关，有力释放了银发群体消费需求。

表 1　2009 年、2014 年和 2019 年福建省国内游客出游方式构成

单位：%

出游方式	2009 年	2014 年	2019 年
单位组织	20.9	7.9	7.3
旅行社参团	10.3	4.8	3.2
个人亲友结伴	60.0	82.8	87.5
其他	8.8	4.5	2.0

资料来源：根据相关年份《福建统计年鉴》数据整理。

3.客源市场出现新格局

根据距离衰减规律，以往的研究认为 80% 的游客出游距离在 500 公里以内，旅游地客源以本地和周边市场为主，中远程市场较少。[3] 但受高铁影响，游客的出游半径大幅增长，一些旅游地在 750～1000 公里范围内的市场份额占比明显上升。[4] 结合相关研究，福州、厦门等重点旅游城市的主要客源市场出游半径可以拓展至 1000 公里。长三角、珠三角经济发达、人口稠密，是国内重要的客源地，也将成为福建省越来越倚重的客源地，但福建省也将面临与国内其他地区争夺主要客源市场的竞争新格局。因此，福建省要做好与长三角、珠三角的深度对接。

---

① 杨一帆：《国庆出行"高铁+租车"成主流，秀美小城因此变成网红打卡地》，腾讯网，2022 年 10 月 8 日，https：//new.qq.com/rain/a/20221008A05G5O00。
② 张磊、倪晨旭、王震：《高铁开通对中老年群体旅游消费的影响》，《商业经济与管理》2023 年第 2 期。
③ 汪德根：《高铁网络化时代旅游地理学研究新命题审视》，《地理研究》2016 年第 3 期。
④ 汪德根：《旅游地国内客源市场空间结构的高铁效应》，《地理科学》2013 年第 7 期。

4.旅游产业结构得到新优化

随着高铁与旅游的融合发展，旅游业态持续出新。研究表明，高铁对商务旅游、会展旅游、老年旅游、乡村旅游、体育旅游、康养旅游等旅游产品有较大的推动作用。[①] 福建省作为第一个国家生态文明试验区，生态文明建设成绩斐然，未来在滨海城市游、休闲度假游、文化体验游、生态康养游等领域有很大的发展空间。福厦高铁开通后将转移和分担省内公路客运长途和民航客运量，省内旅游承载力将进一步提升。高铁与旅游景区、酒店、旅游综合体等各项要素的组合，将推动福建省新业态的兴起，实现"快旅多游""快旅闲游"。

三　福厦高铁开通需特别关注的问题

（一）谨防游客"往外跑"

高铁的开通，将使沿线旅游城市之间的客源竞争更加白热化，受福州、厦门等旅游中心城市虹吸效应的影响，旅游资源匮乏、产品单一的中小城市可能出现"游客"变"过客"，进而导致旅游人才流失、旅游投资转移，产生文旅经济"空心化"的现象。同时，随着高铁时空压缩效应的显现，旅游资源丰富、旅游产品新颖的长三角、珠三角也将对福建省内游客造成一定的虹吸效应。

（二）谨防接待"跟不上"

高铁开通后，首条跨海高铁成为热点，福建省文旅消费将受到强刺激，可能面临接待国内旅游人数激增这一"突发情况"，高铁沿线城市游客接待能力将受到较大考验。如武广高铁开通后，迎来大量广东和香港游客，曾出

---

① 李学伟等：《高铁对旅游经济的影响》，搜狐网，2018 年 8 月 30 日，https：//www.sohu.com/a/251004101_126204。

现上菜慢、高星酒店床位不足、市区车辆拥堵、粤语导游地陪短缺等问题,[1] 影响了游客体验和旅游形象。

(三)谨防旅游"不过夜"

高铁带来的时空压缩效应也引起了同城效应和近城化效应,福州、厦门等城市互为"后花园",产生异地日常休闲体验,但由于福建省邮轮游艇、低空飞行、沉浸式演出等文旅新业态产品不够丰富,3 天以上的休闲深度游线路产品供给相对不足,高铁开通后可能导致旅客逗留时间减少、过夜率下降,出现"快旅快游"现象,从而削弱高铁对文旅经济的拉动作用。

四 借力"高铁红利"加快福建省文旅经济发展的建议

(一)坚持全省"一盘棋",增强旅游竞争力吸引力

时空距离伴随着高铁的开通瞬间缩小,文旅经济发展迫切需要跳出一城一地的限制。建议福厦高铁沿线城市坚持"全域旅游",发挥优势、错位发展,加强宣传、联动推广,合力做大做强做优文旅经济。一是全省上下拧成一股绳。认真贯彻全省文旅经济发展大会的部署要求,按照"11537"全省文旅经济发展格局,围绕打造世界知名旅游目的地这一核心定位,借助福厦高铁红利,依托武夷山、泰宁丹霞、福建土楼、鼓浪屿、泉州古城等 5 个世界遗产地打造文旅集聚区,以红色文化、绿色休闲、蓝色海丝 3 条旅游带为串联,拓展沿古驿道、沿江河、沿绿道等"7 沿"文旅业态,整合资源、统筹发力,塑造核心吸引力,防止交通便捷了福建省客源反而被周边区域"虹吸"了。二是推动两大都市圈分工协作。建立两大都市圈旅游同城化发展机制,推动福州都市圈、厦漳泉都市圈组建旅游业共同体,促进都市圈内城市开展

---

① 汪德根:《高铁网络化时代旅游地理学研究新命题审视》,《地理研究》2016 年第 3 期。

全方位协同合作,明确发展功能定位,实现沿线城市互补、错位和联动发展,有效发挥旅游同城化的积极效应。三是探索组建闽浙粤三省高铁旅游联盟。由闽浙粤旅游主管部门联合研发高铁旅游产品、组织高铁旅游专列、打造精品旅游线路、推广三省联动旅游,打造"闽浙粤无障碍旅游圈",让游客在闽浙粤自在畅游、投诉无障碍、共享优惠政策,实现旅游互促、客源互送。

(二)织密交通网络,打通旅游连接线

建议主动适应高铁带来的旅客出行方式变化,完善面对散客的交通服务功能,把高铁开通带来的经济效益延伸扩散至城市全域和山区地市。一是构建全程无缝对接的高铁枢纽交通网络。提升高铁沿线站点综合交通枢纽功能,推动"零换乘"交通基础设施建设,实现与公交、地铁、出租车、公路客运站等其他交通方式的无缝接驳服务。加强站内站外、铁路沿线环境整治,有机融入闽文化、闽产品及地方特色元素,打造东南沿海最美高铁风景线。开辟从高铁站到重点景区的旅游专线,构建快速进入景区的通道,提高景区的通达性和便捷性。加强景区与景区之间的交通串联,尤其是跨市、跨县景区之间的衔接,提高景区的整体联动性。加强高铁节点城市与非节点城市的旅游交通合作,加快高铁站点与周边非节点城市接驳道路的规划与建设,便于客流扩散。二是创意开发"高铁+租车"全程顺畅出游的网红精品线路。加快旅游风景道建设、高速公路服务区休闲化改造,推出1号滨海风景道、环武夷山国家公园等特色自驾游线路,引导游客开车前往山区地市深度挖掘环境优美、文化独特的小城镇,通过抖音、小红书等新媒体平台大力传播,变"冷点"为"热点",形成网红打卡点。三是加密"说走就走"的高铁班次。加强与携程等旅游头部企业合作,提前研判周末、节假日高铁旅游市场需求,精准分析客票数据和客流动态,提前与南昌铁路局做好"可变编组"相关预案,探索打造"清新福建"度假旅游列车,以满足游客出行高峰的运力需求。

(三)完善产品体系,开发旅游新模式

通过整合全省旅游资源,加快推出省内深度游、城市漫步游等新产品,

满足各类人群"快旅闲游""快旅慢游"等消费需求，让游客多停留、住得好、玩得开心、游得舒心。一是打造以世界遗产地和5A级旅游景区为核心的产品集群。深度挖掘并提炼世界遗产地和5A级旅游景区的旅游价值，通过IP标识系统、主题产品、文创衍生等系统化塑造，培育个性鲜明、好玩有趣、传播力强的特色文旅IP品牌，建设国家级旅游度假区，延长游客逗留时间。二是打造以"红、绿、蓝"为主线的精品线路。依托"清新福建"品牌，大力宣传国内首条跨海高铁，融合"红（红色旅游）、绿（绿色休闲）、蓝（蓝色海丝）"资源，常态化推出周末及假日特色主题高铁旅游专列，开发生态旅游、康养旅游、滨海旅游、红色旅游、乡村旅游等产品，打造一程多站的高铁旅游精品路线。三是打造以金门游、马祖游为亮点的台湾风俗游。通过"厦金"航线、"两马"航线、"黄岐—马祖"航线，将金门、马祖纳入高铁精品游线路，吸引省外游客体验台湾文化与风俗，拉近两岸居民距离，探索两岸旅游融合新路。四是打造以身心沉浸为特色的城市漫步游。"city walk"城市漫步游作为一种以徒步探索城市的休闲方式，受到年轻人的追捧。要抢抓旅游新风口，抓紧开发城市漫步游产品，引导游客亲身融入高铁沿线城市，深度体验城市历史文化。通过设计个性化主题线路，强化互动体验，并借助社交媒体的大力传播，让城市"出圈"、把名片擦亮。五是打造会展旅游经济增长点。按照《关于打造福厦"1小时生活圈"的若干措施》① 要求，鼓励在高铁沿线站点及周边城市举办博览会、交易会、民俗节、特色市集等，结合地方特色旅游线路，进一步拓展高铁业态。

（四）提升服务质量，提高旅游美誉度

建议完善旅游市场服务质量评价体系，提升游客体验。一是提供一站式旅游服务。线下完善高铁站旅游集散服务中心功能，线上及时发布交通、天气、景区客流量等实时和预警信息，开发集信息咨询、景区预约、虚拟展

---

① 《福建省发展和改革委员会关于印发打造福厦"1小时生活圈"若干措施的通知》，福建省发展和改革委员会网站，2023年9月20日，http://fgw.fujian.gov.cn/zfxxgkzl/zfxxgkml/yzdgkdqtxx/202309/t20230920_6261252.htm。

示、智慧导览等于一体的旅游服务平台，打造特色文化和城市形象的展示窗口。二是提升个性化接待能力。改造景区基础设施，合理布局自驾车营地等旅游新业态配套设施。通过政策扶持和引导，科学规划与建设不同类型住宿设施，满足游客多样化需求。加强从业人员专项培训，提升个性化、人性化服务水平，抓紧培训粤语导游，满足粤港澳大湾区游客需求。三是为中老年群体提供优质服务。引导中老年群体错峰旅游，设计银发旅游专列产品，对车厢进行适老化、舒适化改造，并提供预约接送、专人引导、特色餐饮、医疗保障等关怀服务，让更多老年人享受高铁游、提升幸福感。

B.17
福建高端文旅装备发展现状和对策研究[*]

张建凤 黄杰龙 王千惠[**]

摘　要： 高端文旅装备作为文旅产业创新发展的重要支撑，在提升旅游业产品和服务品质方面被赋予重要使命。本文依托工业和信息化部等七部门联合印发的《关于推动未来产业创新发展的实施意见》对于高端文旅装备重点发展领域的有关说明，通过实地调研、专家访谈和资料查阅等途径，对福建省高端文旅装备的发展现状进行了系统分析。首先，从供给端和应用端介绍了福建省演艺与游乐先进装备、水陆空旅游高端装备、沉浸式体验设施、智慧旅游系统及检测监测平台等四类装备的发展概况。其次，通过资料梳理发现福建省高端文旅装备发展呈现文旅融合、数智融合、山海融合三大特点，但在供给端存在高端装备制造业基础薄弱，在应用端存在市场需求与应用场景有待拓展，在支持端存在政策引导与外部支持不够强等问题。进一步的发展趋势研判指出，"海丝起点"将成为文旅装备新锚点，房车经济将带动文旅装备新模式，"航"文旅将创造文旅装备新风口，"清新福建"将创造康养文旅装备新机遇，元宇宙将激发文旅装备新业态。未来，福建省还需从三个端口大力发展高端文旅装备，一是供给端应加强高端文旅装备建设，二是应用端要拓展市场需求与消费场景，三是支持端需加强政策引导与外部支持。

关键词： 高端文旅装备　未来产业　福建省

---

* 本文系 2024 年福建省文化和旅游研究重点咨询课题（编号：2024WLYJ03）、福建省教育厅教育科研项目（编号：JAS22078）阶段性研究成果。

** 张建凤，福建理工大学人文学院副教授、硕士生导师，主要研究方向为文化政策与文化传播；黄杰龙，博士，福建理工大学互联网经贸学院讲师、硕士生导师，主要研究方向为旅游经济；王千惠，福建理工大学人文学院 2023 级硕士研究生，主要研究方向为闽台文化传承与设计。

福建蓝皮书

一 福建省高端文旅装备发展总体态势

2024 年 1 月，工业和信息化部等七部门联合印发的《关于推动未来产业创新发展的实施意见》（以下简称《意见》）指出，大力发展未来产业，是引领科技进步、带动产业升级、培育新质生产力的战略选择。重点发展演艺与游乐先进装备、水陆空旅游高端装备、沉浸式体验设施、智慧旅游系统及检测监测平台等四类高端文旅装备（见表 1），以满足数字生活、数字文化、公共服务等新需求。《意见》为高端文旅装备的分类发展指明了方向。

表 1 高端文旅装备重点领域及主要案例

重点发展领域	主要产品或设备案例
演艺与游乐先进装备	舞台设备：可升降舞台、旋转舞台、飞行舞台 音响灯光设备：LED 灯光、智能音响、高清投影等 虚拟现实（VR）和增强现实（AR）设备：VR 头盔、AR 眼镜、全息投影技术、新型显示器
水陆空旅游高端装备	水域：豪华游艇、运动艇、观光艇、全潜式旅游观光船 陆域：自行式房车、拖挂式房车、山地和冰雪运动装备 空域：热气球、滑翔伞、动力三角翼、观光直升机
沉浸式体验设施	沉浸式博物馆设施：上海天文馆、新疆维吾尔自治区博物馆 沉浸式文旅体验空间：风起洛阳 VR 全感剧场、长安十二时辰、teamLab 无相艺术空间 沉浸式光影主题乐园：自贡方特恐龙王国、上海迪士尼度假区、《无界幻境》国际光影主题公园
智慧旅游系统及检测监测平台	智慧导览系统、智慧票务系统、智慧景区监测系统、智慧旅游安全系统、智慧旅游推荐系统、智慧全域旅游系统

资料来源：根据《关于推动未来产业创新发展的实施意见》等政策文件和文献整理。

近年来，福建省高端文旅装备蓬勃发展，各类别供给端和应用端均呈现强劲增长态势。

（一）演艺与游乐先进装备

福建省有艺术表演团队 671 个，艺术表演馆 75 个。[①] 2023 年，福建省营业性演出场次 8163 场，接待观众 603 万人次，演出收入 8.73 亿元，与 2019 年相比场次增长 4.7 倍。[②] 演艺与游乐先进装备在文化演艺中得到广泛应用，如福建大剧院、厦门白鹭洲音乐广场等采用先进舞台设备和音响设备，厦门方特梦幻王国有先进的过山车系统、4D/5D 影院、虚拟现实（VR）体验馆等，福建船政文化保护开发有限公司打造全国首座"折叠渐进式剧场"，《最忆船政》整场演出运用 300 多套独立机械设备，等等。

随着文化产业的快速发展和消费升级，福建演艺与游乐先进装备迎来了新的发展机遇。行业涵盖舞台演艺设备、游乐设施、灯光音响、特效装置等多个细分领域，为演艺活动、主题公园、游乐场等提供了高质量的装备支持。多家重点企业在技术研发、产品制造和市场开拓等方面取得了显著成绩。例如，吉艾普光影科技产业园项目总投资 6.27 亿元，将打造灯光设备研发中心，并建设 10 条照明灯具生产线，预计投产后可年产照明灯具 700 万件，将有力推动福建演艺装备产业的发展。

（二）水陆空旅游高端装备

1. 水域旅游高端装备

福建有马尾造船、厦船重工、东南造船等重点企业。全省共有 28 家游艇制造企业，分布于宁德、福州、泉州、厦门、漳州、南平等地，厦门瀚盛游艇有限公司、厦门唐荣游艇工业有限公司、厦门哈德森创意设计有限公司及漳州神舟造船工业有限公司等企业在国际市场享有盛誉，深受欧美客户喜爱。2023 年厦门登记游艇达 360 艘，活动游艇近 400 艘，游艇俱乐部 20 家。[③]

---

① 福建省统计局、国家统计局福建调查总队编《福建统计年鉴 2023》，中国统计出版社，2023。
② 蒋丰蔓：《"演艺经济"兴起，如何站稳风口？》，《福建日报》2024 年 5 月 28 日，第 8 版。
③ 高金环、吴佳：《厦门旅游复苏：游艇行业备受关注 甚至吸引 00 后和台胞加入》，厦门网，2023 年 4 月 20 日，https：//news.xmnn.cn/xmxw/202304/t20230420_74943.html。

2023 年厦门国际邮轮母港旅客吞吐量超 10 万人次，运营邮轮近 100 艘次，位居全国前列。2022 年，厦门启动邮轮生产基地建设。福建国航远洋运输（集团）股份有限公司和福建中运投资集团有限责任公司联合投资的上海蓝梦国际邮轮股份有限公司是国内知名的民营邮轮运营企业。

2. 陆域高端文旅装备

在房车生产领域，厦门金龙汽车集团、福建福旅房车有限公司、福建福迪车辆制造有限公司等公司凭借其产能和品牌影响力占据一席之地。在消费端，福建推动高端文旅装备发展主要有以下方式。一是打造自驾游线路。推出"最美海岸线之旅"等自驾游线路 50 条。截至 2023 年，建成高速公路服务区自驾游驿站 40 个。二是推动福建省旅游发展集团开发运营"畅游八闽"平台和小熊自驾数字平台，为自驾游客和市民提供旅游交通出行安排等多种实用工具和线上服务。三是积极组织培育自驾车旅居车营地。全省已建成自驾车旅居车营地 101 个，其中 4C 自驾车旅居车营地 1 个，3C 自驾车旅居车营地 3 个。[①]

3. 空域旅游高端装备

福建省从事空域旅游装备生产的企业有中航福建野马、三明福建通飞、厦门威翔航空等，生产固定翼飞机、直升机、无人机等多种航空器。根据《福建省通用航空业发展白皮书（2020 年度）》，截至 2021 年，福建省已拥有 3 家整机生产制造企业、1 家航空发动机制造企业、2 家零配件生产企业、8 家无人机研发生产制造企业，以及福建和翔福宁通用航空有限公司等 4 家通用航空运营企业。[②] 福建船政交通职业学院等 19 所本科和职业院校开设了航空相关专业。截至 2020 年，福建省有 6 个运输机场、5 个航空产业园、5 个航空飞行营地、3 个通用机场、856 个直升机野外临时起点。[③]

---

① 李金枝：《科技让福建文旅更有"智"量》，《中国旅游报》2024 年 7 月 18 日，第 1 版。
② 黄巧龙、蔡雪雄：《低空经济产业：发展现状、问题与政策建议》，《发展研究》2024 年第 5 期。
③ 《〈福建省通用航空业发展白皮书（2020 年度）〉正式发布》，网易，2021 年 5 月 11 日，https://www.163.com/dy/article/G9NCG93T0550304L.html。

　　根据《福建省低空旅游产业发展规划纲要（2021—2035年）》，福建省将打造一批具有强大带动能力的龙头企业和特色低空旅游项目。预计到2025年，福建省将拥有30~70家正常运营的低空旅游企业，其中包括2~3家龙头企业，低空旅游总收入预计将达到94亿元，全年将接待超过500万人次。① 漳州市初步形成低空经济布局。福州市加快推动"智慧低空"新型基础设施建设，培育"无人机+行业场景"产业生态，以促进低空旅游经济的进一步发展。

（三）沉浸式体验设施

　　福建省在智能视听穿戴设备研发、内容生产、技术服务、平台运营、教育培训等领域，已形成完整的产业链。目前，福建省沉浸式视听产业链的产值规模超过千亿元，用户规模达到1200万人，高清互动用户总数突破200万人。② 2023年沉浸式智能视听穿戴装备推出的新产品种类数量增长了30%。新产品从服务于传统的旅游车辆和旅游设施，扩展到智能化、个性化的户外装备和数字化导览系统。有多个元宇宙装备和产品进入市场，如网龙公司融合声、光、电技术，上线大型元宇宙CAVE空间，打造具有高度沉浸感和良好交互性的"网龙元宇宙"虚拟现实场景。来玩互娱、福链科技、熵链科技、百谷王科技等企业在区块链技术的研发和应用场景构建方面取得突破。2022年厦门市成立省内首个元宇宙产业联盟。2023年5月国内首场以元宇宙为主题的"厦门元宇宙产业博览会"成功举办，近百家企业参展，成为具有国际影响力的产业交流平台。

（四）智慧旅游系统及检测监测平台

　　目前，福建文旅大数据中心、数字文旅政务管理平台和综合服务平台

---

① 《福建省文化和旅游厅关于印发〈福建省低空旅游产业发展规划纲要（2021—2035年）〉的通知》，福建省文化和旅游厅网站，2021年3月9日，https：//wlt.fujian.gov.cn/zfxxgkzl/zfxxgkml/30qtyzdgkdzfxx/05cyfz/202103/t20210309_5546054.htm。
② 《福建省人民政府办公厅关于印发福建省促进人工智能产业发展十条措施的通知》，福建省人民政府网站，2023年9月19日，https：//www.fj.gov.cn/zwgk/zxwj/szfbgtwj/202309/t20230919_6261079.htm。

等，共同构成福建数字文旅高质量发展的"四梁八柱"。"畅游八闽"App
包含购门票、住酒店、行程定制等近 30 项服务，入驻文旅商户超过 1000
家，实现"一部手机，畅游八闽"，用户总量突破 140 万人，交易额累计突
破 3 亿元。近年来，福建制定《福建省公共文化场馆智能导览建设导则》，
修订颁布《智慧景区等级划分与评定》地方标准，积极开展数字文旅试点
项目培育，推动数字化技术在文化和旅游领域的广泛应用。2023 年，福建
省文化和旅游厅共评选出 12 个数字文旅应用示范场景、20 个智能导览建设
典型案例和 32 个智慧景区，涵盖图书馆、艺术馆、美术馆、博物馆、景区
等场景和灯光秀、沉浸式演出、线上文旅服务等应用。积极推进文化和旅游
部重点实验室、文化和旅游部技术创新中心、国家旅游科技示范园区、
"5G+智慧旅游"应用试点项目建设，为打通文旅科技成果转化"最后一公
里"提供了重要平台。

二 福建省高端文旅装备的突出特点和主要问题

（一）突出特点

1. 文旅融合催生创新力，推动高端文旅装备发展

2023 年，福建全域联动，以"海丝起点 清新福建"为总指导与主方
向，积极开展高端文旅装备品牌建设活动。以游艇制造为例，福建企业在建
造过程中融入了海洋丝绸之路的设计理念和历史航海文化，在保留古老航海
技艺的同时，采用先进的船舶建造技术和环保材料，使游艇不仅具备历史文
化底蕴，同时符合现代人的航海需求和环保标准。以数字技术为核心的沉浸
式旅游体验设备在设计、制造和运营过程中，积极融合以"海丝起点"为
核心的福建特色文化因素，让游客在旅游过程中更加深入地了解福建的文化
底蕴和历史故事。如通过引进和应用 AI、VR、AR 等先进技术，在福建马
尾船政景区、土楼景区、厦门鼓浪屿景区、武夷山景区等地为游客提供沉浸
式旅游体验，游客可身临其境地感受福建自然风光、历史文化的魅力。福建

还通过数字化展示、虚拟现实技术等创新手段，将历史文化场景复原并与游客互动，例如在文化主题公园或历史景区中，通过虚拟导游系统展示福建历史场景，让游客身临其境地体验福建历史文化。福建通过文化节庆、艺术表演等活动，将传统文化引入现代文旅设施和服务中，如在豪华邮轮上举办传统戏曲表演或民俗活动，组织全省文艺院团联动开展"欢乐常相逢"——新时代文艺惠民八闽万村行和"福见好戏"系列演出活动。

2. 数智融合激发新体验，促进高端文旅装备创新

5G、人工智能、大数据、虚拟现实、区块链、物联网、云计算、数字孪生等诸多数字技术的发展，为福建进一步扩大数字技术在文旅高端装备的应用范围提供了技术支持。截至 2023 年 6 月，福建省建成 5G 基站 8.9 万个，实现了所有乡镇镇区和 85% 以上行政村的 5G 信号覆盖。① 5G 信号的普及极大助力福建省各大景区，如武夷山、鼓浪屿等地数字化展示设备的广泛应用，高清晰度的显示屏、全息投影技术、多点触控展示屏等设备为游客提供了生动、丰富的展示内容，提升了游客的参观体验。同时，AI 技术有力推动了福建省元宇宙旅游迅速发展。在严复故居，游客能够在虚拟空间中了解严复的历史足迹、学术成果和精神内涵；在鼓浪屿，元宇宙比特空间中物理映射鼓浪屿 1.88 平方公里场景，将鼓浪屿的美丽风光、历史文化、民俗风情等元素融入虚拟世界，用户可通过 VR 眼镜观赏到皓月园、八卦楼、管风琴艺术中心等高清实时渲染的比特建筑景观。

3. 山海融合释放新动能，助推高端文旅装备拓展

福建省拥有独特的地理特征，包括占全省总面积 80% 以上的山地和丘陵，广阔的海域以及位居全国第二、长达 3752 公里的大陆海岸线，为高端文旅装备的发展提供了丰富的应用场景和得天独厚的条件。在山地方面，众多风景名胜区、森林公园和旅游度假区为森林康养设备、山地运动设备和低空飞行设备等提供了广阔的市场。在海洋方面，福建省拥有 6 个深水港湾和

---

① 《福建建成 5G 基站 8.9 万个　在全国率先实现海岸沿线 30 公里 5G 覆盖》，闽南网，2023 年 8 月 18 日，https://baijiahao.baidu.com/s? id=1774531925656433152&wfr=spider&for=pc。

125 个大小海湾，以及 2214 个海岛，为邮轮、游艇、海洋探险和海洋垂钓等高端文旅装备的发展创造了优越的环境。福建省成立滨海旅游联盟和森林风景道旅游联盟，建设沿武夷山国家森林风景道和 1 号滨海风景道，形成了山海联动的旅游风景道体系，有效整合了生态资源、文化习俗和精神特质，为福建文旅产业的高质量发展注入了新动能。

（二）主要问题

1. 供给端：高端装备制造业基础薄弱

福建省高端装备制造业基础薄弱，龙头企业数量有限，辐射带动能力不足。2023 年初，福建省仅有 23 家企业进入中国制造业 500 强，远低于浙江和山东。[①] 产业链条延伸不足，产品附加值低，特别是在高端和特种装备领域，如高端轨道交通装备等发展相对滞后。高端海洋工程装备、低空飞行器等本土供应能力不足。先进制造工艺水平不高，产品质量、稳定性和可靠性难以满足高端需求，限制了高端文旅装备的整体竞争力和市场表现。

2. 应用端：市场需求与应用场景有待拓展

福建省拥有丰富的旅游资源，但高端文旅装备市场需求与实际开发之间存在不匹配的情况。一些企业倾向于采用低价旅游套餐策略，在一定程度上限制了高端装备的广泛应用。高端文旅装备由于其高昂的价格和相对小众的市场需求，市场推广难度较大。消费者对这类高端装备的认知度不足，进一步影响了其推广效果。例如，中国低空经济规模在 2023 年已超过5000 亿元，预计 2030 年将达到 2 万亿元，[②] 但福建省在低空经济方面应用场景有限、产业链条较短、服务层次较浅，制约了其对文旅经济的支撑能力。

3. 支持端：政策引导与外部支持有待加强

福建省针对高端装备的专项政策引导和扶持体系不够完善。金融层面资

---

① 《2023 中国企业 500 强发布：国家电网、中国石油、中国石化位居前三》，新浪财经网站，2023 年 9 月 20 日，https：//finance.sina.com.cn/hy/hyjz/2023-09-20/doc-imzniyua2884687.shtml。

② 《低空经济前景广阔　万亿元市场如何"高飞"》，证券日报网，2024 年 3 月 1 日，http：//www.zqrb.cn/finance/hongguanjingji/2024-03-01/A1709246235537.html。

金需求大，融资渠道单一，金融产品同质化，缺乏个性化服务，导致企业融资难，尤其是在原材料成本上升、生产成本增加的背景下，偿债风险上升。长期资金需求与短期融资不匹配，股权融资能力弱，债务融资短期化。福建省需完善金融支持体系，以满足产业多元化资金需求，促进高端文旅装备发展。

三 福建省高端文旅装备发展的影响因素分析

（一）完备的工业基础和产业集群

相比中西部省份，福建省拥有较为完备的工业基础和产业集群。2022年，福建规模以上制造业企业 202691 家，研发机构 7215 家，R&D 人员 2183 人。其中先进装备制造业企业 2828 家，研发机构 421 家（见表 2）。2023 年全部工业增加值比上年增长 3.4%，规模以上工业增加值增长 3.3%，其中制造业增长 3.2%。全年规模以上工业的 38 个行业大类中有 23 个增加值实现正增长，其中高技术制造业增加值增长 0.6%。[1] 装备制造业增加值增长 3.9%。全年规模以上工业企业利润比上年增长 10.9%，营业收入利润率为 6.07%。2023 年，福建批复新建 9 家省级工程研究中心，省级以上工程研究中心（工程实验室）已达 136 家；推动 7 家企业新纳入国家级企业技术中心序列，数量位居全国前列。培育建设国家级企业技术中心 78 家。全省已初步形成梯次布局、高质量发展的区域创新平台体系。目前，福建省已有规上工业战略性新兴产业企业 3628 家，建成 4 个国家级、17 个省级战略性新兴产业集群，5 个国家级、34 个省级工业互联网平台和 301 个省级数字化转型标杆企业。[2]

---

[1] 《2023 年福建省国民经济和社会发展统计公报》，中国经济网，2024 年 3 月 18 日，http://district.ce.cn/newarea/roll/202403/18/t20240318_38938181.shtml。

[2] 蒋升阳、付文：《福建制造业跃上新台阶》，《人民日报》2023 年 12 月 9 日，第 2 版。

表 2　2022 年福建省先进装备制造业发展情况

单位：家，人

产业	企业数	研发机构	R&D 人员
规模以上制造业	20691	7215	2183
先进装备制造业	2828	421	87726
专用设备制造业	760	149	11361
铁路、船舶、航空航天和其他运输设备制造业	138	22	1990
电气机械和器材制造业	880	172	27353
计算机/通信和其他电子设备制造业	803	200	42687
仪器仪表制造业	247	50	4335

资料来源：《福建统计年鉴 2023》。

（二）优越的地理位置与文旅资源

福建省位于中国东南沿海，地处海峡西岸经济区，北接长三角，南连珠三角，是中国的重要出海口之一。沿海优势为高端文旅装备如游艇、邮轮、主题公园设备的进出口提供了极大便利，丰富的港口资源和完善的海运网络为大型设备的进出口提供了重要的物流保障。福建省与台湾省隔海相望，两地文化同源、经济互补，为海峡两岸文旅装备产业的合作与交流提供了便利。同时，福建省与东南亚等地区的经贸往来也日益频繁，为文旅装备产业的国际化发展提供了广阔的市场空间。

福建省丰富的自然资源和人文资源有利于文旅装备产业创新发展。其自然风光秀丽，山海景观独特，为文旅装备的研发与应用提供了丰富的场景。海滨旅游资源为水上游乐设备如游艇、邮轮的研发与应用提供了良好的市场基础；山地旅游资源则为山地旅游装备如缆车、索道的研发与应用提供了广阔的市场空间。丰富的历史文化遗产和民俗风情，为文旅装备的研发提供了丰富的文化内涵，如土楼、古民居等建筑文化为文旅装备提供了独特的素材，民间艺术和民俗文化则为文旅装备的设计提供了丰富的灵感来源。

（三）旺盛的市场需求和规范的营商环境

旅游产业的蓬勃发展催生了市场对旅游装备的旺盛需求。以福建省厦门市为例，2023 年全市接待国内外游客 10987.01 万人次，比上年增长 67.3%；旅游总收入 1567.31 亿元，增长 83.3%；全市共有旅游住宿单位 4596 家，其中，星级饭店 40 家（含五星级饭店 20 家）。[①] 强劲的需求和广阔的市场需要大规模、多样化的旅游装备，为旅游装备制造业提供了重要的发展机遇。

福建省相关法规为文旅装备的研发与应用提供了明确的法律依据和监管标准，营造了规范的营商环境。近几年，福建省围绕旅游安全、工业环境保护、市场监管、产品恶性价格竞争等陆续出台一系列法规文件，对文旅装备的安全性能、使用标准等方面进行明确规定，充分保障游客的生命财产安全。环保法规则旨在推动文旅装备的环保生产和可持续发展。通过加强市场监管、打击假冒伪劣产品等方式，维护文旅装备市场的公平竞争和健康发展，保护消费者的合法权益。

（四）不断丰富的市场新业态和新场景

得益于《关于支持新业态新模式健康发展　激活消费市场带动扩大就业的意见》等政策的有效推动，近年来，福建省文旅服务市场热度持续攀升，新业态涌现、新场景频出。从全省范围来看，"＋旅游"衍生了诸如"互联网＋旅游""科技＋旅游""数字＋旅游""工业＋旅游""商业＋旅游"等旅游新模式，而新的市场需求催生了元宇宙文旅、沉浸式体验、体育旅游、医疗养生、城市度假、郊野露营、冰雪运动、博物馆文创、非遗体验、考古旅游、影视演艺奇妙游、文旅夜经济等新业态。不断丰富的市场新业态和新场景不仅为高端文旅装备制造企业提供了广阔的发展空间，也为高端文旅装备服务新业态提供了新场景，促进了福建省高端文旅装备的快速发展。

---

① 《厦门市 2023 年国民经济和社会发展统计公报》，厦门市统计局网站，2024 年 3 月 20 日，http：//tjj.xm.gov.cn/tjzl/ndgb/202403/t20240320_2829912.htm。

四 福建省高端文旅装备发展趋势分析

（一）"海丝起点"将成为文旅装备新锚点

福建积极打造世界知名旅游目的地，全域积极推动提升"海丝起点
清新福建"品牌的国际影响力。2023 年，福建省接待入境游客 172.24 万人
次，实现旅游外汇收入 17.58 亿美元，同比分别增长 256.9% 和 460%。[①]
"海丝起点"既是"一带一路"倡议的重要节点，也是福建省旅游业融入世
界、走向国际的重要渠道。2023 年福建省举办多场"海丝起点　清新福建"
海外旅游推介会，着重推介福建邮轮旅游路线，重点塑造厦门国际邮轮母港
形象，利用邮轮旅游的航线优势助力福建深化"海丝起点"品牌形象，成
为福建省海洋文旅装备尤其是高端邮轮装备发展的新锚点。

（二）房车经济将带动文旅装备新模式

2023 年 10 月，商务部等 9 部门联合发布的《关于推动汽车后市场高质
量发展的指导意见》指出，支持自驾车旅居车等营地建设，加强政策支持，
促进房车旅游消费发展。2023 年，中国房车注册总量 19865 辆，同比增长
24.33%，销售总量 14365 辆，C 型房车以 9079 辆的销量最受市场欢迎，[②]
中国已成为继北美、欧盟、澳大利亚之后的世界第四大房车市场，房车产业
迎来前景广阔的黄金发展期。

2019 年 9 月，中共中央、国务院印发《交通强国建设纲要》，提出加速
新业态新模式发展，推动旅游专列、旅游风景道、旅游航道、自驾车房车营
地等发展，完善交通设施旅游服务功能。2019 年福建省文化和旅游厅出台

---

① 《福建：文旅全域联动打响"海丝起点 清新福建"品牌》，央广网，2024 年 4 月 12 日，
https：//www.cnr.cn/fj/jdt/20240412/t20240412_526661758.shtml。
② 《房车市场热度攀升》，"中工网"百家号，2024 年 4 月 24 日，https：//baijiahao.baidu.com/
s？id=1797184208335835183&wfr=spider&for=pc。

《福建省自驾车旅居车旅游营地发展总体规划》（2019~2030年），促进自驾车旅居车营地建设有序发展。自2023年以来，福建省以"交通+旅游"融合为策略，致力于完善自驾游产业链，优化房车发展环境。房车经济的快速发展为文旅装备产业注入了新活力，为产业转型升级和高质量发展提供了更多可能。

（三）"航"文旅将创造文旅装备新风口

2023年中国低空经济产值达5059.5亿元（见图1），旅游业与低空经济融合发展的劲头势不可挡。《福建省低空旅游产业发展规划纲要（2021—2035年）》指出，要在福州市马尾区、漳州市东山县、泉州市惠安县、龙岩市永定区、三明市沙县选址适当区域分别布局5处低空旅游特色小镇，打造低空旅游生产、生活、生态空间载体。漳州市率先发展"航空+文旅"模式并拟建设通航小镇项目，建设完善的航空和旅游设施，提供多样化的航空旅游产品，并衍生出青少年航空航天研学、培训基地等新业态。

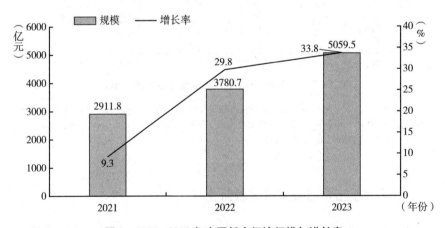

图1　2021~2023年中国低空经济规模与增长率

资料来源：《2024~2028年中国低空经济深度调研及投资前景预测报告》，中投网，2024年6月5日，https://www.ocn.com.cn/industry/202406/xkjdj05085356.shtml。

（四）"清新福建"将创造康养文旅装备新机遇

"清新福建"旅游品牌为福建康养装备的推陈出新创造机遇。根据第七次全国人口普查数据，我国60岁及以上人口占比达18.70%，老龄化带动康养旅游行业迅速发展。2023年全国康养旅游产值超过800亿元，2028年有望超过1200亿元（见图2）。福建以数字化推动养老服务工作，《福建省"十四五"老龄事业和养老服务体系发展规划》明确提出要进一步推广智慧健康养老应用。《2024年数字福建工作要点》将"推动养老服务智慧化应用"列为重点任务。康养装备作为文旅高端装备的关键组成部分，将推动福建省康养装备与旅游产业的深度融合与协同发展。

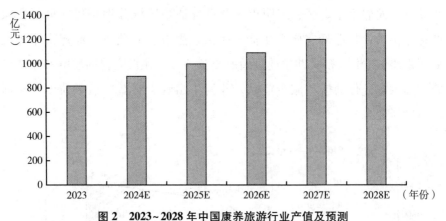

图2　2023~2028年中国康养旅游行业产值及预测

资料来源：《2023年中国康养旅游行业市场规模及发展趋势前景分析　预计2028年市场规模将达1250亿元左右》，前瞻产业研究院网站，2023年10月12日，https://bg.qianzhan.com/report/detail/300/231012-f3802757.html。

（五）元宇宙将激发文旅装备新业态

2023年中国元宇宙产业市场规模为909亿元，预计2027年产业规模将达到6010亿元（见图3）。2023年7月，《福建省新型基础设施建设三年行动计划（2023—2025年）》指出，到2025年要形成完备的信息、融合和创新基础设施体系，支持福州、厦门建设元宇宙先行区，推广新型终端、虚拟内容、元宇宙平台等技术应用。元宇宙入口、加速 XR 头显、裸眼 3D 等沉浸显示终端，基于手机、计算机、电视机等元宇宙应用终端，创新数字人、虚拟空间、全息实时通信、3D 实景地图等超高沉浸感元宇宙产品将形成景区发展新业态，为游客带来旅游沉浸式新体验。特别是触觉手套、电子触觉皮肤、腕带式 AR 传感器、一体式 VR 头显等元宇宙产品让人们能在虚拟世界中体验触觉交互，如抓取物体、感受纹理和重量，提供逼真的触觉反馈。

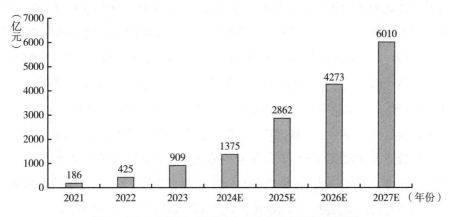

图 3　2021～2027 年中国元宇宙产业市场规模及预测

资料来源：丁刚毅主编《元宇宙蓝皮书：中国元宇宙发展报告（2022）》，社会科学文献出版社，2022。

五　高端文旅装备发展的建议和对策

（一）供给端：加强高端文旅装备建设

加大对高端文旅装备龙头企业的扶持力度，通过政策、资金和税收优惠激励技术创新和产业升级。推动产业链协同，形成完整链条，提升产品附加值。加大研发投入，突破技术瓶颈，填补产业空白。引进先进制造工艺，提高产品质量和稳定性。加强基础设施建设，提升产业承载能力。关注新兴领域如高端海洋文旅装备、康养装备、数字文旅和低空飞行器，培育新增长

点。完善安全性技术标准，确保行业规范化发展。引进国际先进技术和管理经验，提升本土企业制造水平。加强质量监管和品牌建设，增强市场竞争力和品牌影响力。

（二）应用端：拓展市场需求与消费场景

深入挖掘福建地理和文化特色，打造一系列高端文旅项目，以满足消费者对个性化和体验化服务的需求。通过结合海洋文化，开发海上豪华邮轮之旅，提供集餐饮、娱乐、观光于一体的服务，以及利用直升机和热气球等低空飞行器开展城市天际线观光和海岛环游，为游客提供鸟瞰福建美景的独特视角。结合福建省丰富的文化遗产，利用 VR 和 AR 技术开发文化深度游，重现历史场景，提供沉浸式文化体验。针对不同市场，如高端家庭和情侣，开发家庭度假村和浪漫主题旅游产品，配备高端设施，营造浪漫氛围。结合健康养生趋势，开发森林康养、温泉养生等项目，引入智能健康管理系统，提供个性化养生服务。通过推出数字人、AI 导游、立体投影等体验式服务场景，提高消费者的购买意愿，推动福建文旅产业向高端化、多元化发展。

（三）支持端：加强政策引导与外部支持

制定针对高端文旅装备的专项政策，明确发展目标、重点任务和保障措施。通过政策引导，鼓励企业加大研发投入力度，推动技术创新和产业升级。加大对高端文旅装备项目的支持力度，出台资金、税收、土地等方面的优惠政策。拓宽融资渠道，加强金融支持。通过设立专项基金、引导社会资本投入等方式，为高端文旅装备企业提供多元化的融资支持。推动金融机构创新金融产品，提供个性化的金融服务，满足企业不同阶段的资金需求。加强信用体系建设，降低企业融资成本和风险。针对高端文旅装备产业人才短缺的问题，加大人才培养和引进力度。通过高校、职业院校和培训机构等渠道，培养兼具技术和市场思维的人才。吸引国内外优秀人才来闽工作，为高端文旅装备产业提供智力支持。同时，加强人才激励机制建设，激发人才的创新活力。

B.18
扩大福建省旅游高水平开放研究[*]

曾艳芳 储德平 包战雄 姜倩[**]

摘　要： 扩大旅游高水平开放对福建省建设世界知名旅游目的地和推动文旅经济高质量发展具有重要作用。近年来福建省对入境旅游政策、旅游资源开发、旅游产品供给、国际旅游合作等多个方面加大支持力度，旅游对外开放取得了积极成效，但在文旅品牌国际传播力、入境旅游产品吸引力、旅游服务国际标准执行力、国际旅游营商环境、区域联动开放开发等方面还存在不足之处，建议通过扩大旅游开放领域、放宽入境旅游限制、优化入境旅游产品体系、加大国际推广力度、提升国际化旅游服务品质、优化国际旅游消费环境等措施，进一步扩大福建省旅游高水平开放。

关键词： 旅游　扩大开放　福建省

　　习近平总书记向 2023 年中国国际服务贸易交易会全球服务贸易峰会发表视频致辞时强调，要扩大电信、旅游、法律、职业考试等服务领域对外开放。[①] 随着我国全面取消制造业领域外资准入的限制措施，扩大现代服务业

---

* 本文系 2024 年福建省文化和旅游研究重点咨询课题（编号：2024WLYJ05）、福建省社会科学基金项目（编号：FJ2024B125）阶段性研究成果。

** 曾艳芳，博士，福建师范大学文化旅游与公共管理学院副教授，主要研究方向为旅游经济；储德平，博士，福建师范大学文化旅游与公共管理学院院务委员、副教授，主要研究方向为乡村旅游；包战雄，博士，福建师范大学文化旅游与公共管理学院副教授，主要研究方向为生态旅游；姜倩，福建师范大学文化旅游与公共管理学院副教授，主要研究方向为露营地和旅游标准化。

① 《习近平向 2023 年中国国际服务贸易交易会全球服务贸易峰会发表视频致辞》，新华网，2023 年 9 月 3 日，http://www.xinhuanet.com/mrdx/2023-09/03/c_1310739731.htm。

领域对外开放成为高质量发展的新动能。

近年来,福建省纵深推进改革开放,与"一带一路"共建国家和地区的经贸合作、人文交流更加紧密,对外开放水平进一步提升。福建省提出打造"常来常往、常来常想、常来常新"世界知名旅游目的地的目标,坚持高水平对外开放是关键一环。扩大旅游高水平开放不仅意味着吸引更多的国际游客来闽,更在于通过开放合作,引入先进的旅游管理理念、技术和服务标准,提升旅游产品和服务质量,增强福建省旅游产业的国际竞争力。进一步扩大旅游高水平对外开放,将有助于福建省更好地融入全球旅游市场,吸引国际投资,加强旅游服务贸易,促进旅游产业创新升级,提升旅游服务质量和游客满意度,实现旅游业的可持续发展。

一 福建省旅游对外开放发展现状

福建省委、省政府高度重视文旅经济,近年来先后出台了《福建省推进文旅经济高质量发展行动计划(2022—2025 年)》《新形势下促进文旅经济高质量发展激励措施》等文件,在入境旅游政策、旅游资源开发、旅游产品供给、国际旅游合作等多个方面加大支持力度,旅游对外开放取得了积极成效。

(一)入境旅游市场规模稳步扩大

福建省要想实现建设世界知名旅游目的地的目标,就离不开大规模的入境旅游市场。大力发展入境旅游,对带动行业整体水平提升、提振经济与消费、推进高水平对外开放都具有重要意义。福建省入境旅游市场规模总体上呈现增长的趋势。2023 年,福建省全年接待入境游客 172.24 万人次,比上年增长 256.9%。国际旅游外汇收入达 17.58 亿美元,增长 460.4%[①],前十大入

---

① 《2023 年福建省国民经济和社会发展统计公报》,福建省统计局网站,2024 年 3 月 14 日,https：//tjj.fujian.gov.cn/xxgk/tjgb/202403/t20240313_6413971.htm。

境客源国依次为美国、马来西亚、日本、韩国、印度尼西亚、菲律宾、澳大利亚、加拿大、印度、俄罗斯，合计入闽旅游人数为 46.95 万人次。2024 年上半年，全省接待入境游客 112.28 万人次，同比增长 66.8%；入境游客花费 18.73 亿美元，同比增长 133.6%。总体来看，随着入境限制的不断放宽及文旅国际营销宣传工作的持续开展，全省入境游市场加速复苏。

（二）签证和通关政策进一步完善

福建省积极响应国家关于完善签证和通关政策的号召，一方面，在主要口岸实施了一系列措施，提高签证办理效率，比如优化在线申请系统，缩短签证审批时间，以及提供更加人性化的服务，简化外籍人员签证申办流程，为国际游客提供更加顺畅和友好的入境体验。另一方面，不断提升入境便利度。比如，厦门享有"24 小时直接过境旅客免办边检手续、外国人 144 小时过境免签"的方便国际游客入境中转政策。对乘坐邮轮来华的外国旅游团（2 人及以上），只要是经由境内旅行社组织接待，便可以从福建厦门邮轮口岸免办签证整团入境，并允许停留不超过 15 天。这些政策极大地方便了过境游客，为福建省的旅游市场带来了新的增长点。

（三）国际旅游消费环境不断优化

为进一步优化支付服务，提升支付便利性，福建省人民政府办公厅印发《福建省进一步优化支付服务提升支付便利性实施方案》，在支付服务上，创新"福旅通"移动支付服务。推进重点场所建立受理银行卡、现金、移动支付等所需的软硬件设施。优化外币兑换机构和设施布局，推进在境外人员集中的机场、港口、旅游景区、酒店等重要场所增设外币兑换机构和自助设施，提升外币兑换服务水平。同时率先推出"清新福建"国际畅游卡，覆盖 106 个国家，通过实实在在的优惠举措引客入闽、留客消费。

（四）入境旅游产品体系日益丰富

福建省深入实施"11537"工程，以打造世界知名旅游目的地为目标，打响"海丝起点　清新福建"品牌，构建环武夷山、环大金湖、环福建土楼、环鼓浪屿、环泉州古城文旅集聚区，建设"蓝色海丝""绿色休闲""红色文化"旅游带，涵盖海丝休闲之旅、文化体验之旅、乡村寻福之旅、世界茶乡之旅、舌尖品福之旅、温泉养生之旅、民俗风情之旅等多元化的精品线路。此外，还积极探索培育跳伞、滑翔、游艇、海底探险等新兴旅游产品，以满足不同游客的需求。同时，加强科技赋能文旅经济高质量发展，注重提升游客的数字化旅游体验。出台《关于推动数字文旅高质量发展的实施方案》等文件，推进"福"文化、朱子文化、茶文化等特色文旅资源数字化，规划建设妈祖文化、闽南文化、客家文化等非遗数字化保护平台，打造数字文旅沉浸式消费体验空间，比如永定土楼引入"天涯明月刀"国风电竞，不仅推动了世界文化遗产、国家5A级旅游景区客家土楼民俗文化村的数字旅游提档升级，而且活化了客家文化，挖掘了土楼故事，显著增强了福建省对国际游客的吸引力。

（五）境外旅游营销推广不断加强

福建省在境外文旅宣传推广方面取得了显著成果。一方面，逐步拓展境外营销推广渠道。截至2023年底，福建省已经在日本、马来西亚、菲律宾、澳大利亚、英国、法国、新加坡、南非等国家建立了9个福建文化海外驿站和9个福建旅游海外合作推广中心，为福建省境外旅游推广提供了坚实的国际网络。此外，福建省还充分利用海外100多个友好城市的优势，借助这些友好城市的资源和影响力，加强与当地旅游市场的互动和合作。积极运用Facebook、Twitter、YouTube等国际社交媒体，持续开展福建文旅宣传，有效提升了福建省文旅品牌的国际知名度。

另一方面，不断丰富宣传推广内容。福建省依托"海丝起点　清新福建"这一独特的旅游品牌形象，举办了一系列内容丰富、形式多样的活动，拓展入境旅游市场。① 例如，福建省与澳门特别行政区政府文化局共同举办

---

① 李金枝：《海丝品牌打出去　清新福建客盈门》，《中国旅游报》2024年6月5日，第1版。

的"海丝起点　清新福建——非物质文化遗产展演",组织省内文艺院团及非物质文化遗产传承人赴美国、加纳、菲律宾、泰国、新加坡、马尔代夫等国家及港澳台地区进行展演,将福建省的文化艺术推广到全世界,让更多人了解和欣赏福建省的文化魅力,通过人文交流的方式,吸引了大量游客,有效带动了入境游市场的发展。

二　福建省旅游对外开放发展的短板与不足

福建省旅游开放发展取得一系列成果的同时,在文旅品牌国际传播力、入境旅游产品吸引力、旅游服务国际标准执行力、国际旅游营商环境以及区域联动开放开发等方面还存在以下短板与不足。

(一)文旅品牌国际传播力有待提升

尽管近年来福建省文旅品牌国际传播能力在不断提升,但与江苏、重庆、上海等省(市)的文旅品牌国际知名度相比还有一定的差距。福建文旅社交媒体账号的粉丝数、浏览量、点赞量等与这些省份均有较大的差距,福建文旅境外知晓率并不高。在宣传内容上,福建省大多展示自然风光、历史文化、传统节日、特色美食等传统元素,缺乏新颖形式讲好福建故事,展示的福建形象较为单一,在海外旅游宣传中更是缺乏针对不同国家和地区游客的定制化策略。在宣传手段上,缺乏与游客的互动,未能调动广大潜在游客的积极性,也未能让游客更加深入地了解福建省的旅游资源和服务。

(二)入境旅游产品吸引力不强

在产品形象上,当前福建省旅游产品的国际形象虽有所提升,但仍以传统的观光旅游产品为主,其互动性不强。商务旅游产品和度假旅游产品等大多仍在探索阶段,国际旅游品牌塑造还存在许多瓶颈,旅游有形象、缺品牌,旅游业核心竞争力不足,产品有"高原"无"高峰"。

在文化内涵上，当前福建省的入境旅游产品对文化内涵的挖掘不深，存在同质化现象，难以满足国际旅游市场的多元化需求。以福建省各地打造历史文旅街区为例，历史文旅街区本是集设施、产品、活动、服务、符号等于一体的新场景，本应该增强游客的文化获得感和审美体验，但不论是福州三坊七巷、上下杭，还是厦门中山路、鼓浪屿，或是泉州西街等，均存在地区特色缺失、文化氛围不浓厚的问题，各历史文旅街区同质化严重。虽有意保留、还原古香古色的街区环境，但对建筑风貌的修复考据不足，且借鉴模仿严重。由于对当地文脉和文化元素挖掘不够，商业模式单一，商业感远远强于文化氛围，不利于外国游客体验福建省特色文化。

在产品体验上，尽管福建省当前积极推进数字赋能入境旅游产品，但仍存在旅游产品的体验过程单一、服务质量参差不齐等问题。比如，在已经实现数字化的旅游产品和服务中，往往只停留在基础的数字化展示和查询功能上，缺乏 VR、AR、元宇宙等技术的开发和运用，无法为游客提供沉浸式旅游体验，降低了福建省对入境游客的吸引力。

（三）旅游服务国际标准执行力不足

在入境旅游便利度上，福建省实施外国人过境 144 小时免办签证政策，停留区域仅限厦门市。而国内入境便利度高的上海、北京、天津、广东等地，不仅入境免签口岸多，而且实现区域、口岸联动，方便国外游客出入境。比如，国际旅客若从上海入境，可以利用 144 小时免签政策，花 6 天时间游览上海、南京、杭州、苏州等地的名胜古迹然后离境，相比之下，福建省入境旅游便利度还有待进一步提升。

在国际语言环境建设上，当前福建省内城市重要景区及涉外场所多语言标识系统还不够完善，一些重点景区仅配备了汉英两种语言标识牌。涉外标识牌出现标识不规范、翻译错误或不到位、标准不统一等问题，容易给入境游客造成误导和困扰。福建旅游外文网站、海外社交媒体平台等缺乏入境旅游咨询服务专区及英语预约专区，文旅场所国际化水平有待提高。

在支付服务上，当前福建省针对境外游客，在旅游预订、移动支付、网络服务等方面采取相应的措施，但仍存在一定的不足之处，境外游客在旅游过程中仍存在预订困难、支付不便、网络不畅等问题。核心商圈、机场码头、地铁车站、重点景区等尚未实现外卡 POS 机全覆盖，受理移动支付、银行卡、现金等所需的软硬件设施有待完善。

在交通网络上，从福建省整体来看，虽然建设有福州长乐、厦门高崎、泉州晋江 3 座国际化机场，但其国际化公共服务设施有待完善，相关配套的国际化接待设施不够完善。直飞的航线以东南亚国家为主，与欧洲入境免签国家的直飞航线较少，对入境客源带动性不强，在一定程度上制约了福建省旅游对外开放的扩大。

在人才方面，熟悉国际旅游业运作规则的高级管理人才和企业领军型人才的短缺进一步制约了旅游业态和旅游产品的创新。高质量导游少，小语种导游更是紧缺。持证外语导游大部分是英语导游，法语、德语、俄语、阿拉伯语等其他语种导游人才紧缺。另外，旅游服务人员素质参差不齐，部分服务人员在服务态度和语言沟通上存在不足，服务规范性也有待提高，高素质文旅国际化人才短缺制约福建省旅游扩大开放进程。

（四）国际旅游营商环境有待优化

在外资企业准入方面，我国旅游业不设准入门槛。但是，外资企业准入后的经营资格、经营条件、业务许可、管理人要求等限制条件较多，服务业仍存在较多的"准入不准营"等制度性壁垒。[①] 比如按照《旅行社条例》虽然允许设立外资旅行社，但是不得经营出境旅游业务。除了上海、重庆两地试点允许符合条件的外商投资旅行社，从事除台湾地区以外的出境旅游业务，其他省份尚未允许已获"准入"的外资旅行社同时"准营"出境游业务。

在旅游企业竞争力上，福建省旅游企业虽然数量较多，具有活跃的民营

---

① 夏杰长、王曰影、李銮淏：《服务贸易高质量发展赋能共同富裕的作用机理与实施路径——以浙江省为例》，《全球化》2023 年第 4 期。

经济特点，但大多规模小、力量较为分散，且在当前发展新质生产力的背景下，旅游企业数字化转型程度较低，缺乏国际竞争力。福建省旅游服务贸易逆差长期存在，随着出境旅游的恢复和出境旅游目的地的增加，旅游服务贸易领域"进口比重远超出口比重"的现象并未改变，旅游服务贸易逆差有可能进一步扩大。

（五）区域联动开放开发力度不够

目前，福建省采取相关的政策及措施逐步实现与周边地区的旅游联动发展。例如，联合海丝城市共同打造区域品牌等。但与周边区域联动发展力度不够，限制了入境旅游市场开发和客源共享。在发展机制上，尽管福建省加入浙皖闽赣（衢黄南饶）"联盟花园"项目，积极打造跨省旅游协作的先行区，但与长三角地区通过签署一系列合作框架协议、成立"长三角旅游推广联盟"等建立完善的协同发展机制相比，福建省在闽台文旅融合、对接长三角地区、与珠三角地区文旅联动发展方面还处在起步阶段，相关的协同发展机制尚未成熟。在资源整合力度上，福建省与周边区域在资源整合方面还存在一定差距，如智慧交通系统不完善、慢行交通系统薄弱、旅游资源分散、跨区域旅游产品研发和推广较少、无障碍旅游效应不明显等，这些因素在一定程度上影响了区域联动发展的效果，不利于形成全方位、宽领域、多层次的旅游开放格局。

三 扩大福建省旅游高水平开放的对策与建议

福建省作为两岸融合发展示范区、"21世纪海上丝绸之路"核心区，区位优势明显，海外侨胞数量众多，要依托多区叠加政策优势，加快推出创新举措，通过采取扩大旅游开放领域、放宽入境旅游限制、优化入境旅游产品体系、加大国际推广力度、提升国际化旅游服务品质、营造开放包容发展环境、优化国际旅游消费环境等措施，进一步扩大福建省旅游高水平对外开放。

（一）扩大旅游开放领域，逐步放宽入境旅游限制

1. 进一步扩大旅游开放领域

福建省应积极争取国家政策支持，推动 144 小时过境免签覆盖更多城市，增加过境免签国家数量。争取优化签证政策，扩大过境免签政策范围，比如对主要入境客源国的青少年研学旅行团免签等。继续加强 144 小时过境免签政策的前端（客源地）宣传，加强与长三角地区、珠三角地区的协同，丰富过境免签产品以及加强便利化消费支持，提升过境旅客的体验。稳妥推进外籍（境外）人员来闽自驾游便利化和通关便利化，让更多入境旅游团队享受口岸落地签证便利。发挥中国（福建）自由贸易试验区、福州新区、平潭综合实验区相关政策优势，特别是平潭建设自由港和国际旅游岛、福州打造自贸区和国家级新区双覆盖城市的优势，开发特色旅游产品，推行国际通行的旅游服务标准，打造福建省引领旅游服务贸易对外开放的桥头堡。

2. 简化入境手续，提高入境服务便捷度

提高口岸签证办理效率，简化外籍人员签证等证件申办流程，提升签证服务和通关便利化水平。提升省内空港和海港口岸通关便利化、信息化、智慧化水平，可以在福州长乐国际机场、厦门高崎国际机场入境区域设立一站式服务点，提供一体化便利服务，缩短旅客通关时间。增加境外游客入境通关窗口，增设自助通关设施，确保旅行社团队游客快速通关。积极推进两岸融合发展示范区建设，进一步简化台胞入闽手续，便利台胞来闽探亲、旅游等。

（二）打响"清新福建"品牌，优化入境旅游产品体系

1. 构建福建国际旅游品牌矩阵

构建福建国际旅游品牌矩阵，以"清新福建"品牌为统领，满足国际游客需求，串联五大世界遗产、全球重要农业文化遗产等世界级旅游资源，打造环五个世界遗产地文旅集聚区，促进长征国家文化公园福建段、滨海风景道福建段、武夷山国家森林步道、戴云山森林步道等高质量建设，重点推

出以下国际旅游品牌：以武夷山、土楼等为代表的世界遗产旅游品牌；以泉州、福州海丝遗址为代表的海丝文化旅游品牌；以湄洲岛为代表的妈祖文化品牌；以武夷岩茶、福鼎白茶、铁观音、福州茉莉花茶、坦洋工夫茶、漳平水仙茶为代表的茶文化品牌；以厦门、福州为代表的休闲城市旅游品牌；以平潭为代表的国际旅游岛品牌；以国道 G228 线滨海风景道为代表的旅游风景道品牌；以闽菜为代表的美食旅游品牌。通过构建国际旅游品牌矩阵，打造世界知名旅游目的地。

2. 优化入境旅游产品体系

依托福建省特色文旅资源打造具有本土特色和国际元素的世界级旅游精品，建立丰富的国际化旅游产品体系。以武夷山世界自然与文化遗产地、福建泰宁世界地质公园为核心，开发自然山水观光、山水文化体验、山水休闲度假、自然生态康养等复合型山水旅游产品，打造世界级山水生态旅游产品；发挥滨海旅游资源优势，突出整合海岸线、岛屿、滨海资源，开发海滨海岛观光、滨海休闲度假、历史文化体验等特色旅游产品，打造世界级滨海度假旅游产品；打造泉州"宋元中国·海丝泉州"旅游品牌，综合泉州南音、蟳埔簪花围、木偶、珠绣等非物质文化遗产元素，开展"海丝"特色戏剧、影视、音乐、舞蹈等文化活动，开发"海丝"遗址考古、风情体验、文化演艺、节庆节事、美食购物等特色旅游产品；依托武夷岩茶（大红袍）制作技艺等 6 个国家级非遗代表性项目，开发茶文化体验、茶文创、茶工厂主题观光等特色旅游产品，打造闽茶文化旅游产品；以打造东南会展强省为目标，出台福建省推动会展业高质量发展配套政策，吸引国际著名会议、国际知名体育赛事来福建省举办，努力培育永久落户的国际性会议和国际赛事。提升厦门国际投资贸易洽谈会、世界航海装备大会等一批会展品牌的国际化水平，持续办好世界妈祖文化论坛、海峡论坛、海峡旅游博览会、海峡两岸文博会、丝绸之路国际电影节、中国金鸡百花电影节等重点活动，提供优质的会展服务，打造国际会展旅游产品。发展现代文旅融合新兴业态，创新打造沉浸式、互动式、全景式旅游场景，打造沉浸式数字文旅产品。开发"演唱会+旅游""民宿+旅游"等体验性强的入境旅游产品。

（三）加大国际推广力度，提升全球吸引力和影响力

1.创新营销方式，引客入闽

一是加强客源地精准营销，向国际游客推广福建。实施入境游客源地分类营销管理，按照"一国一策"的原则，深耕日本、韩国等东南亚重点市场，拓展欧美市场，开辟"一带一路"共建国家和地区、金砖国家、上海合作组织成员国等新兴市场，培育海湾地区和印度等潜在市场。针对不同的客源市场采取差异化定位①，比如针对欧美市场，突出多元文化、多彩非遗、滨海度假、秀美山川等特点，针对马来西亚、新加坡等东南亚市场，突出福建的侨乡特点。二是激励旅游市场主体"引客入闽"，鼓励旅行社组织境外游客入闽旅游，对亚洲以外国家和地区的远程市场采取特别激励措施。比如，可以对接待入境游客达到一定数量的旅行社给予现金奖励或适当减免税收；鼓励旅游经营主体邀请境外旅游运营商、批发商、旅游媒体、航空公司等来闽开展旅游产品线路踩线和采风，并给予适当奖励。采取多元手段讲好福建故事，让境外游客看得见、看得懂、喜欢看，推动福建省"出圈"，展示真实可亲的福建省。

2.区域联动推广，共享客源市场

加强与长三角地区、珠三角地区文旅经济对接，加强区域旅游合作。联合开展旅游推介活动，进行跨区域联合营销推广，吸引入境游客。创新空铁联乘交通模式，积极承接上海、广州等重点城市入境客流。充分发挥福建省作为台胞第一登陆家园的优势以及辐射东南亚市场等优势，与长三角地区、珠三角地区开展深度的客源共享、市场共管、线路延伸等合作与交流。充分整合福建省与周边省份各自丰富的山海资源，推出具有区域特色的成熟旅游产品和线路。促进优势旅游资源互补、产业协同创新、加强人才交流等，加快跨区域文化和旅游大交流、大合作。

3.推动旅游文化服务"走出去"

挖掘和利用福建省文化资源，积极参与商务部对外文化贸易"千帆出

---

① 陈晔、王璐琪：《中国入境旅游市场的恢复与营销创新》，《旅游学刊》2024年第4期。

海"行动计划,积极推广妈祖文化、客家文化、"海丝"文化、茶文化等,打造面向世界的文化IP,推动福建文化走向世界。通过开发土楼、簪花围、惠安女等福建文化IP的动漫和网络游戏类服务产品,提升原创能力和IP开发与运营能力,加快拓展国际游戏娱乐市场,并建立健全文化领域版权保护机制,提高版权创造、管理、运用和保护水平。

(四)完善基础设施建设,提升国际化旅游服务品质

1.完善旅游交通网络体系

一是推进福州、厦门、泉州等地加强国际口岸设施建设,增加国际航线与航班,加强与"一带一路"共建国家直航,促进与主要国际客源地双向直航。构建海陆空一体化的旅游交通网络,完善交通节点的公路、停车场和码头等基础设施,为入境游客提供安全、便捷、高效的交通设施,为福建省推进"一核一品五圈三带七沿"世界知名旅游目的地建设提供强有力的支撑。二是充分发挥福建全省形成高铁闭环格局和"市市通高铁"的优势,各地市要积极以高铁为媒,依托四通八达的高铁网络和强大的高铁载客能力,开发高铁沿线旅游产品,让来自世界各地的游客通过高铁近距离感受福建魅力。同时要推动主要旅游景区与国际机场、车站和码头的无缝衔接,推进"公共交通+定制出行+共享交通"多元化出行。

2.推进目的地基础设施国际化

首先,建立国际化旅游标识体系。要完善旅游咨询、信息中心、公共厕所、标识标牌、安全设施等公共服务设施与功能,完善城市多语言标识系统,为国际游客提供无障碍语言环境。加强对景区标识牌、道路标牌、菜名菜单、公共建筑等翻译的规范,出台公共场所外语标识规范指南,统一监管翻译质量,促使旅游景区、道路标牌等翻译与国际接轨,综合运用人工智能与大数据技术,打造多语种智能导览,为游客提供精准的"智慧向导"服务,提高国际旅游者使用便利度。其次,推进智慧景区标准引导,通过整合大数据,增强AR/VR等技术,普及在线购票预约、智慧导览、电子讲解、无接触服务等数字化服务,辅助境外游客开展旅游活动。

3.提升旅游服务国际化水平

首先，推进旅游服务标准化建设。建立以游客为中心的旅游服务质量评价体系，积极引入国际高端旅游质量认证体系，制定和实施与国际接轨的服务标准，培育一批优质服务企业，打造具有国际影响力和竞争力的旅游服务品牌。其次，提升入境国际游客支付便利度。可以在入境机场、星级酒店以及客流量较大的主要景区增加外币兑换点、外卡 POS 机等服务设施，遴选省内"食、住、行、游、购、娱、医"不同消费场景的重点场所及重点商户，推动其受理境外银行卡，提升境外游客的支付便捷性。

4.培养国际化文旅人才

优化人才培养体系，为推进福建省旅游扩大对外开放提供强劲的动力。打造政府引导、企业参与、高校支撑的入境旅游人才协同培育体系。充分利用福建师范大学、福建农林大学、华侨大学等省内高校平台，鼓励支持院校开展中外合作办学，培养熟悉国际旅游接待规则的文旅人才，为本地涉外旅游企业高质量发展会聚人才。有计划地选送行业、企业优秀人才赴境外培训深造，学习国际化经营理念。同时要培养多语种导游，加大多语种、复合型导游及相关人才储备力度，提高导游外语服务水平和对外交流能力。加大旅游业领军人才、新技术与新业态人才、旅游国际化人才的引进和培养力度，培养一批旅游主播、民宿管家与文化创意、旅游演艺、露营、体育旅游等新兴业态的职业经理人，为打造世界级旅游目的地培育高素质的文旅人才。

（五）加强旅游市场治理，优化国际旅游消费环境

1.营造开放包容的发展环境

营造市场化、法治化、国际化营商环境，提高制度型开放水平。进一步明确外资旅游服务企业准入后的经营资格、经营条件、业务许可等要求，打破"准入不准营"等制度壁垒，吸引外商投资，促进内外资服务企业公平竞争。围绕两岸融合发展示范区相关政策优势，紧盯闽商返乡契机，深入开展走访洽谈，以文化旅游促进闽台人员往来交流向更宽领域、更深层次拓展，旅行服务贸易投资更加便捷、顺畅，把福建省打造成推进海峡两岸文化

交流和融合发展的示范平台。

2. 提升旅游市场主体国际竞争力

首先，坚持"请进来"与"走出去"相结合，积极引入国际化市场主体，开展精准招商，引进国内外知名文旅头部企业落户福建省，有效开展国际产业交流合作，提高文旅企业国际竞争力。其次，提高本地文旅企业国际化运营水平。支持福建省旅游发展集团、厦门建发国旅集团、福州文化旅游投资集团、福建省客家土楼旅游发展公司、福建武夷旅游集团、泉州文旅集团等一批本地文旅企业做大做强做优，加强与国际知名文旅集团和管理服务企业的合作，导入先进理念、人才资源、客源渠道，提高文旅企业国际化运营和服务水平。最后，完善文旅项目投融资机制，用好各类文化旅游投资基金，推动文旅企业通过兼并重组等方式向规模化、连锁化、品牌化方向发展。支持符合条件的文旅企业上市融资，提高直接融资比重，提升旅游市场主体的国际竞争力。

3. 优化国际旅游消费环境

推动通信公司、金融机构提供外卡移动支付服务，落实离境退税措施，大力宣传离境退税政策和免税商业网点。支持福建省内符合条件的地区增设市内免税店、口岸免税店，便利国际游客消费。依托中国（福建）自由贸易试验区的优势，创新保税商品展示与跨境电商结合的新型零售模式，实现在福建"买全球"，吸引入境消费者。同时，鼓励免税店开辟一定比例的销售区域，专门用于销售国产商品，将全省乃至全国各地的名特优老字号和新国货品牌列入退税商品目录，让更多中国特色商品走向世界，以民族品牌吸引全球消费者。

2024年福建省入境旅游增长策略研究[*]

黄秀娟　林露森　张亚楠　陈贵松　赖启福　李洪达^{**}

摘　要： 本文利用联通大数据资源、入境游客问卷调查数据资源、网络文本大数据资源等对福建省入境旅游市场的发展现状、市场特征、入境游客满意度及其影响因素进行了描述性统计与分析，定量测算福建省主要客源国未来 10 年的发展潜力，剖析福建省入境旅游市场发展存在的问题。在借鉴我国重要省份入境旅游市场发展政策的基础上，从 7 个方面提出福建省入境旅游市场增长策略。

关键词： 旅游产业　入境旅游　增长策略　福建省

《2022 年福建省政府工作报告》提出着力推进包括文旅经济在内的四大经济板块，提出"11537"旅游发展战略，旨在将福建省打造成世界知名旅游目的地。福建省自然和文化旅游资源十分丰富，为打造世界级知名旅游目的地奠定了坚实的基础。近年来，福建省文化事业取得良好成绩，成功举办第 44届世界遗产大会，"泉州：宋元中国的世界海洋商贸中心"列入《世界遗产名录》，新增国家级非遗代表性项目 15 个。入境旅游发展对提升福建省知名度、

* 本文系 2024 年福建省文化和旅游研究重点咨询课题（编号：2024WLYJ06）阶段性研究成果。
** 黄秀娟，博士，福建农林大学经济与管理学院教授，主要研究方向为旅游经济、乡村旅游；林露森，福建农林大学经济与管理学院旅游管理专业 2022 级硕士研究生，主要研究方向为旅游管理；张亚楠，福建农林大学经济与管理学院旅游管理专业 2023 级硕士研究生，主要研究方向为旅游管理；陈贵松，博士，福建农林大学经济与管理学院副教授，主要研究方向为旅游经济、乡村旅游；赖启福，博士，福建农林大学经济与管理学院教授，主要研究方向为旅游经济、乡村旅游；李洪达，中国联通数字科技有限公司项目经理，主要研究方向为数据挖掘。

提高旅游竞争力意义重大，是打造世界级知名旅游目的地的重要一环。近期，中国政府不断加大对出入境旅游的支持力度，推出一系列便利化措施，如延长外国游客的签证停留时间、优化签证服务、144 小时过境免签等，中国入境旅游市场迎来重要的发展机遇。我国一些省市先后出台了一系列政策措施促进入境旅游发展。福建省也要加快推出相关政策措施，抢占市场先机，推动入境旅游快速发展，早日实现打造世界级知名旅游目的地的目标。

一 福建省入境旅游发展现状分析

（一）福建省入境游客来源分析

2023 年福建省入境游客量为 402.79 万人次，同比增长 104%，入境旅游市场显著复苏；其中，中国香港入境游客占比最大，为 68.72%，且 2022~2023 年入境游客占比均在 60% 以上，为福建省入境旅游主要客源地；除了中国的港澳台地区外，英国、菲律宾、马来西亚等传统旅游客源国也占据了一定的市场份额；印度尼西亚的排名从 2022 年的未上榜提升至 2023 年的第 7 位（见表 1）。印度尼西亚、英国等的排名提升展示出这些国家游客对福建省的兴趣正日益浓厚。

表 1　2023 年福建省入境游客主要来源国家（地区）情况

单位：%

主要来源国家（地区）	入境游客占比	入境游客量排名	2022 年入境游客量排名
中国香港	68.72	1	1
英国	5.37	2↑	5
菲律宾	4.72	3↓	2
中国台湾	4.04	4↓	3
马来西亚	3.15	5↓	4
美国	2.25	6	6
印度尼西亚	1.34	7↑	—

续表

主要来源国家(地区)	入境游客占比	入境游客量排名	2022年入境游客量排名
泰国	1.11	8↓	7
澳大利亚	1.06	9↓	8
中国澳门	0.85	10	10

资料来源：文化和旅游部技术创新应用中心。

（二）福建省入境游客停留分析

1. 福建省入境游客到访地市

由图1可知，2023年泉州市以126.25万人次的入境客流稳居省内首位，福州市与厦门市位列第二与第三，游客量分别为105.60万人次与78.68万人次；三个地市的入境游客总量连续两年占据全省入境游客量的七成以上。增速方面，除漳州、龙岩、南平三个地市外，其他地市入境客流增速均超100%。宁德市是福建省内入境游客量增长最快的地市，增幅达到147.42%，具有巨大的发展潜力。

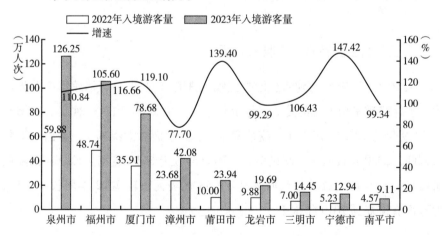

图1　2022~2023年福建省各地市入境游客量及增速

资料来源：文化和旅游部技术创新应用中心。

福建蓝皮书

2. 福建省入境游客停留时长

2022～2023年福建省入境游客的停留时长占比较为稳定（见图2）。停留时长在3天及以内的游客占比均在六成左右，未见明显波动，"短、频、快"已成为入境游客的主流选择，这表明多数入境游客倾向于选择轻松快捷的旅行方式；5天以上停留时长占比略有上升，反映出福建省旅游吸引力在增强。

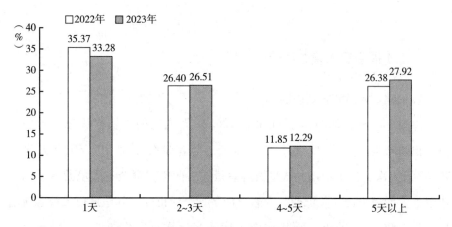

图2　2022～2023年福建省入境游客停留时长占比

资料来源：文化和旅游部技术创新应用中心。

（三）福建省旅游外汇收入分析

从2000～2019年福建省旅游外汇收入来看（见图3），福建省旅游外汇收入整体呈现平稳上升的趋势，旅游外汇收入由2000年的8.94亿美元增长至2019年的102.43亿美元。疫情发生后，入境游客大幅减少，旅游外汇收入剧降，2020年仅有20.69亿美元，2022年仅有3.14美元。2023年国际旅游市场开始复苏，旅游外汇收入达17.58亿美元，较2022年增长4.6倍，但远没有恢复到2019年水平。

（四）福建省各地市旅游外汇收入分析

对比2020～2022年福建省各地市旅游外汇收入情况（见图4），旅游外

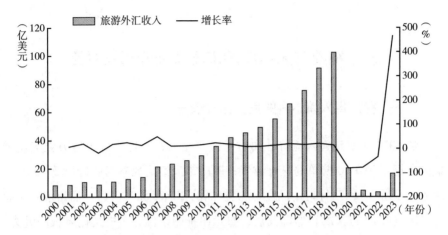

图3　2000～2023年福建省旅游外汇收入及增长率

资料来源：2000～2022年数据来自《福建统计年鉴2023》，2023年数据来自《2023年福建省国民经济和社会发展统计公报》。

汇收入最多的城市是厦门，2020～2022年旅游外汇收入总和达到13.64亿美元；福州市与泉州市位列第二与第三；宁德市的旅游外汇收入最少，仅有0.45亿美元。福建省各地市入境旅游发展水平极不均衡，旅游外汇收入集中在厦门市与福州市，两个城市的旅游外汇收入合计占全省的比例高达72.59%。

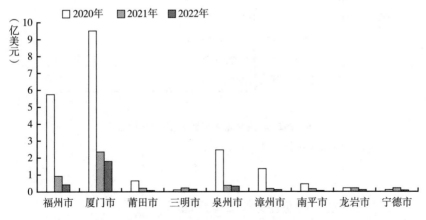

图4　2020～2022年福建省各地市旅游外汇收入

资料来源：《福建统计年鉴2023》。

二 福建省入境旅游市场特征分析及对比

（一）福建省入境游客的景区偏好情况

从 2023 年福建省入境游客到访景区情况来看，自然风光与历史文化类景区占据了 TOP10 榜单的显著位置；厦门市鼓浪屿风景名胜区以 5.63 万人次的入境游客量高居榜首，显示出其极高的知名度和吸引力；福州市三坊七巷景区（4.12 万人次）紧随其后，显示出福州市作为历史文化名城的魅力；南平市武夷山风景名胜区和厦门园林植物园分别以 3.98 万人次和 2.87 万人次位列第三和第四，同样表现出较强的吸引力（见图 5）。福建省入境旅游市场呈现多元化发展趋势，各地市和各景区均有自己的特色和优势。

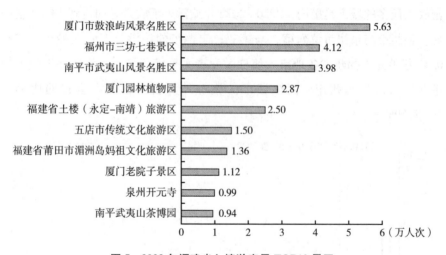

图 5 2023 年福建省入境游客量 TOP10 景区

资料来源：文化和旅游部技术创新应用中心。

（二）福建省入境游客的季节偏好情况

对比 2022~2023 年各月入境客流，入境游客数量的季节性变化较为显著。入境高峰集中在两个时段：11~12月（冬季）和3~5月（春季）。冬季，相较于我国其他省份，福建省气候较温暖，叠加圣诞节、元旦等节假日影响，福建省成为入境游客冬季的热门选择。春季，气候逐渐转暖，福建省气候宜人，加之中国传统节日如清明节、劳动节等的影响，福建省成为入境游客的热门选择。

（三）福建省与其他省份入境旅游市场的关联度

对2023年入境游客到访省份进行分析发现，到访福建省及其他省份（TOP20）的数据关联情况如图6所示。广东省与福建省接壤，使得两省在旅游资源上具有天然的互补性，福建省的鼓浪屿、武夷山等著名景点吸引游客前来观光游览，而广东省的广州塔、深圳湾等现代都市风光为他们提供了截然不同的旅游体验。这种互补性促进了游客在两省之间的流动，也进一步加深了两省旅游业的合作与交流；此外，福建省与浙江省之间的游客流动也极为活跃。福建省与浙江省地理接壤，交通便利，经济交往密切，这些因素共同推动游客在两省之间流动。

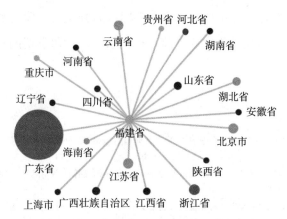

图6　2023年入境游客到访福建及其他省份（TOP20）

资料来源：文化和旅游部技术创新应用中心。

三 游客入境福建省旅游满意度
与影响因素调查分析

（一）入境游客满意度影响因素问卷调查与分析

在文献研究①的基础上，采用问卷调查法，对福建省入境旅游游客满意度和影响因素进行调查。满意度指标涵盖入境便利性②、旅游吸引物、旅游设施与服务③、旅游信息宣传④、公共设施与服务⑤5个维度，共32个题项，采用李克特五级量表打分法，1~5分别代表非常不满意、不满意、一般、满意和非常满意。影响因素涉及签证政策、旅游费用、交通便利程度等。另外设置开放性问题，包括对福建省入境旅游的意见、在福建省旅游过程中遇到的问题或挑战等。

1.入境游客旅游行为特征分析

如表2所示，在被调查人群中，45.10%的入境游客只来过福建省1次，4次及以上入境游客的占比为43.14%。入境游客来福建省开展旅游活动的主要目的包括探亲访友、文化/体育/科技交流、观光游览、休闲度假等，但大部分调查对象主要是前往福建求学，在留学期间参与当地的旅游活动。

---

① 郑春霞：《基于游客感知的文化旅游产品体验质量提升——以闽南功夫茶文化旅游为例》，《河南大学学报》（自然科学版）2014年第6期。

② 谢朝武、章坤、陈岩英：《中国入境旅游恢复发展的支撑体系与行动方向》，《旅游学刊》2024年第4期。

③ 闫慧洁、张艳波：《桂林入境游客旅游形象感知与时空特征分析》，《现代计算机》2023年第7期；李艳花、马耀峰：《基于主客群体调查的城市旅游供给评价研究——以西安入境旅游为例》，《资源开发与市场》2016年第10期。

④ 孙梦阳、季少军、刘志华：《我国入境旅游内生增长机制及路径研究》，《资源开发与市场》2019年第1期。

⑤ 李慧、鲍富元、艾吉克：《基于俄罗斯游客目的地竞争力感知的海南入境旅游提升策略》，《统计与管理》2020年第7期。

表2　入境游客旅游行为特征

单位：%

旅游行为	选项	占比
出游次数	1次	45.10
	2~3次	11.76
	4次及以上	43.14
出游目的	观光游览	15.69
	休闲度假	13.73
	探亲访友	21.57
	商务	1.96
	会议	3.92
	文化/体育/科技交流	21.57
	购物	5.88
	医疗保健	1.96
	其他（求学）	56.86

注：出游目的为多选项。

2. 入境游客满意度分析

（1）入境便利性

入境游客对福建省交通网络的覆盖范围、线路规划和公共交通系统表现出较高的满意度，满意度评价均在4分以上。在旅游服务与信息获取、语言与文化方面，众多游客认为仍需完善。对于外国游客而言，获取有效的旅游信息和享受优质的旅游服务仍然较为困难，具体表现在语言沟通障碍上，如旅游咨询时无法进行顺畅沟通，旅游信息展示缺少对应语言的提示说明等。

（2）旅游吸引物

游客对福建省的旅游吸引物表现出较浓厚的兴趣，给予了较高评价。游客对自然景观和人文景观的满意度不相上下，同时能够积极参与各项旅游活动。

（3）旅游设施与服务

游客对旅游设施总体较为满意，对福建省景区的门票、管理能力等方面评价较好，但普遍认为住宿价格较高，可能与多数调查对象为学生有关。

（4）旅游信息宣传

游客对旅游信息宣传各方面较为满意，福建省旅游宣传的内容基本能够涵盖旅游目的地的历史文化、自然景观、特色美食、交通指南、住宿推荐等各个方面，信息能够及时更新并通过官方网站、社交媒体、旅游指南等多种渠道进行宣传。

（5）公共设施与服务

入境游客对福建省的治安状况、应急处置系统满意度较高，但对公共卫生和旅游咨询方面的满意度评价较低。公共卫生方面主要是公共卫生间布局、垃圾桶设置、垃圾清扫等方面存在不足，旅游咨询方面主要是语言沟通交流方面的服务与帮助欠缺。

（二）基于文本分析的入境游客对福建省旅游感知

本节运用八爪鱼数据采集器收集猫途鹰网（Tripadvisor）的入境游客评论文本，利用 ROST CM6 工具对抓取到的文本数据进行处理，分析福建省入境游客的旅游感知情况。猫途鹰网站作为全球领先的旅游平台，覆盖全球49个市场和28种语言的旅游者，收集了全球旅行者的点评和建议，其收录的游客评论具有原创性与真实性。根据已有的相关研究成果，将游客的感知分为认知形象感知、情感形象感知和总体形象感知。[①]

1. 认知形象感知

游客印象深刻的旅游吸引物主要有鼓浪屿、武夷山、九曲溪、开元寺、南普陀寺、福建土楼、厦门大学、钢琴博物馆等旅游景点和特色建筑，以及土笋冻、花生汤、鱼丸、面条、牛轧糖等福建特色美食。旅游设施与服务主要有餐馆、渡轮、纪念品商店等。入境游客对福建的住宿、旅游活动、会展、民俗活动等印象不是很深刻。

2. 情感形象感知

采用微词云的情感分析得出积极情绪占比为 50.88%，消极情绪占比为 24.30%，中性情绪占比为 24.82%。游客积极情感关键词主要有"美丽"

---

① Seyhmus Baloglu and Ken W. McCleary, "A Model of Destination Image Formation," *Annals of Tourism Research*, 1999, 26 (4)；吴晋峰：《旅游目的地形象"拼图"及测评方法》，《陕西师范大学学报》（自然科学版）2014 年第 6 期。

"欣赏""喜欢""景色""有趣"等，消极情感关键词主要有"拥挤""混乱""麻烦"等。

3.总体形象感知

在分析认知形象感知和情感形象感知的基础上，得到体现总体形象感知的社会语义网络（见图7）。[①] 入境游客对福建省旅游的总体形象感知以"厦门"和"建筑"为主要核心向外扩散。景点内的观光、购物与饮食是入境游客在福建省旅游过程中的重点环节，美丽、有趣、漂亮、古老等是入境游客在福建省游览过程中的感受。

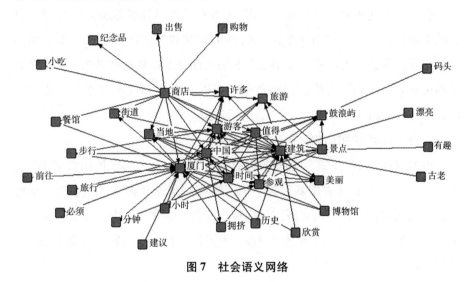

图7　社会语义网络

四　福建省入境旅游市场增长潜力分析

（一）研究方法

建立 ADLM 模型，选取 2013～2022 年对福建省入境旅游市场贡献最大

的 10 个国家——澳大利亚、德国、法国、菲律宾、加拿大、马来西亚、美国、日本、印度尼西亚和英国的数据作为样本。通过模型拟合，对福建省主要入境客源市场的发展潜力进行定量预测。①

（二）主要结论

1. 入境旅游市场的主要影响因素

通过模型估计得出，各国的旅游人次受到前一期旅游人次和前两期旅游人次的正向影响。表明旅游具有一定的持续性，即前期的旅游人次对后期旅游人次有显著的正向作用。实际 GDP 指数对各个国家的旅游人次也产生显著的正向影响。这表明当这些国家的经济状况越好、居民的收入水平越高时，旅游需求就越大。旅游价格水平和前两期旅游价格水平对旅游人次有显著的负向影响。表明当旅游价格水平较高时，游客到福建省旅游的成本增加，旅游人次减少。

2. 各个入境客源国的旅游需求收入弹性

根据测算，不同客源市场对福建省的旅游需求收入弹性值均大于 1（见表 3）。这说明到福建省旅游对各个国家游客而言是奢侈品。福建省入境旅游需求收入弹性值在不同客源市场中存在差异，其中加拿大、澳大利亚和马来西亚市场对收入变化的敏感度较高，而英国、日本市场对收入变化的敏感度相对较低。

表 3　各个入境客源国对福建省的旅游需求收入弹性值

国家	澳大利亚	美国	英国	德国	法国	菲律宾	加拿大	马来西亚	印度尼西亚	日本
旅游需求收入弹性值	3.74	2.52	1.91	2.19	2.20	2.64	3.81	3.05	2.27	1.53

---

① 王瑞婷、宋瑞、周功梅：《21 世纪以来国内外旅游需求研究述评与展望》，《社会科学家》2023 年第 3 期；罗建基、唐代剑、彭磊义：《基于 ADLM 模型的海南大中华旅游市场需求分析》，《绍兴文理学院学报（自然科学）》2018 年第 9 期；顾敏艳、陶佳琦：《上海市入境旅游市场影响因素分析与预测——以德国、法国、英国、美国与泰国客源国为例》，《旅游研究》2020 年第 3 期。

3.需求预测

根据所得出的模型对 10 个主要客源国 2023~2032 年入境福建省的游客人次数进行预测。发现各个客源国入闽旅游人次在 2023~2032 年呈现显著的增长趋势。这一趋势反映了福建省旅游市场的巨大增长潜力,特别是在日本,其增长速度尤为显著(见图 8)。

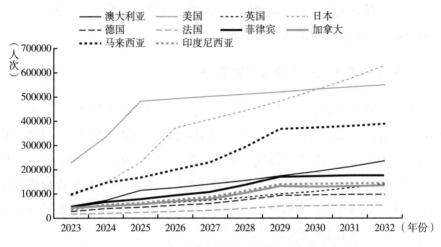

图 8 2023~2032 年主要客源国入境福建省的游客人次数

五　福建省入境旅游发展存在的主要问题

(一)入境旅游市场开发不足

首先,针对友好城市旅游市场的开发不足。福建省各地市拥有 100 多个友好城市,这些友好城市与福建省各地市的互动不足,没有体现出对入境旅游的显著贡献。其次,对海外闽籍华人华侨市场的开发不足。针对这一群体的旅游产品开发、服务提供和宣传推广方面,福建省还有很大的提升空间。最后,针对"一带一路"共建国家的旅游市场开发存在短板。福建省未能充分利用其地理优势、资源优势,没有发挥泉州作为"海丝"起点的作用。

（二）旅游产品对国际旅游市场的吸引力不足

近年来，福建省入境旅游产品在设计、内容和体验上虽有所改善，但整体上缺乏创新，较多旅游产品仍停留在传统的观光游、文化游等层面，缺乏新颖性和吸引力。同时，在改造和升级旅游产品时，往往只是进行简单的包装和改造，缺乏实质性的创新和提升。此外，旅游产品更新慢，热门景区和线路产品较少针对入境游客进行更新。

（三）智慧旅游存在较大的发展空间

第一，智慧旅游信息共享程度较低。目前，福建省内旅游信息资源整合程度较低，旅游部门、企业及景区之间的信息孤岛现象较为严重。游客在及时获取旅游信息、规划旅游路线、预订旅游产品等方面存在困难。第二，智慧旅游创新能力不足。福建省的智慧旅游发展主要依赖政府投资和政策推动，企业主体作用发挥不够充分。旅游科技创新能力极为欠缺，缺乏具有核心竞争力的智慧旅游产品。

六　福建省入境旅游增长策略

（一）对关键旅游市场进行重点开发

一是针对友好城市旅游市场的开发。福建省与世界各国建立了100多个省级、地市级和县级友好城市。福建省与这些友好城市在政治、经济等方面联系较为紧密，市场开发成本较低。应通过加强与友好城市的政治、经济和文化互动以及互设"旅游推广中心"等措施，优先开发友好城市的旅游市场。

二是针对闽籍华人华侨旅游市场的开发。闽籍华人华侨大约有1600万人，占我国华人华侨总数的26%，高度集中在东南亚地区。他们希望了解中国、热切寻求事业发展的机会，这为福建省旅游业发展提供了新机遇。要深入了解和挖掘海外华人华侨的文化需求，设计专属的旅游线路和旅游产品，提供专属旅游服务，开展有针对性的旅游宣传活动。同时制定出台优惠措施，吸引华人华侨到闽探亲旅游。

三是"一带一路"共建国家的旅游市场开发。充分利用海丝起点这一独特优势，加大对"一带一路"共建国家旅游市场的开发力度。将福建省"海丝"起点打造为"一带一路"共建国家旅游市场的核心吸引物，将泉州打造成"海丝"国际会议中心；推进闽企在"一带一路"共建国家投资；在"一带一路"共建国家举办会展活动、促进双方经贸和人文合作。

四是较大潜力的旅游市场开发。印度尼西亚、英国等市场表现出对福建省的极大兴趣，具有较大的增长潜力。福建省应强化在这些国家旅游市场上的形象宣传，开发有针对性的旅游产品。在这些国家增设专门的服务中心，实现点对点的一站式服务，提升对这些旅游市场的服务供给能力。

（二）培育世界级旅游品牌

以红色古田、厦门鼓浪屿、福州三坊七巷、武夷山国家公园、泉州"海丝"文化、福建土楼、莆田妈祖文化等福建省世界级旅游资源为基础，打造世界级旅游吸引物，培育形成世界级旅游品牌。

1. 挖掘旅游资源价值

从景观欣赏、休闲度假、文化传承、科研等方面对福建省世界级旅游资源的价值进行全面挖掘和评估，明确旅游资源的保护和价值实现方式、机制与路径。将福建省的世界遗产打造成对国际游客具有高度吸引力的世界级旅游吸引物，形成红色古田、"海丝"起点、船政学堂、武夷绿都、清新福建、有福之地等世界级旅游品牌。

2. 完善旅游基础设施

依托高铁、高速公路、机场等构建福建省世界级旅游设施体系。加快高铁网络的扩展与连接，确保高铁网络覆盖福建省主要旅游城市和 AAA 级及以上景区，与周边省份高铁做到有效衔接，推广"高铁快速游"；加强高速

公路与 AAA 级及以上旅游景区的连接，在连接处服务区增设旅游咨询、餐饮、住宿等一站式服务；积极引进国内外航空公司，增加国际航线的数量；加强机场与高铁线路、高速公路、AAA 级及以上景区交通的无缝衔接、协调和互补。

3. 提升旅游服务质量

首先，利用线上和线下双重渠道为涉外旅行社、3 星级及以上酒店、高档民宿、AAA 级及以上景区的旅游从业人员、涉外专兼职导游等免费提供定期专业培训，确保具备为入境游客提供优质服务的能力；其次，与国际知名旅游培训机构合作，引入先进的培训理念和方法，加强各地经验共享交流，提升旅游从业人员的国际化服务水平；再次，根据游客的兴趣爱好、资金预算和游玩时间等，为入境游客提供定制化的旅游服务和旅游行程，提高游客满意度；最后，搭建旅游信息服务平台，为入境游客提供一站式旅游服务。

4. 打造国际旅游精品

利用福建省高质量的交通、住宿、餐饮、娱乐、购物等设施与世界一流的国际旅游服务，针对入境游客的旅游需求特点和季节性特点，进行线路、时长、主题、特色等的不同组合，打造出适合不同入境游客需求的多样化国际旅游精品。

（三）借助互联网优势发展智慧旅游

一是提升高速网络服务水平。建议与联通、移动、电信等公司合作，确保在关键区域如机场、车站、酒店和旅游景区有高速稳定的网络覆盖，使入境游客能够及时查询和接收福建省旅游信息，提高旅游体验；与联通、移动、电信等公司合作，为境外入闽游客提供定制化的通信套餐，减轻入境游客在福建省的通信成本。

二是提供智慧导览和信息服务。通过整合地图、景点信息、交通状况和天气预报等服务，为入境游客提供一站式信息服务，帮助游客更好地规划旅行，确保他们能够获取实时、准确的旅游信息，使旅行顺畅无忧。

三是确保紧急救援和安全管理。整合互联网技术，如实时定位、紧急求助平台、智能监控、信息发布系统和多语言客服等，设计一键求助功能，为境外游客提供操作简单、相互兼容、互联互通、高效的安全管理网络，确保境外游客在闽旅游的安全性和便捷性。

（四）提升签证便利化水平和服务质量

一是简化签证申请材料与流程。在确保安全的前提下，对前往福建省的入境游客，可简化提交申请材料的流程，取消不必要的推荐信、工作证明等，使签证申请更为便捷。加强与境外使领馆的沟通协作，提高签证审批效率，缩短签证审批时间。推行电子签证，提高签证办理的便捷性。

二是放宽签证政策限制。适当延长旅游签证的有效期，使境外游客有更充裕的时间游览福建省内的旅游景点；放宽签证次数限制，允许境外游客在有效期内多次入境，方便游客自由安排行程；争取国家政策支持，将144小时免签政策的适用范围从厦门市扩大到整个福建省；对在福州、泉州等沿海城市的邮轮口岸整团入境的免办签证，推动邮轮旅游业高质量发展；对来自友好城市、东南亚国家、英国等增长潜力较大的重点客源地的游客实行"落地签"政策。

三是提升签证服务质量。在重点客源国增设签证服务中心，逐步取消入境旅游签证申请预约办理，实现"随到随办"，为游客提供便捷的签证咨询与办理服务；在境内公安机关出入境管理机构提供就近办理签证与延期换发补发服务，节约入境游客时间；加强对签证服务人员的专业培训，提升签证服务水平。

（五）推进支付方式多样化

一是加强移动支付的普及与推广。借鉴浙江省和北京市的做法，与各大移动支付平台进行深度合作，优化移动支付流程，提高支付便捷性和安全性；在AAA级及以上旅游景区、3星级及以上酒店、高档餐饮场所等安装移动支付设备，鼓励商家接受移动支付，促进移动支付的普及。

二是推广特色支付产品。结合福建省本土特色，推出类似"福旅通卡"的特色支付产品，为入境游客提供便捷的支付服务；借鉴广东省的跨境电商平台模式，将特色支付产品与跨境电商平台相结合，拓展海外游客的支付渠道。

三是完善银行卡支付环境。借鉴北京市在提升支付便利性方面的做法，在 AAA 级及以上景区、3 星级及以上酒店配置 POS 机，方便游客使用银行卡支付；鼓励银行、支付机构按不高于境外银行卡清算组织通道成本价向商户收取境外银行卡刷卡手续费，降低商户受理境外银行卡的成本和境外游客使用银行卡的成本。

四是加强支付安全保障。借鉴上海市在支付安全方面的做法，建立健全支付安全保障体系，通过引入生物识别、加密技术等手段提高支付安全性；加大对支付平台的监管力度，防止支付风险的发生。

（六）培养入境旅游专业人才

一是政府加强入境旅游人才培养的顶层设计。出台针对入境旅游业务的人才认定标准，将入境旅游发展所需的专业人才纳入福建省高层次人才系列；制定福建省入境旅游人才系统培育规划；建立企事业单位引进入境旅游高层次人才的机制；推出针对引进和培育入境旅游高层次人才企业的奖励措施。

二是加强专业化涉外旅游人才培养。利用福建省高校资源，营造政府、企业、高校三方合作的入境旅游人才培养生态，如探索成立小语种导游工作室或入境旅游人才培养基地；开展校企合作，采取"外语技能+文化素养+专业导游+传播能力"的人才培养模式，培养具有专业人文素养和职业素养的外语导游人才。

三是多途径建设外语导游人才队伍。外语导游人才尤其是小语种外语导游人才的短缺长期阻碍福建省入境旅游的发展。因此，在入境旅游发展进程中，可探索多途径的人才培养模式。放宽外语导游限制，吸引在闽外国人报考外语导游；对在闽外国留学生进行中国和福建省文化及旅游知识培训，吸纳其成为兼职外语导游；灵活吸纳在闽高校或企业高层次人员成为兼职外语导游；从国外或省外引进符合条件的外语导游；与高校合作，定制化培养外语导游。

（七）促进入境旅游收入增长

一是促进入境旅游市场持续增长，提高入境旅游人数。在加强福建省入境旅游宣传的同时，要注重对入境游客的市场调研，深入了解入境游客的需求、偏好和旅行习惯，明确目标市场的细分群体，制定相应的营销策略，提高营销的针对性和有效性，保持入境旅游市场的持续增长。

二是提高旅游产品质量与人均消费额。通过旅游产品质量的提升，在保证优质优价的前提下，提高入境游客在住宿、餐饮、娱乐等方面的消费额，从而提高人均外汇收入。

三是优化旅游产品结构，提高入境游客在游览、娱乐、购物等方面的消费水平。如利用福建省的特色资源如土特产、手工艺、民俗文化等进行文创设计，开发旅游商品，提高入境游客的消费水平；利用福建省的温泉资源、森林资源开发健身疗养产品，提高入境游客的康养娱乐消费水平。

B.20
促进福建省文旅经济高质量发展的
财政政策研究[*]

王立凤　邱吉福　李开圳[**]

摘　要： 福建省围绕文化强省与全域生态旅游省的建设目标，大力推进文旅经济高质量发展。积极的财政政策可以增强经济发展动力，是文旅经济高质量发展不可或缺的助力。据此，本文梳理了十年来福建省文旅领域的财政政策，通过分析比较，总结出财政政策的主要进展及发生变化的原因，研究发现当前财政政策中存在不足之处，并据此提出优化财政政策的思路：认为未来福建省文旅领域的财政政策应重点支持特色文旅产业发展，加强产业间的创新融合与资源整合，利用财政政策"组合拳"扬长避短，成立福建省文旅产业基金，引导金融资金和社会资金注入文旅产业，逐步形成文旅产业集群，为政府部门出台财政政策及配套政策提供重要参考。

关键词： 文旅经济　高质量发展　财政政策

引　言

　　文旅经济是福建省经济的重要组成部分，发展文旅经济是福建省推动经

---

* 本文系 2024 年福建省文化和旅游研究重点咨询课题（编号：2024WLYJ07）、福建省社会科学基金基地重大项目（编号：FJ2022JDZ039）阶段性研究成果。

** 王立凤，博士，集美大学工商管理学院副教授，主要研究方向为文化经济、文化管理与民营经济；邱吉福，集美大学工商管理学院教授，主要研究方向为会计、审计理论与实务、文化旅游；李开圳，厦门市集美区财政审核中心主任，高级会计师，主要研究方向为会计、财政理论与实务。

济转型升级、提升文化软实力的重要途径。党的十九大以来，福建省文化产业和旅游业实现跨越式发展，文化产业增加值、入境旅游指标均进入全国前列，朝着建设我国重要的自然和文化旅游中心、21 世纪海上丝绸之路旅游核心区、世界知名旅游目的地的目标加速迈进。

近年来，福建省积极响应国家关于文化和旅游经济高质量融合发展的战略部署，致力于通过创新财政政策、优化资源配置激发市场活力。随着《金融支持福建文旅经济高质量发展的实施意见》《新形势下促进文旅经济高质量发展激励措施》等政策出台，福建省已明确将文旅经济作为推动全省经济转型升级的关键力量。政策层面的高度重视，加之市场内生动力的增强，为文旅经济的高质量发展营造了良好的外部环境。

在此背景下，通过研究财政政策的制定与持续优化，加强跨部门协同，创新文旅融合，可以为福建省探索一条符合自身特色与新时代要求的高质量发展路径。

一 促进文旅经济高质量发展的财政政策内容概述

（一）文旅领域财政政策演进

福建省长期重视文化产业与旅游业的发展，为此，财政部门专门设置专项资金积极助力文旅产业高质量发展。

文化产业方面，2012 年福建省财政厅、福建省文化改革发展工作领导小组办公室印发《福建省文化产业发展专项资金管理办法》[①]（闽财教〔2012〕22 号），同时废止了原福建省财政厅《福建省文化产业发展专项资金管理暂行办法》（闽财教〔2009〕95 号）和《福建省促进文化产业发展

---

① 《福建省财政厅 福建省文化改革发展工作领导小组办公室关于印发〈福建省文化产业发展专项资金管理办法〉的通知》，福建省财政厅网站，2012 年 5 月 1 日，https：//czt.fujian.gov.cn/zwgk/zfxxgk/fdzdgknr/gfxwj/zhgl/201205/t20120501_4564827.htm。

财政扶持政策实施细则》（闽财教〔2009〕120号）两份文件。① 此后，福建省财政厅分别在2017年、2020年对该项政策做出了调整与修正，2023年修订的《福建省文化产业发展专项资金管理办法》（闽财规〔2023〕2号）正在执行中，有效期为3年。

旅游业方面，早在"十二五"之初，《2011年旅游设施和景区建设提升实施方案》就提出要大力推进旅游设施和景区建设，通过省级旅游专项资金以奖代补的形式，加快各工程项目的实施。2012~2013年，《福建省旅游宣传资金管理暂行办法》《福建省旅游重点项目建设资金管理暂行办法》提出，发挥财政资金的导向作用，加强海峡旅游品牌的宣传推广和省级旅游重点项目建设。

2021年，福建省出台《福建省文旅融合发展专项资金管理办法》，修订《福建省非物质文化遗产保护与传承专项资金管理办法》《福建省文物和世界文化遗产保护专项资金管理办法》，设立专项资金支持文旅产业高质量发展。2024年，重新修订《福建省文旅经济发展专项资金管理办法》《福建省非物质文化遗产保护与传承专项资金管理办法》《福建省文物和世界文化遗产保护专项资金管理办法》，执行期为3年，从2024年到2026年，执行期满后，自动终止。

（二）文旅领域财政政策比较

1.福建省文旅领域财政政策比较

综合比较上述文件，可以看到随着"文化强省""清新福建"建设不断推进，文旅产业不断融合，财政政策对文旅产业的扶持也在发生变化，以便更适合文旅企业的发展需求。文旅领域财政政策的变化主要体现在主要目标、主管部门、支持方向和使用方式等方面。

在与文化产业发展相关的财政政策制定方面，福建省发布闽财教〔2012〕

---

① 《〈福建省文化产业发展专项资金管理办法〉出台》，福建省财政厅网站，2012年5月30日，https://czt.fujian.gov.cn/zwgk/czxw/201205/t20120530_762515.htm。

22 号、闽财文资〔2017〕1 号、闽财文资〔2020〕1 号、闽财规〔2023〕2 号系列文件，对文化产业发展专项资金管理做出规定。这一系列文件以推动福建省文化产业发展或支持文化体制改革为目标，以项目分配法为专项资金主要使用方式，资金管理原则随政策演化而改变，从"诚实申报、科学管理、公开透明、择优支持"的资金管理分配原则逐渐转变为"公开公平、择优扶重、绩效导向"原则，为不同时期文化产业的发展提供助力。

在与文旅产业发展相关的财政政策制定方面，福建省发布闽财外〔2014〕13 号、闽财外〔2015〕8 号、闽财外〔2017〕30 号等文件，着重从使用目标、主体机构、遵循原则、使用方式等方面加以规定，以加快福建省旅游业发展，推动福建省旅游业供给侧结构性改革。特别是 2020 年后，福建省出台《福建省文旅融合发展专项资金管理办法》和《福建省文旅经济发展专项资金管理办法》。这两项政策依据不同时期文旅产业发展的需求，基于不同的专项资金管理原则，以项目分配法和因素分配法为主要使用方式，为不同时期福建省文化和旅游整体形象宣传、重点文旅项目建设、推动全省文旅设施提质升级等工作提供支持。

2. 省际文旅领域财政政策比较

考虑到财政政策的省际差异可能产生不同的影响，本文在众多沿海省份中选择了同样把文化强省和文旅高质量发展作为目标，且文旅经济发展成绩显著的浙江省进行对比。将表 1 列出的浙江省文化产业发展政策（《浙江省文化产业发展专项资金管理办法》）、旅游产业发展政策（《浙江省旅游发展专项资金管理办法》）与上述福建省文化产业发展政策（《福建省文化产业发展专项资金管理办法》）与文旅经济发展政策（《福建省文旅经济发展专项资金管理办法》）进行比较，可以看到福建省与浙江省均依照省级文旅经济发展目标配套出台了不同的财政政策。

具体而言，从政策制定原则来看，浙江省遵循省级引导、统筹规划、聚焦重点、讲究绩效的原则，而福建省遵循科学设立、合理使用、绩效优先、公开透明、跟踪监督的原则；从财政政策配套资金使用方式来看，两省都以项目分配、竞争性分配和因素分配法为主，差异主要体现在具体的操作流程上；从财政政策的支持方向来看，两省均向当前文旅新业态提供相应的财政政策支持，同样对重点旅游发展项目提供财政政策支持，均依据省级文旅产业发展重点，从财政政策配套方面提供了支持。由此可知，财政政策作为政府实施宏观调控的主要手段，不同省份在遵循原则与使用方式上差异不大，真正的不同之处在于地方政府根据自身文旅经济发展目标确定的支持重点，以财政资金支持这些重点发展方向，调整该领域经济活动，加快文旅经济高质量发展步伐，进而实现预期经济目标。

表1　浙江省与文化产业发展、旅游产业发展相关的财政政策

项目	《浙江省文化产业发展专项资金管理办法》	《浙江省旅游发展专项资金管理办法》
目标	加快推进全省文化产业高质量发展，打造新时代文化高地，打造"诗画江南、活力浙江"省域品牌	规范浙江省旅游发展专项资金管理，提高资金使用绩效
发文机构	浙江省财政厅和中共浙江省委宣传部	浙江省财政厅和浙江文化和旅游厅
遵循原则	突出重点、强化引导、注重绩效、典型示范	省级引导、统筹规划、聚焦重点、讲究绩效
使用方式	"区域任务+项目清单"模式（根据地方出台的文化产业发展规划，专项资金支持经竞争性评审论证后入围"项目清单"的项目）	因素分配法
主要内容	①数字文化产业：支持媒体融合、视频点播、数字文娱、数字音乐、网络文学、网络视听、数字影像、广播电视科技创新等数字文化产业新业态发展。②影视文化产业：深化影视业综合改革，加强影视工业化生产体系建设，推进影视创作、拍摄、制作、放映，培育发展影视剧、数字影像、演艺科技、短视频等影视新业态。③文化旅游产业：支持实施文旅融合"标志性"IP和金名片培育工程，推动文化旅游深度融合发展。④文化制造业：支持文化制造业数字化转型，做大做强先进文体装备制造业，加快打造高端文化设备制造基地。	①旅游公共服务水平提升。包括改善旅游景区公共服务设施，推进旅游厕所维修改造，改善游客集散与服务、智能化公共信息服务、引导标识等。②文旅消费品牌创建。包括培育打造"百县千碗""文旅市集""浙派好礼"等展现浙江省文化特色的旅游新产品。③全域旅游示范区创建。包括编制全域旅游发展规划、完善全域旅游公共服务、建设旅游信息化平台等。④文旅深度融合发展。包括建设文创产品旅游景区销售平台，推进红色旅游、乡村旅游、生态旅游、康养旅游等旅游新业态培育发展。

项目	《浙江省文化产业发展专项资金管理办法》	《浙江省旅游发展专项资金管理办法》
主要内容	⑤创意设计产业：大力发展工业设计、建筑设计、时尚设计、广告设计等产业，培育生产性设计服务集群。 ⑥历史经典产业：支持文房四宝、丝绸、青瓷、宝剑、越剧、石雕、木雕、根雕、木玩、民族工艺等特色产业创新发展，打造区域文化品牌。 ⑦重大平台发展：推进之江文化产业带、四条诗路文化带、大运河国家文化公园、宋韵文化传世工程等平台建设，提升文化产业园区、文化创意街区、产业基地等文化服务平台。 ⑧创新文化金融服务：支持拓展文化企业融资渠道，促进文化产业与金融深度融合	⑤旅游消费促进。包括与旅游消费相关的数据监测分析、开展促消费活动等。 ⑥省委、省政府确立的重点旅游发展工作，以及省级有关部门根据需要确定的其他项目

资料来源：根据浙江省财政厅网站公开信息整理。

（三）文旅领域财政配套政策

财政专项资金的投入助力福建省文旅经济发展，推动科技创新及特定领域的发展。近年来，为加速文旅产业高质量发展，福建省政府及相关部门出台了一系列激励措施与优惠政策，如中共福建省委办公厅、福建省人民政府办公厅发布的《新形势下促进文旅经济高质量发展激励措施》，国家金融监督管理总局福建监管局、福建省文化和旅游厅、中国人民银行福建省分行、中共福建省金融委员会办公室、福建省市场监督管理局发布的《金融支持福建文旅经济高质量发展的实施意见》。这一系列政策"组合拳"既为文旅产业高质量发展提供了强有力的政策支持与资金保障，也为文旅产业创造了良好的发展环境。

二 促进文旅经济高质量发展的财政政策的发展趋势

（一）财政政策体系逐渐完善

在专项资金管理上，福建省在文旅领域设立了 3 个专项资金，分别为福建省文旅经济发展专项资金、福建省非物质文化遗产保护与传承专项资金、福建省文物和世界文化遗产保护专项资金，是贯彻落实《福建省人民政府关于促进旅游业高质量发展的意见》《福建省"十四五"文化和旅游改革发展专项规划》《新形势下促进文旅经济高质量发展激励措施》《福建省推进文旅经济高质量发展行动计划（2022—2025 年）》的重要举措。《文化和旅游产业税费优惠政策汇编》的发布在发挥税收对文旅产业发展支持作用的同时，让文旅企业更方便地享受税费优惠。《金融支持福建文旅经济高质量发展的实施意见》是发挥财政资金引领作用，带动金融资源向文旅产业集聚的"助推器"。此外，还有在特殊时期印发的《关于支持文旅行业恢复发展的纾困帮扶措施》等。这些政策涵盖了文旅产业发展的各方面，一个完善的政策体系正在逐渐形成。

（二）目标导向功能逐渐强化

财政专项资金的支持方向从早期的重点文化企业、文化产业示范区、重大文化项目转向特色文化重点项目、文化内容原创项目、文化对外交流，再到"福"文化的推广、科技创新与文化企业的转型升级。就旅游产业而言，财政专项资金清晰地指向特色旅游、生态旅游，以及跨产业融合与跨区域、跨境交流合作。文旅发展专项资金的支持方向更是将以文塑旅、以旅彰文落到了实处。这些导向与《福建省推进文旅经济高质量发展行动计划（2022—2025 年）》的指导思想相统一。财政工作的以财辅政、以政领财作用在这里得到完美展现。

（三）财政投入持续加力提效

随着福建省文旅产业的高质量发展，省级文旅发展专项资金呈现投入规模扩大、绩效优先支持的情况。在福建省财政厅网站政务公开网页可查到的与文旅发展专项资金有关的 2020 年的通知只有一份，拨付的资金总额为 4450 万元。2021 年福建省分 3 批次下达文旅融合发展专项资金通知，累计资金总额达 22087 万元。2022~2023 年文旅融合发展专项资金的下达通知也是分批次进行的。提前下达的 2024 年文旅融合发展专项资金有 7466.96 万元，综合福建省文化和旅游厅提前下发的其他省级专项资金，总计达到 2.05 亿元。这些资金被用于扶持重大文旅项目、基础设施建设、文旅创新融合以及提升公共服务能力等方面，为文旅产业发展提供了有力的财政保障。在财政支持不断加强的同时，从专项资金管理办法上可以看到预算管理、绩效管理也在持续强化，2020 年后印发的专项资金管理办法基本把"绩效优先"作为其遵循的原则，在资金管理和使用上更加注重效率和效果。

三 促进文旅经济高质量发展的财政政策发生变化的原因

（一）发展战略要求

2020 年，习近平总书记在教育文化卫生体育领域专家代表座谈会上指出"文化产业和旅游产业密不可分，要坚持以文塑旅、以旅彰文，推动文化和旅游融合发展"。[①] 2021~2023 年，福建省政府陆续发布《福建省人民政府关于促进旅游业高质量发展的意见》《福建省"十四五"文化和旅游改革发展专项规划》《福建省推进文旅经济高质量发展行动计划（2022—2025年）》等政策文件，分阶段对未来福建省国民素质和社会文明程度、八闽

---

① 《理论视界 | 推动文化和旅游融合发展》，"河北新闻网"百家号，2024 年 9 月 25 日，https：//baijiahao.baidu.com/s？id=1811125104005715271&wfr=spider&for=pc。

文化与文化软实力，以及文旅高质量发展提出了新的目标与规划，并要求在2035 年将福建全面建成文化强省与全域生态旅游省。长期以来，福建省通过积极的财政政策及时调整支持方向与力度，改革预算绩效管理机制，促进文旅经济提质增效。财政政策已成为推动文旅产业创新融合、文旅经济高质量发展的重要引擎。

（二）经济发展需要

《"十四五"旅游业发展规划》中提到，在"十三五"期间，旅游业作为国民经济战略性支柱产业的地位更为巩固，"十四五"期间，我国将全面进入大众旅游时代，旅游业发展仍处于重要战略机遇期。2023 年福建省实现文旅经济总产值 1.38 万亿元，增长 8.8%；实现文旅经济增加值 5458 亿元，增长 9.5%，约占全省地区生产总值的 10%[①]，是福建省构建"6+4+5"产业新体系中的四大优势产业之一。随着消费升级和市场需求的变化，文旅产业需要转型升级来锚定高质量发展目标。这需要文旅产品向精细化、差异化发展，利用新兴技术提升服务体验与质量，促进各行业、跨区域的深度融合，变文旅资源优势为软实力优势。为此，省级财政专项资金从早期支持重点项目、基础设施建设、品牌宣传，逐步转向支持新技术、新业态发展。财政政策在引导和支持文旅产业发展的同时，持续加力提效，推动福建省向文旅经济强省转变。

（三）民生福祉选择

按照国际一般规律，当人均 GDP 在 3000 美元以上时，旅游需求会出现爆发式增长，旅游方式也将从观光旅游向休闲、体验旅游转变；当人均GDP 超过 5000 美元时，休闲、体验旅游进入全面爆发阶段，且呈现多元化发展趋势。2014 年，福建省人均 GDP 首次突破一万美元，高质量发展的文旅产业成为满足人民日益增长的美好生活需要的民生产业、幸福产业。文旅

---

① 数据来自 2024 年福建省文旅经济发展大会的成果展示。

产业担负了延续文化传承、增强文化自信、促进人的全面发展的光荣使命，在创造现代文明方面发挥着越来越重要的作用。福建省财政政策敏锐地抓住这一契机，于 2014 年发布《福建省省级旅游专项资金管理办法》，对旅游品牌宣传、旅游重点项目及公共服务项目、特色旅游项目和旅游企业给予了财政资金支持。随后印发执行的专项资金管理办法，根据福建省文旅产业的发展情况，将支持方向延伸到项目内容及产业领域，为改善民生、创造幸福生活提供了基本保障。

四　促进文旅经济高质量发展的财政政策存在的问题

（一）政策配套服务不够精准

财政政策对促进文旅经济高质量发展的作用主要体现在福建省政府层面，地方政府在执行中如果缺乏具体、细化的政策与之配套，就会影响政策的执行效果。政策配套不够精准，也会反映到遇事"一刀切"上，财政支持方式比较单一，绩效目标设置不够合理，最终导致政策难以有效落地，专项资金的撬动效果有限。

（二）专项资金分配不够合理

文旅产业专项资金的使用尽管已经采用了竞争性分配法与项目分配法，但项目分配法依旧是资金使用的主要方式。从以往专项资金的使用上可以看到，重点项目、重要地区受益较大，前期投入比较有保障，当期影响力小的项目或地区较难获得关注，很多项目的后续开发资金难以及时跟进，导致很多项目或领域难以得到财政专项资金支持或支持不足。此外，专项资金分配方式单一，尚未考虑到当前重点发展领域的迫切需求，这将导致财政资金供给与需求结构不合理。

（三）政策协同效应不够显著

目前，文旅领域可查阅的财政政策或相关政策，除了福建省财政厅发布

的一系列政策以外，仅有税收和金融政策，财政政策的"组合拳"还有很大提升空间。财政资金对金融资金和社会资金的引领与拉动作用还没有充分显现，文旅产业的金融支持与社会支持力度有限，这也导致目前文旅产业的融资渠道单一，缺少多元化融资渠道，难以满足文旅企业特别是创新企业的融资需要。

（四）科技创新支持不够有力

上述问题的产生也是创新能力不足的体现。文旅领域的科技创新不足，从财政政策层面来看，是制度创新不足，专项资金的申请、审批、使用、监督等仍延续以往财政工作的基本模式，很难对当前文旅经济爆发式增长、新业态新模式层出不穷做出反应。此外，文旅产业发展也面临大数据、云计算、人工智能、北斗导航等技术和应用创新型专门人才短缺等方面的问题，数字文旅、智慧文旅发展滞后，用以塑旅、彰旅的文化创意远远滞后于产业发展的脚步，这些都需要财政政策予以引导与支持。

五 促进文旅经济高质量发展的财政政策的优化思路

文旅经济高质量发展需要文化铸魂、旅游赋能、企业创新引领。在旅游成为国民日常生活一部分的今天，旅游产业的边界正在消失或重构，所有能够为游客提供高品质文化项目和优质服务的企业或部门都是文旅产业中的一员。市场及其主体要用文化诠释，告诉游客"我是谁"，用"+旅游"的方式创造性地实现跨界融合。

（一）扶持特色文旅产业，实现人气"聚合"

在支持重点方面，福建省文旅发展专项资金应重点扶持特色文旅产业。第一，继续支持新型文化业态培育和文化内容原创项目，重视文化建设以及价值观引领形成的鲜明文化特色。第二，致力于将文化特色转化为文化自信，通过组合营销等手段培育文旅品牌。第三，借助财政力量，在品牌营销前期为游客提前规划，推出消费折扣、费用减免等一揽子优惠政策招揽人气。第四，以需求牵引供给，从游客体验角度选择特色文旅的支持方向，例如，对历史名城、文化古街等应避免过度商业化，以"留人、见物、有生活"为标准，重点放在习俗、传统价值观的延续上，以优秀传统文化的独特魅力留住人气；对以企业或产业、城市等主体特色形成的新型旅游资源，应以打造体验日、嘉年华等手段形成广告效应，吸引特定消费人群的注意力，最终形成对本地的认同感，甚至归属感。第五，在科技领域持续发力，利用新技术创新融合古今，培育并壮大消费群体，增强文旅品牌的影响力。

（二）完善文旅经济系统，实现产业融合

秉持"你接受，我给予"的方针，"+旅游"融合了文化与旅游，旅游市场得到全局性和系统性的提升。财政资金扶持文旅产业发展，依托文旅产业具有的协调性与延展性，让有限的财政资金发挥乘数效应和杠杆撬动效应。因此，财政资金应将扶持重点放在旅游业与其他行业的跨界融合上，特别是旅游业与文化产业的融合。财政政策应从产业发展的视角而非企业的视角入手，对特色文化旅游领域进行布局，拓宽财政资金的资助范围，通过支持业态融合、产品融合、市场融合发展特色文旅产业，逐步形成类型多样、分布均衡、特色鲜明、品质优良的福建省特色文旅产业集群。

（三）推进全方位合作，实现资源整合

资源整合可以通过优势互补、协同创新实现文化创新。以福建省实力雄厚的游戏、动漫企业为例，制作者会将自己的价值观、审美、语言等以游戏或动漫的形式分享给玩家，好的游戏或动漫可以突破时间、种族与年龄的限制，影响深远，很难被替代。其中的内容、角色、音乐、舞美等是文体娱乐业、媒体业、展览业的资源宝库；游戏机、游戏延伸产品是制造业的源泉；这类企业还拥有大量的人才与IT技术，若分散出去，受益的企业或行业不可估量。财政资金在支持文旅经济系统产业融合的同时，应为系统内的资源整合保驾护航，提供各种奖励与减免，以寻求整体效益的最大化。

资源整合还应面向跨区域协作。福建省内以"厦漳泉都市圈"为试验区，开展优势互补、协调联动与专业分工协作的尝试，提升小区域的同城化均衡发展水平。进行区域拓展，加大与长三角、粤港澳大湾区等文旅资源丰富地区的区域协作力度；充分利用地缘、亲缘优势，推进闽台文化旅游创新融合；发挥侨乡优势，以华侨文化助力高水平对外开放、高质量发展，增强国际影响力。资源整合的力度越大，跨越的区域越广，文旅经济系统的辐射范围也就越广泛。

(四)打出财政政策"组合拳"

财政扶持范围要覆盖整个产业，以产业视角进行财政政策顶层设计，在特色文化领域制定文化旅游产业专项财政支持方案，方案的设计要体现持久性和连续性。扶持建设龙头特色文化企业及项目，引导其实现多产业跨越式发展。充分利用专项资金的多种分配方式，加强对个体企业的选择，减少错失高潜力企业的风险。财政政策应按不同领域的需求设计政策要点、扶持范围和力度，打破财政政策扶持的地域壁垒和行业壁垒，确保财政政策的衔接性和连贯性。对具有特定需求的文旅企业，要以相应的配套政策关注其特殊需求，要关注文旅企业在人才、技术、纾困等方面存在的问题，可通过创新设计多元化融资机制，提高专项资金的使用效率。

(五)财政资金撬动金融资金和社会资金

在进行全方位、多角度合作，实现资源整合的过程中，除了对文旅资源、渠道进行协同规划、开发外，还可以搭建跨区域、多元化的资金支持渠道，创设多元主体融资平台，共同赋能文旅产业高质量发展。以财政政策和财政资金为推动力，以政府性基金杠杆撬动更多社会资金。例如，成立福建文旅产业基金，下设文化产业基金和旅游产业基金，引导金融资金、社会资金注入文旅产业，为文旅产业开拓新资金支撑渠道。此外，在政府层面还应强化资金配置和绩效考核能力，提升文化旅游财政支持资金利用效率。通过"多元化整合的立体"资金支持渠道，赋能文旅经济高质量发展。

B.21

福建省夜间文旅消费集聚区发展
对策研究[*]

郑伟民　郭　鑫[**]

摘　要： 夜间文旅消费集聚区作为点亮夜间经济的重要载体，正成为引领地方经济转型、促进消费升级和增强区域竞争力的核心引擎和创新平台。福建省先后打造了 15 处国家级夜间文旅消费集聚区，着力推进夜间文旅经济高质量发展。本文聚焦福建省夜间文旅消费集聚区的发展现状与优化对策，采用手机定位大数据和空间大数据，结合空间分析与机器学习方法，深入探讨了福建省夜间文旅消费集聚区发展过程中遇到的问题、形成原因、发展趋势及优化对策。研究发现，相较于夜间文旅经济发达的城市，福建省夜间文旅消费集聚区的发展仍具有较大的提升空间，存在市域发展不平衡、产品同质化、文化潜力尚未充分释放和宣传推广的广度与深度不足等问题。通过随机森林回归模型分析发现，消费休闲设施密度、建筑容积率、停车场密度和公交线路数量是影响夜间文旅消费集聚区发展的重要因素，并分析得到未来发展趋势：集聚强度持续提升、消费者群体呈现多样化、科技不断融合创新。为应对现有挑战并把握未来发展趋势，本文提出了一系列优化对策，如扶持特色项目、挖掘地域特色、定制消费体验、发展夜间经济和数字精准营销等，旨在促进福建省夜间文旅消费集聚区高质量发展，增强城市竞争力，丰富居民及游客的夜间生活体验。

　＊　本文系 2024 年福建省文化和旅游研究重点咨询课题（编号：2024WLYJ08）、教育部人文社会科学研究规划基金项目（批准号：24YJA630139）阶段性研究成果。

＊＊　郑伟民，博士，厦门大学管理学院教授、博士生导师，主要研究方向为人工智能与智慧旅游；郭鑫，厦门大学管理学院 2022 级博士研究生，主要研究方向为旅游大数据与旅游移动性。

关键词： 夜间经济　消费集聚区　多源异构大数据　空间分析　福建省

夜间经济是文化、科技和艺术的集中体现，具有休闲消费特性和空间集聚性①，成为城市活力和创新能力的重要展示窗口。作为城市夜间经济的核心载体，近几年夜间文旅消费集聚区蓬勃发展，已成为各地挖掘消费潜力、培育新经济增长点的重要平台和着力点。② 文化和旅游部开展国家级夜间文旅消费集聚区建设工作，先后公布3批国家级夜间文旅消费集聚区名单，其中福建省拥有国家级夜间文旅消费集聚区15处。③《福建省推进文旅经济高质量发展行动计划（2022—2025年）》提出到2025年文旅经济规模明显壮大的目标，并强调文旅产业结构优化、文旅形象提升以及打造世界级、国家级文化和旅游品牌的重要性。④ 夜间文旅消费集聚区对福建省文旅经济发展具有重要的战略意义，是推动经济多元化发展、增强城市竞争力的关键举措。

本文基于手机定位大数据和空间大数据，运用空间分析和机器学习方法，深入分析福建省夜间文旅消费集聚区的发展现状（包括空间分布格局与发展水平、影响因素等），进而优化夜间城市公共资源配置规划和空间布局，为城市的全面繁荣和可持续发展提供创新思路。

一　福建省夜间文旅消费集聚区发展现状

福建省作为东南沿海地区的经济和旅游大省，拥有丰富的自然和人文资

① 毛中根、龙燕妮：《夜间经济理论研究进展》，《经济学动态》2020年第2期。
② 李兰冰、高雪莲、黄玫立：《"十四五"时期中国新型城镇化发展重大问题展望》，《管理世界》2020年第11期。
③《福州烟台山、泰宁古城、漳州南门湾、龙岩恋城1908文创街区等4家单位入选国家级夜间文化和旅游消费集聚区》，福建省文化和旅游厅网站，2024年1月29日，https：//wlt.fujian.gov.cn/wldt/btdt/202401/t20240129_6388013.htm。
④《福建省推进文旅经济高质量发展行动计划（2022—2025年）》，福建省文化和旅游厅网站，2022年11月11日，https：//wlt.fujian.gov.cn/zwgk/ghjh/202211/t20221111_6044191.htm。

源，为建设夜间文旅消费集聚区奠定了良好的基础。但其在发展夜间文旅消费集聚区时面临多重挑战。首先，夜间文旅消费集聚区空间分布不合理，导致资源配置不均衡，同质化现象严重，未能充分考虑当地文化特色和市场需求。其次，夜间文旅消费集聚区发展不平衡，主要表现在沿海城市与山地城市之间，其中沿海城市凭借其地理优势和经济基础，夜间文旅消费集聚区发展迅速，而山地城市受到自然条件和基础设施的限制，夜间文旅消费集聚区发展相对滞后。此外，市场上的文化产品种类单一，缺乏创新和特色，难以满足不同层次的游客需求，如许多夜间活动停留在简单的演出和灯光秀上，未能充分展示福建省独特的文化。最后，市场推广力度不够。地方政府和企业在宣传推广上投入不足，导致夜间文旅消费集聚区未能形成广泛影响力。线上线下宣传渠道未有效结合，影响市场渗透率和游客知晓度。这些问题不仅影响夜间文旅消费集聚区的吸引力和竞争力，也制约福建省文旅产业的高质量发展。

鉴于此，本文依托中国联合网络通信有限公司福建省分公司和智慧足迹数据科技有限公司提供的 2023 年 6 月至 2024 年 5 月各夜间文旅消费集聚区游客流量及游客群体画像信息，详细研究福建省夜间文旅消费集聚区发展水平和市场细分。

（一）夜间文旅消费集聚区发展水平

1. 集聚区异质性的空间分布

福建省国家级夜间文旅消费集聚区的地理分布呈现明显的空间异质性，深刻地反映了各城市在夜间经济和文化旅游业发展上的差异。沿海地区的夜间文旅消费集聚区分布密集，形成了强大的吸引力和辐射力。这些区域通常拥有完善的基础设施，如便捷的交通网络、丰富的住宿选择和多样化的娱乐设施，加之地方政府的积极推广和市场营销策略，使得这些文旅消费集聚区成为消费者夜间活动的首选地。与此形成鲜明对比的是，福建省西部山区的夜间文旅消费集聚区分布具有孤立性和分散性，限制了其在区域经济中的影响力和带动作用，导致其发展后劲不足，难以形成与沿海地区相媲美的夜间文旅消费热点。此外，这种空间异质性还可能带来一系列连锁反应，包括人

才流失、投资不足和创新能力下降等，进一步加剧区域发展的不平衡。

2. 集聚区不平衡的发展水平

此外，福建省的夜间文旅消费集聚区在各城市展现出不同的活力与特色。福州市的夜间文旅消费集聚区以其深厚的历史文化底蕴，成为夜间文化体验的热点，吸引了众多游客前来探索和体验。厦门市的曾厝垵文创街区作为早期开发的夜间文旅消费集聚区，曾经以其独特的文化创意和艺术氛围成为游客的夜游目的地。然而，近年来，曾厝垵文创街区的吸引力似乎有所下降，人流量和集聚强度不再如往日那般高。与此同时，中山路步行街以其便利的交通和丰富的商业资源，集美新城核心区以其现代化的城市面貌和丰富的文化设施，成为厦门市夜间文旅消费的两大亮点。泉州市作为一个新兴旅游城市，其夜间文旅消费集聚区以独特的海洋文化和传统手工艺，为游客提供了一个深入了解当地文化的平台，但夜间旅游资源有待继续挖掘。

漳州市的夜间文旅消费集聚区则呈现明显的两极分化现象。漳州古城凭借其历史悠久的建筑和浓厚的文化氛围成为游客夜间游览的热门选择，人流量保持在较高水平，南门湾尽管拥有沿海的地理优势，却未能吸引相应数量的消费者，其夜间文旅消费活动的发展较为缓慢。莆田市虽然地理位置优越，东部沿海，且与福州和泉州这两大旅游城市相邻，但未能有效吸引文旅消费者，无法形成具有强大吸引力的夜间经济热点。南平市、三明市和龙岩市作为福建省的山地城市，尽管拥有自然美景和文化特色，但它们的夜间文旅消费集聚区尚未吸引大量游客。其中，南平市得益于国家5A级旅游景区的吸引力，夜间活动相对活跃。这些城市的夜间文旅消费集聚区在提升游客体验和活动多样性方面还有较大的进步空间，需要进一步挖掘和利用当地的文化特色和自然资源，以吸引更多游客参与夜间文旅活动。

（二）夜间文旅消费集聚区市场细分

夜间文旅消费集聚区的市场细分有助于深入理解集聚区内消费者群体的夜间活动偏好以及集聚区设施的利用方式，帮助夜间文旅消费集聚区设计更加精美的夜间旅游产品和体验，满足特定细分市场的个性化需求，对评估和分析夜间文旅消费集聚区的发展现状至关重要。人口统计学特征作为市场细分的关键要素，不仅提供了消费者基本属性的定量数据，如年龄、性别和来源地，而且这些数据与消费者的偏好、生活方式和购买力紧密相关。

1. 消费者的年龄构成

福建省夜间文旅消费集聚区的消费者年龄呈现明显的层次分布。25～34岁的青年消费者是主体，这一年龄段的游客通常对新鲜事物充满好奇，拥有较高的消费活力和探索欲，更倾向于享受美食和体验地方特色。其次是16～24岁的青少年消费者，包括学生和年轻工作者，他们对夜间娱乐活动、社交和文化体验有着浓厚的兴趣。35～44岁的中年消费者在夜间文旅消费集聚区中也占有一席之地，其更注重消费的质量与体验，偏爱有品质的餐饮服务、文化艺术展览或家庭友好型的夜间活动。然而，45～54岁的中老年消费者在文旅消费集聚区的占比相对较小，这与他们的生活习惯、健康状况或对夜间活动的兴趣程度有关。55岁及以上的老年消费者在夜间文旅消费集聚区的占比最小，约占10%左右，反映了老年群体的生活节奏、兴趣爱好和活动范围与夜间文旅消费集聚区的主要服务内容和活动形式不完全契合。

具体而言，在福建省的夜间文旅消费集聚区中，不同年龄段的消费者分布呈现独特的地域特征。青少年消费者在南平市武夷山国家旅游度假区的滨溪街相对较少，而在厦门市集美新城核心区占据了较大的比例。青年消费群体在龙岩市恋城1908文创街区占比较小，而在厦门市集美新城核心区占比最大，表明集美新城核心区的夜间文旅消费集聚区提供了更多符合青年人的休闲和娱乐项目。中年、中老年和老年消费群体在厦门市集美新城核心区的占比较小，而中年和中老年群体在龙岩市恋城1908文创街区占比较大，该地提供了更多符合该类消费者需求的文旅产品和服务，如高品质的餐饮体验、文化艺术展览等；老年消费者则在三明市泰宁古城占比最大，该集聚区拥有更多适合老年人的文旅产品，如宁静的夜游路线、传统文化体验等，符合老年消费者的生活节奏和兴趣爱好。

2. 消费者的性别和来源地构成

在福建省的国家级夜间文旅消费集聚区中，女性消费者在多数区域的占比高于男性，女性在夜间文旅活动中的参与度和兴趣较高。特别是在福州市的三坊七巷历史文化街区、泉州西街东段和厦门市曾厝垵文创街区，女性消费者占比均超过 56%，与这些地区深厚的文化底蕴和多样的休闲购物选择有关，更贴近女性消费者的兴趣和偏好。与此同时，龙岩市恋城 1908 文创街区、厦门市集美新城核心区和漳州市南门湾的性别比例接近 1∶1，意味着这几个地区的文旅产品和服务设计更具包容性，能够满足不同性别消费者的多样化需求。特别值得注意的是，唯一男性占比远高于女性的集聚区是泉州市领秀天地文化创意产业园，该产业园的夜间活动或产品定位在某种程度上更符合男性消费者的兴趣，或者提供了更多吸引男性消费者的活动和体验。

从来源地看，福建省各夜间文旅消费集聚区的消费者结构揭示了不同的地域吸引力。整体上，福建省夜间文旅消费集聚区在吸引本地消费者方面表现突出，本地居民对夜间文旅活动表现出较高的支持度，特别是在龙岩市恋城 1908 文创街区，本地消费者的占比高达 89.50%，不仅凸显该街区在本地市场中的强大影响力，也表明其在满足本地居民文化和休闲需求方面的成功。与此相对的是厦门市的曾厝垵文创街区和中山路步行街，这两个夜间文旅消费集聚区吸引了大量外省消费者，占比分别高达 55.66% 和 42.49%，这与厦门作为国内外知名的旅游城市密切相关。曾厝垵文创街区以其独特的艺术氛围和创意市集，中山路步行街以其历史悠久的骑楼建筑和繁华的商业活动，成为外省游客体验厦门市文化的热门选择。同样，南平市武夷山国家旅游度假区的滨溪街也不容忽视，该夜间文旅消费集聚区的外省消费者占比达到 32.4%。武夷山以其壮丽的自然风光，成为国内外游客向往的旅游目的地。滨溪街作为武夷山旅游的重要组成部分，其夜间文旅活动丰富，为游客提供了深入了解当地文化的机会。另外，泉州市的领秀天地文化创意产业园和西街东段集聚区在吸引本省外市消费者方面表现突出，其中领秀天地文化创意产业园以其丰富多样的艺术活动，西街东段以其保存完好的古建筑，吸引了众多来自本省其他城市的游客。

二 福建省夜间文旅消费集聚区发展原因分析

（一）夜间文旅消费集聚区发展的影响因素分析

建成环境是人为建造的用于满足人类活动需求的外部环境，具有较强的可操作性。建成环境与夜间文旅消费集聚区的形成和发展紧密相连①，这一点在众多理论和实证研究中得到了反复验证，并强调了空间承载因子和空间吸引因子在夜间文旅消费集聚区发展中的关键作用。空间承载因子包括建筑密度和建筑容积率等指标，直接影响区域的容纳能力和发展潜力。空间吸引因子则涵盖城市功能属性和交通可达性两个方面。城市功能属性包括主要功能密度和功能混合度，两者共同决定了区域的吸引力和活力。交通可达性则进一步增强了区域的吸引力，包括公交可达性和驾车可行性，确保了不同交通方式的便捷性和高效性。

在对福建省夜间文旅消费集聚区发展原因的分析中，用各集聚区的集聚强度衡量其发展水平，随机森林回归模型被用来衡量建成环境对发展水平的影响，并揭示了不同因素的重要性。如图 1 所示，消费休闲设施密度在所有建成环境因素中占据最为重要的位置，其相对重要性高达 36.65%，表明消费者在夜间更倾向于参与购物、餐饮、娱乐等休闲活动，以此来丰富自己的精神生活和满足自己的社交需求。因此，消费休闲设施的高密度区域自然成为游客的集聚地，对夜间文旅消费集聚区的集聚强度产生了显著的正向影响。紧随其后的是建筑容积率，其对集聚强度影响的相对重要性为 22.42%。建筑容积率是衡量建筑规模和土地使用效率的重要指标，较高的建筑容积率意味着有更多的空间可以用于夜间活动，从而吸引更多消费者。消费休闲设施密度和建筑容积率的累计重要性超过 50%，表明这两个因素在夜间文旅消费

---

① 杨懿、廉倩文、丁玲、李哲：《国家级夜间文旅消费集聚区空间分布特征及影响因素》，《经济地理》2023 年第 6 期。

集聚区发展中起到重要作用。除上述两个因素外，停车场密度和公交线路数量也显示出它们的重要性，分别为13.66%和9.93%。在夜间，良好的公共交通系统可以吸引更多游客，增强集聚区的吸引力。而充足的停车场数量为自驾游客提供便利，尤其是在城市中心区域，充足的停车位能有效缓解交通压力，提升游客体验。

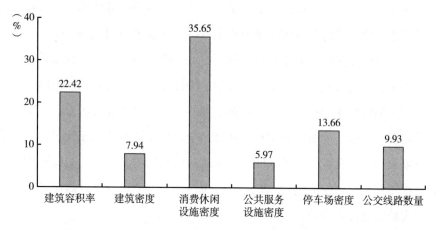

图1　各类建成环境因素对福建省夜间文旅消费集聚区集聚强度的相对重要性

（二）重要因素对夜间文旅消费集聚区发展的非线性影响分析

通过随机森林回归模型识别出影响较为显著的建成环境因素，包括消费休闲设施密度、建筑容积率、停车场密度和公交线路数量。这些因素的非线性影响机制能够指导夜间文旅消费集聚区规划，从而推动集聚区发展（见图2）。

首先，消费休闲设施密度对夜间文旅消费集聚区集聚强度的影响呈现明显的阶段性特征。当消费休闲设施密度较低时，每增加一个设施都能显著提升夜间文旅消费集聚区的活力和吸引力。然而，当消费休闲设施密度超过15个/公顷时，集聚强度达到一个高峰并趋于稳定，这表明夜间文旅消费集聚区在这一密度水平上已经能够满足消费者的需求，进一步提高设施密度并不会产生额外的集聚效应。其次，建筑容积率对集聚强度产生非线性影响。随着容积率的提升，集聚强度会逐步提高，但当容积率达到2.1时，会出现

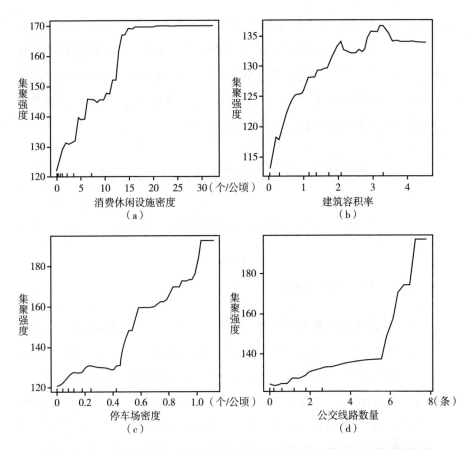

图 2　各类建成环境因素对福建省夜间文旅消费集聚区集聚强度的非线性影响

一个局部的高峰，此时建筑的规模和密度能够为消费者提供充足的活动空间，并提高活动的舒适度。然而，当建筑容积率为 2.1~3.2 时，由于建筑密度的提高开始对消费者的舒适度和体验产生负面影响，集聚强度会经历小幅波动。3.2 的建筑容积率被认为是福建省夜间文旅消费集聚区的最优值，此时集聚强度达到最大。然而，当容积率超过 3.2 时，尤其是超过 3.5 时，过高的建筑密度开始导致人们感受到拥挤，集聚强度随之下降，但最终会稳定在一个相对较低的水平。此外，停车场密度和公交线路数量对集聚强度的影响也值得关注。当停车场密度低于 0.4 个/公顷、公交线路数量少于 4 条时，交通设施不足限制了消费者的到达和流动，从而影响夜间文旅消费集聚

区的吸引力，对提升集聚强度的贡献有限。然而，当停车场密度增加到
0.98~1.02 个/公顷，公交线路数量从 6 条增加到 8 条时，交通设施的增加
将显著提升集聚强度，交通设施的完善能够有效地促进消费者的流动和集
聚。当停车场密度超过 1.02 个/公顷，公交线路数量超过 8 条时，夜间文旅
消费集聚区的集聚强度能保持在一个较高的水平。

三 福建省夜间文旅消费集聚区发展趋势

基于上述研究，未来福建省夜间文旅消费集聚区的发展可能呈现以下几
个特点。

（一）集聚强度持续提升

首先，政府十分重视夜间经济，采取多种措施，包括税收优惠、资金补
贴，还涉及行政审批流程的简化和夜间经营限制的放宽，为夜间文旅消费集
聚区的发展提供了有力的政策支撑。夜间经济的发展还带动了相关产业的发
展，形成了产业链的良性互动，进一步提升了集聚强度。与此同时，居民收
入水平的提升和消费观念的更新，使得人们对夜间文化娱乐活动的需求日益
增长，特别是在快节奏的现代生活中，夜间成为人们放松身心、享受生活的
重要时段。另外，科技的发展和科技成果应用为夜间文旅消费集聚区的集聚
强度提升提供了新的可能性和强大助力。大数据、人工智能、虚拟现实等技
术的应用，不仅可以帮助夜间文旅消费集聚区更好地了解和分析消费者的行
为和需求，还可以为消费者提供更加丰富和新颖的消费体验。夜间文旅消费
集聚区的基础设施建设，如增设公交线路和停车场等，对提升集聚强度同样
具有重要的支撑作用。随着基础设施的不断完善，消费者的出行将变得更加
便捷，从而提高夜间文旅消费集聚区的吸引力。总之，福建省夜间文旅消费
集聚区的集聚强度持续提升是多种因素共同作用的结果。随着这些因素的不
断优化，福建省夜间文旅消费集聚区的集聚强度预计将继续保持强劲的增长
势头。

（二）消费者群体呈现多样化

消费者群体的多样化是福建省夜间文旅消费集聚区发展的必然趋势。随着营销策略的多元化和精准化，越来越多不同文化背景的消费者开始关注并参与福建省夜间文旅活动。更多的外地游客慕名来到福建省夜间文旅消费集聚区，参与夜间文旅活动，不仅为夜间文旅消费集聚区带来了更多的客流，也为夜间文旅消费集聚区注入新的活力。另外，通过增加家庭型或老年友好型消费休闲设施，加之中老年群体消费能力的提升和闲暇时间的延长，中老年群体更愿意参与夜间文旅活动，推动消费者结构进一步优化。同时，随着全球化进程的加快和国际交流的日益频繁，尤其是 144 小时过境免签政策日见成效，国际游客也成为夜间文旅消费集聚区不容忽视的消费群体。福建省丰富的旅游资源和独特的文化魅力，对外国游客具有很大的吸引力。为更好地吸引和服务国际游客，夜间文旅消费集聚区需要加强多语种服务，提升国际化的消费体验，举办各种国际文化交流活动，展示福建省的文化特色和魅力。此外，交通条件的改善，包括高铁线路的增设、厦门翔安国际机场等交通基础设施的建设，以及公共交通系统的优化为夜间文旅消费集聚区注入新的活力。夜间文旅消费集聚区需要不断创新和优化服务模式，提供更加个性化、差异化的消费体验，满足不同消费者的需求。

（三）科技不断融合创新

随着科技的不断进步，特别是增强现实（AR）、虚拟现实（VR）等沉浸式技术领域的突破，夜间文旅消费集聚区的消费体验正经历前所未有的变革。这些技术的应用预示着一种新趋势：消费者将寻求更加互动和沉浸式的夜间文旅消费体验。在这种新趋势下，科技不仅仅是工具，更成为创造全新消费场景和体验的媒介。随着 5G 网络的普及和物联网技术的发展，夜间文旅消费集聚区的智能化水平将不断提高，这将进一步推动科技与文旅消费的深度融合。智能导览、智能推荐系统等将更加精准地满足消费者的个性化需求，为消费者提供定制化的旅游路线和活动建议。同时，通过大数据分析，

夜间文旅消费集聚区能够更好地理解消费者行为，预测消费趋势，从而优化服务和产品供给。总体来看，科技融合创新的趋势将使福建省夜间文旅消费集聚区的消费体验更加多元化、个性化和智能化。夜间文旅消费集聚区也将逐渐演变成一个高科技、高互动性的文旅消费目的地，为消费者提供更加丰富和新颖的夜间活动选择。

四 福建省夜间文旅消费集聚区优化对策

（一）扶持特色项目，提升品牌形象

当前福建省夜间文旅消费集聚区空间分布呈现显著的异质性，即沿海城市的集聚区数量远超山地城市，不合理的空间分布格局使得沿海城市的夜间文旅消费集聚区面临过度集中的问题，导致资源配置不均衡和环境压力增大，山地城市则可能错失发展夜间经济的机遇，难以吸引游客和促进当地经济增长。针对福建省夜间文旅消费集聚区空间分布不合理的问题，应重点在福建省山地城市打造国家级夜间文旅消费集聚区，这需要采取一系列措施。通过升级基础设施，确保游客能够获得便捷和舒适的旅游体验。深入挖掘地方特色，开发与地方特色紧密结合的夜间文旅项目，如地方戏剧、民间艺术表演等，以展示当地丰富的文化遗产。注重创新体验项目的开发，如星空观测和户外探险，利用山区独特的自然景观和生态环境，为游客提供与众不同的夜间活动。提供政策支持与激励措施吸引投资者和企业参与夜间文旅项目的建设和运营，政企合作模式能够进一步整合资源，提高项目的可持续性和盈利能力。

（二）挖掘地域特色，打造城市品牌

从福建省夜间文旅消费集聚区的发展水平可知，高集聚区主要位于厦门市和福州市，其他城市的集聚强度较低，尤其是南门湾和泰宁古城夜间文旅消费集聚区。这一问题的解决关键在于深挖每个城市的文化内涵和特色资

源,通过采取创新和差异化的策略,打造独特的城市文旅品牌。例如,漳州市应利用其独特的客家土楼文化,开发土楼夜游和客家文化体验活动,如客家山歌、土楼建筑光影秀,以及客家美食节,展现漳州市的地域特色和民族文化。莆田市可以围绕妈祖文化,打造妈祖文化夜间体验区,举办妈祖祭典、夜间祈福活动,结合当地工艺美术,如木雕、玉雕工艺,展示莆田市的宗教文化和工艺品特色。宁德市可以利用其优美的山海自然景观,开发山海夜间生态旅游项目,如畲族文化村夜游、星空观测活动,结合畲族歌舞表演,展现宁德市的自然美景和民族文化。龙岩市则依托其红色文化资源,发展红色旅游夜间项目,如红色主题夜间演出、客家土楼夜游,结合客家民俗活动,展示龙岩市的革命历史和客家文化。三明市能够利用其丰富的自然资源,开发生态旅游夜间项目,如森林夜游、温泉养生节,结合茶文化体验活动,如茶艺表演、茶园夜游,展现三明市的自然生态和茶文化。南平市可以围绕武夷山的自然与文化双重遗产,打造武夷山夜间旅游品牌,如武夷岩茶品鉴会、朱子文化节,结合武夷山自然景观夜游,展示南平市的山水之美和文化之韵。

(三)定制消费体验,覆盖多元市场

为吸引不同年龄段人群和外籍游客,福建省夜间文旅消费集聚区需要提供深度定制和富有创意的旅游体验。通过市场调研,了解本地居民、国内其他地区游客以及外籍游客的兴趣点和旅游偏好,从而设计出符合他们期望的旅游产品。夜间文旅消费集聚区应强化多语种服务,确保信息无障碍传递,为游客提供实时、个性化的旅游定制服务。夜间文旅消费集聚区可以举办各种文化交流活动,如国际美食节、文化节、艺术展览等,这些活动不仅能够丰富游客的体验,还能促进文化的交流与融合。通过这些活动,夜间文旅消费集聚区能够展示福建省的文化多样性,增强对外籍游客的吸引力。

(四)发展夜间经济,提振消费市场

借鉴长沙市、成都市和西安市等城市发展夜间经济的成功做法,福建省

夜间文旅消费集聚区的发展关键在于激活夜经济的内在动力，同时提振消费市场。打造一批具有地方特色的夜间经济示范区和开展独具特色的夜间文化活动。夜间经济示范区不仅能够展示福建省的文化和旅游资源，而且成为吸引游客和市民的热点。优化夜间交通服务，延长公共交通的运营时间，增加夜间公交线路和地铁服务，确保游客和市民夜间出行的便利性。加强夜间经济区域的安全管理，提高警力巡逻频次，保障游客和市民的安全，营造一个安全、有序的夜间消费环境。鼓励和支持夜间经济相关的创业项目，提供税收优惠和创业指导等服务，促进就业和创业。夜间经济的发展可以为当地居民提供更多的就业机会，推动经济多元化发展。出台相关政策，为夜间经济的发展提供政策支持和激励，如减免税收、提供资金支持等，政策的支持是夜间经济发展的重要推动力。

（五）数字精准营销，树立良好口碑

福建省夜间文旅消费集聚区在面对市场推广力度不足的挑战时，需采取一系列创新策略提升其市场竞争力和吸引力。夜间文旅消费集聚区需加强品牌建设，这不仅涉及通过故事化营销策略结合地方文化特色，打造独特且易于传播的品牌形象，也包括运用社交媒体和在线旅游平台等数字化工具进行精准营销。通过开发移动应用或整合现有平台，提供实时信息、在线预订和个性化推荐服务。跨界合作是加大市场推广力度的有效途径。通过与航空公司、酒店集团等不同行业的合作伙伴建立联盟，夜间文旅消费集聚区可以拓宽宣传渠道，共同开发旅游套餐和优惠政策，从而吸引更广泛的游客群体。这种合作不仅限于国内市场，也应积极拓展国际合作，利用144小时过境免签政策等便利措施，吸引更多外籍游客。建立游客线上反馈机制对不断优化服务和活动内容至关重要。通过收集游客的意见和建议，夜间文旅消费集聚区可以及时调整和改进服务，提供更加贴合游客需求的体验，树立良好口碑，从而在旅游市场中保持竞争力，实现可持续发展。

B.22
人工智能技术赋能福建文旅融合路径研究[*]

刘 琨　戴韶垠　廖美慧[**]

摘　要： 福建省政府高度重视文旅产业发展，提出了福建文旅产业发展的战略目标。本文深入探讨了人工智能技术如何赋能福建文旅融合，根据福建各地市 2023 年的统计数据以及省文化和旅游厅公开数据构建指标体系，并采用耦合协调度模型分析了福建文旅融合和人工智能发展总体形势与进展情况。研究指出，尽管存在文物保护机制不够完善、文旅资源的宣传模式缺少创新和沉浸式互动体验项目较为匮乏等问题，但通过创新和丰富文化内涵，结合人工智能技术的应用，可以有效推动文旅产业的高质量发展。同时，本文提出了七大布局与规划，以及优化人工智能赋能文旅融合的顶层设计、丰富融合应用场景与完善推广应用机制、保障大模型应用与数据资源的基础条件、加强文旅智能化项目库建设和推动人工智能与文旅融合复合型人才培育的建议，以促进"人工智能+文旅融合"深入发展。

关键词： 文旅融合　人工智能　福建省

文化是旅游业在外延上的拓展和内涵上的丰富。随着人工智能技术的发展，文旅产业与人工智能技术深度融合的需求日益迫切，"人工智能+文旅"

---

[*] 本文系 2024 年福建省文化和旅游研究重点咨询课题（编号：2024WLYJ09）阶段性研究成果。

[**] 刘琨，博士，福州大学经济与管理学院教授、硕士生导师，主要研究方向智慧财务管理；戴韶垠，福州大学经济与管理学院 2024 级硕士研究生，主要研究方向智慧财务管理；廖美慧，福州大学经济与管理学院 2024 级硕士研究生，主要研究方向智慧财务管理。

成为新潮流。福建省人民政府办公厅印发的《关于推动数字文旅高质量发展的实施方案》表明，要构建支撑文旅经济高质量发展的"1+2+3+N"数字文旅发展格局，融合建设贯通全域文旅数据资源的大数据中心，完善提升数字文旅政务管理、综合服务"两个平台"，打造多个数字文旅应用场景，力争到2025年，全省数字文旅发展达到全国领先水平。本文通过多种研究方法和大量数据，全面分析福建文旅融合的现状以及人工智能技术在福建文旅融合中的应用场景，研究其发展趋势，并提出建议和对策。

一 福建文旅融合与人工智能技术发展的总体形势与进展

（一）福建文旅融合发展情况

目前，文旅融合理念广受认可，成为文旅产业协同发展的共识和方向。文化和旅游部出台《"十四五"文化和旅游发展规划》以引领该进程，同时，全国20余个省份也相继发布了文化和旅游规划，明确推动文旅融合发展。

本文根据福建各地市2023年的统计数据以及福建省文化和旅游厅公开数据构建指标体系，再依据耦合系数模型与耦合协调度模型测算福建省内各地市文旅融合的发展程度。福建文旅融合发展指标体系如表1所示。

表1　福建文旅融合发展指标体系

一级指标	二级指标	数据来源
旅游	国际旅游外汇收入	《福建统计年鉴（2023）》
	入境游客人数	《福建统计年鉴（2023）》
	A级景区分布	福建省文化和旅游厅公开数据
	旅行社分布	福建省文化和旅游厅公开数据
	全年旅游收入	各市（区）2023年的统计公报
	全年接待游客数量	各市（区）2023年的统计公报
	星级饭店数量	福建省文化和旅游厅公开数据

续表

一级指标	二级指标	数据来源
文化	有线电视用户数	《福建统计年鉴（2023）》
	电视节目综合人口覆盖率	《福建统计年鉴（2023）》
	第十批省级文物保护单位数量	福建省文化和旅游厅公开数据
	博物馆数量	福建省文化和旅游厅公开数据
	公共图书馆数量	福建省文化和旅游厅公开数据
	乡镇街道综合文化站数量	福建省文化和旅游厅公开数据
	美术馆、群众艺术馆、文化馆数量	福建省文化和旅游厅公开数据
	文化产业示范基地数量	福建省文化和旅游厅公开数据
	国家级非物质文化遗产项目数量	福建省文化和旅游厅公开数据

注：表中的"区"指平潭综合实验区。

利用熵值法处理上述指标数据，得到各项指标的权重；再通过加权求和，得到福建省内各地市文化和旅游发展水平，如图 1 所示。

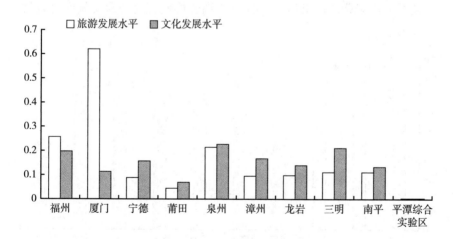

图 1　福建各地市文化和旅游发展水平

资料来源：根据《福建统计年鉴（2023）》及福建省文化和旅游厅 2023 年公开数据整理。

从图 1 可以看出，厦门旅游发展水平显著高于全省平均水平，但其文化发展水平偏低；福州和泉州相对均衡，福州旅游发展水平高于文化发展水平，而泉州文化发展水平略高于旅游发展水平。平潭综合实验区^①由于体量较小，跟其他 9 个设区市具有明显差距。基于测算的福建省内各地市文化和旅游发展水平，构建文化产业与旅游产业二元系统的耦合度模型：

$$C = 2\sqrt{(u_1 \times u_2)/(u_1 + u_2)^2} \tag{1}$$

其中，u_1 是文化发展水平的评估值，u_2 是旅游发展水平的评估值。在计算模型耦合度时，可能会出现两系统综合发展水平低而协调度高的情况。为精准把握此情境下两系统间的耦合关系，本文基于耦合度分析，引入了耦合协调度模型：

$$D = \sqrt{C \times T} \tag{2}$$

其中，$T = \alpha u_1 + \beta u_2$；$D$ 是耦合协调度；T 是文化产业系统与旅游产业系统的综合协调指数；α、β 是待定系数且 $\alpha + \beta = 1$，考虑到文化产业和旅游产业两者同等重要，取 $\alpha = \beta = 0.5$。

通过上述测算，得出福建省各地市耦合协调程度，即文旅融合发展程度，如图 2 所示。

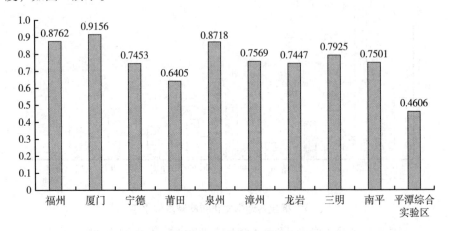

图 2 福建省各地市文旅融合发展程度

资料来源：根据《福建统计年鉴（2023）》及福建省文化和旅游厅 2023 年公开数据整理。

---

① 平潭综合实验区在福建省实行计划单列，其在某些经济、财政、旅游等方面享有相对独立的地位，故本文将其单列。

从图 2 可以看出，厦门文旅融合发展程度最高，达 0.9156；其次是福州，达 0.8762；排名第三的泉州，达 0.8718。从协调梯队来看，全省各地市可分为 5 档，其中仅厦门达到优质协调，福州和泉州为良好协调，龙岩、宁德、南平、漳州、三明为中度协调，莆田为初级协调，平潭综合实验区为濒临失调。

（二）人工智能技术促进文旅融合的模型构建

近年来，人工智能领域进入爆发期，算力驱动与数据规模效应显著，人工智能技术与实体经济加速融合。《"十四五"文化和旅游发展规划》强调推动智慧旅游快速发展，包括数字化、网络化和智能化。省级规划显示，各地重视智慧旅游，通过优化游客体验、加强景区管理、推动产业转型和促进消费升级来加快行业升级。

为探究人工智能是否能够促进文旅融合发展，本文基于全国 31 个省（区、市）的有关数据，构建回归模型进行分析，多元回归模型：

$$wl_i = \beta_0 + \beta_1 AI_i + \beta_2 RK_i + \beta_3 GDP_i + \beta_4 wltr_i + \beta_5 wlzb_i + \delta_i \qquad (3)$$

其中，wl_i 为各省（区、市）的文旅融合程度，AI_i 为各省（区、市）的人工智能发展水平，RK_i、GDP_i、$wltr_i$、$wlzb_i$ 为控制变量，分别代表各省（区、市）的人口规模、地区生产总值、文旅投入、文旅投入占财政支出的比重。

通过上述回归模型的分析，得出以下结论：在控制各省份人口规模、经济发展水平、文旅投入以及对文旅投入的重视程度后，人工智能技术仍可以显著促进地区文旅融合发展，这一结果验证了人工智能技术发展能够有效促进文旅融合。

（三）人工智能与文旅融合发展的关系

根据福建省经济信息中心发布的《福建省数字经济发展指数评价报告（2022 年）》以及人工智能百强城市的测算方式，对福建各地市人工智能发展情况进行分析。从图 3 可以看出，福州、厦门、泉州 3 个人工智能发展水平较高的城市，其文旅融合发展程度也较高，人工智能发展水平与文旅融合发展程度呈正相关，相关系数达到 0.75，该相关系数高于 0.54 的全国平均水平，说明福建省人工智能促进文旅融合的作用更加突出。

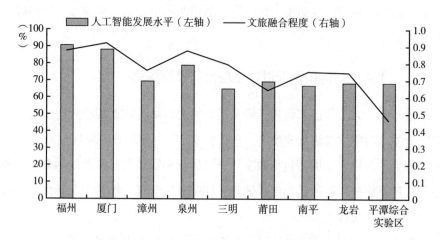

图 3　福建各地市人工智能发展水平和文旅融合发展程度

资料来源：根据《福建省数字经济发展指数评价报告（2022 年）》及相关资料整理。

二　人工智能技术促进福建文旅融合面临的主要问题

人工智能技术的飞速发展显著促进文旅产业的深度融合，为推动福建人工智能与文旅产业的融合，本文通过对比分析省内外"人工智能+文旅融合"的典型案例，得出当前福建在推进此融合过程中存在以下几方面问题。

（一）文物保护机制不够完善

在三坊七巷历史街区推进文旅融合的过程中，古建筑缺乏修缮维护、违法搭建及房地产开发导致的大规模拆除等问题的出现，反映了福建文物保护机制不完善的问题，易造成历史文化遗产损失。与良渚文化遗址进行对比发现，良渚文化遗址对文物保护尤为重视，引入一系列人工智能技术，构建"全面覆盖与重点突破并重"的文物保护机制，实现对文物的立体化、精细化保护。

（二）文旅资源的宣传模式缺少创新

当前，福建文旅资源的推广方式仍存在局限性，主要依赖线上媒体平台进行信息传播，缺乏创新。尽管数字媒体在当今社会中具有覆盖面广、传播速度快等优势，但福建文旅资源的推广活动未能充分利用其全部潜能，往往局限于常规的线上广告、社交媒体发布等形式，缺乏深度互动与个性化定制，导致信息传播效果有限，难以有效吸引目标受众。相比之下，中国国家博物馆在文旅宣传领域开拓了多种新型宣传方式，例如，与高等院校合作开发以文物与历史为主题的舞台剧目，通过艺术展现文物背后的历史故事与文化内涵；在重要节日设计制作景区的主题贺卡，借助社交媒体平台进行广泛传播；引入虚拟现实技术，创建景区专属虚拟形象大使，提升趣味性与互动性，吸引年轻游客。

（三）沉浸式互动体验项目较为匮乏

目前，福建侯官文化（三坊七巷历史街区）和船政文化在沉浸式互动体验项目开发上，集中于 AR 技术应用，例如"船政学堂元宇宙"和"福州三坊七巷元宇宙街区"，但在互动形式的多样性方面，仍有待进一步拓展与创新。相比之下，中国国家博物馆通过构建数字展厅，引入虚拟漫游等创新参观方式，增强游客对文化的认知与兴趣；清明上河园通过球幕影院、VR 漂流等高科技游乐项目，成功打造集教育性、娱乐性与互动性于一体的沉浸式体验项目（见表 2）。

表 2　福建与其他地区"人工智能+文旅融合"案例对比分析

案例	主要内容	案例	主要内容
浙江良渚文化旅游项目	1. 深度互动 2. 建立良渚博物院的三维虚拟网站 3. 建立"全面覆盖+重点突破"的文物保护机制	福建侯官文化（三坊七巷历史街区）	1. 科技赋能打造"智慧街区" 2. 将元宇宙与三坊七巷历史街区深度融合（AR 虚拟交互）

续表

案例	主要内容	案例	主要内容
中国国家博物馆	1. 构建数字展厅,引入虚拟漫游 2. 创新文物活化路径(舞台剧、虚拟导游、"中华文明云展")	福建船政文化	1. 沉浸式AR游览船政文化景区 2. 打造"数字+文旅"生态体系
清明上河园	1. 构建"云生态智慧景区" 2. 创新"门票+"业务模式 3. 沉浸式互动体验创新(球幕影院、VR漂流等)		

三 人工智能技术促进福建文旅融合的场景发掘

为深入发掘人工智能技术促进文旅融合的场景,本章将结合侯官文化、武夷山景区与泉州历史文化街区的案例,对智能精准营销、智能导览和虚拟现实体验三大场景进行具体阐述,并分析其可推广性和可应用性。

(一)人工智能技术赋能侯官文化文旅融合的场景分析

侯官文化作为福州及周边地区的文化瑰宝,以其独特的文化特质和深厚的文化底蕴,成为福州乃至整个闽文化的重要组成部分(见图4)。

1. 智能精准营销场景

侯官文化的智能精准营销系统是利用现代营销技术和方法,对侯官文化相关产品或服务进行精准定位和推广,其面向国内外进行广告投放与精准营销,以实现市场效益的最大化。其主要盈利模式包括广告收入、成果分成、服务收入、数据销售和增值服务收入等。该系统可通过深化对客户的理解和细分、优化广告投放,提高客流量、广告转化率和投资回报率;也可定期分析广告数据,收集并及时反馈游客诉求,为后续优化广告内容、调整营销策略、提升用户体验提供参考。

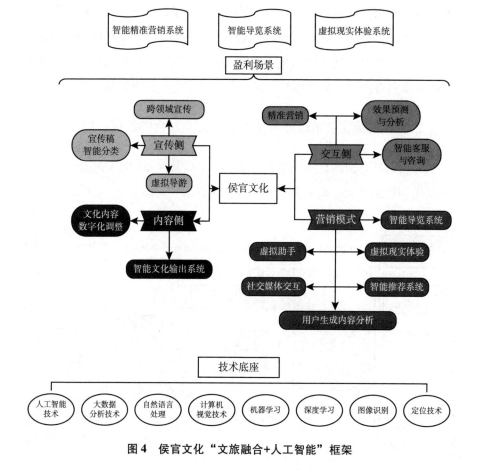

图4 侯官文化"文旅融合+人工智能"框架

2. 智能导览场景

侯官文化智能导览系统是以游客的手机为载体，运用现代科技手段，针对侯官文化特色设计的智能旅游服务系统。其盈利模式呈现多元化的特点，包括导览讲解服务收入、平台分成收入以及一系列增值服务收入。游客通过该系统可直接获取所需的路线规划，享受沿途的语音讲解服务，及完善的智能客户服务；同时，该系统可为商家提供推广服务，带动周边经济发展。

3. 虚拟现实体验场景

虚拟现实体验系统在数字化和高科技的推动下，为侯官历史文化街区的展示与传承提供了新的可能，带给游客数字文旅消费的新场景与新体验。其盈利模式主要有体验收费、广告和赞助收入与电子商务平台服务收入等。该系统可将非遗文化活灵活现地展示给公众，增强侯官文化的吸引力。同时，可以在该系统中加入线上购物平台模块，销售与侯官文化相关的商品；或者在VR体验中直接设立购物环节，提高商品的曝光率和购买率。

（二）人工智能技术赋能武夷山景区文旅融合的场景分析

武夷山以其秀美的自然风光吸引游客，更以其深厚的文化底蕴，尤其是朱子文化和红茶文化，成为文旅融合的重要载体（见图5）。

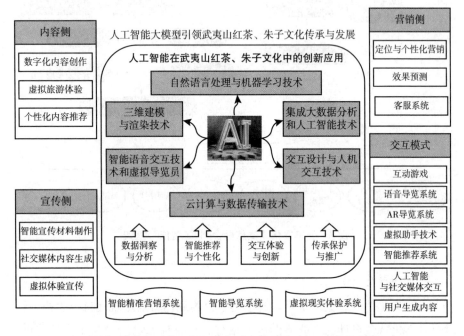

图5 武夷山红茶、朱子文化"文旅融合+人工智能"框架

1.智能精准营销场景

武夷山景区作为全国首批智慧旅游试点景区，可以依托人工智能大模型对景区内的红茶、朱子文化等进行智能精准营销。利用人工智能大数据模型精准定位潜在客户，分析游客的评论、浏览记录等，识别游客的兴趣点和情

感倾向，预测游客的偏好，从而形成更精准的市场定位，收集游客的诉求，为其精准推荐适合的旅游路线和活动。

2. 智能导览场景

智能导览系统指的是以游客的移动设备为载体，运用现代科技手段，针对武夷山红茶与朱子文化特色设计的智能旅游服务系统。该系统不仅能够提供基本的景点介绍和路线规划，还可以通过算法，根据游客的兴趣和行为习惯，推荐个性化的游览路线和活动。同时，能够实时分析游客的反馈，不断优化推荐内容，实现真正的个性化服务。

3. 虚拟现实体验场景

武夷山景区虚拟现实体验可以将游客带入一个虚拟的武夷山环境中，让其深度体验红茶的种植、采摘、制作过程，并感受朱熹讲学、传承文化的场景，是一种数字文旅消费的新场景与新体验。游客可通过下载专门的 App，体验交互式的朱子文化学习。这些 App 利用人工智能技术，结合朱子文化的历史资料和学术研究成果，设计了一系列互动式学习模块。通过答题、角色扮演、虚拟现实游览等方式，游客可以深入了解朱熹的生平、思想及其影响力。

（三）人工智能技术赋能泉州历史文化街区文旅融合的场景分析

泉州历史文化街区涵盖丝路海洋文化、宋元商业文化、多元包容文化等独特元素，拥有丰富的历史文化资源（见图 6）。

1. 智能精准营销场景

泉州历史文化街区智能精准营销是利用数据采集与预处理、数据存储与管理、数据分析与挖掘等技术对用户和产品信息进行管理和处理，对相关信息的映射关系进行挖掘。其盈利模式包括广告收入、合作收入、数据服务收入、文化产品销售收入、会员服务收入和增值服务收入等。该系统通过与热门社交媒体平台的深度合作，策划并实施一系列以"泉州文化"为主题的线上活动，从而构建线上线下的双向互动与交流机制，实现对潜在目标受众的精准营销。

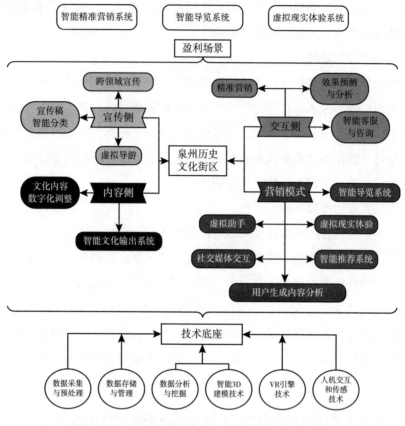

图6 泉州历史文化、丝路海洋文化"文旅融合+人工智能"框架

2. 智能导览场景

泉州历史文化街区的智能导览系统将历史文化与现代科技相结合，创造出独特的文化旅游体验，通过数据收集、数据处理和数据分析对用户的兴趣偏好、旅行历史等信息进行处理，并自动推送与游客的兴趣点相匹配的旅游景点以及文创产品，生成个性化游览路线以及相关旅游攻略。该系统依托人工智能技术，实现多语种的实时翻译和文化解读。游客通过智能设备，获取泉州历史建筑、传统工艺、地方美食等方面的信息。

3. 虚拟现实体验场景

虚拟现实体验系统应用的技术主要包括智能 3D 建模技术、VR 引擎技术、人机交互和传感技术等，是一种数字文旅消费的新场景与新体验。其盈利模式主要有体验收费、广告和赞助收入与电子商务平台服务收入等。在虚拟现实场景中，通过 3D 建模和 VR 技术，重建泉州的历史街道、古建筑和文化场所，让用户在虚拟环境中亲身体验泉州的历史氛围。利用 VR 技术展示泉州的非物质文化遗产，如南音、木偶戏、传统工艺等，让用户通过互动体验深入了解这些文化的内涵和价值，同时可以在虚拟现实体验系统中销售文创产品。

（四）人工智能技术赋能文旅融合应用场景的可推广性和可应用性分析

在文旅领域，智能精准营销、智能导览和虚拟现实体验具有显著的可推广性和可应用性，能够极大地丰富游客的体验，提升服务效率，增强互动性，为文旅产业带来新的增长点。

智能精准营销可以利用大模型精准定位潜在客户，通过分析游客的兴趣、消费习惯、地理位置等信息，实现精准推送旅游产品和服务。通过智能营销系统，文旅项目也可以设计互动式营销活动，如线上游戏、抽奖、问卷调查等，提高用户的参与度和黏性。此外，智能营销还可以用于预测旅游热点，提前优化资源配置，制定旅游产品的推广策略。

智能导览系统能够为游客提供个性化的导览服务，以及更加完善的智能客户服务，尤其适用于博物馆、艺术馆等文化场所。因为这些文化场所通常拥有大量的文化遗产和展品，每一件都蕴含深厚的历史和文化价值，游客难以深入了解其文化内涵。对此，通过导览耳机或移动设备，智能导览系统能够提供详尽的解说和背景信息，与游客形成交互，帮助游客更好地理解和欣赏这些文化遗产，并且智能导览系统允许游客按照自己的节奏和时间安排参观活动，提高了参观的灵活性。同时，景区常常接待来自世界各地的游客，智能导览系统可以提供多语言服务，使不同国家的游客都能享受到高质量的导览服务。

虚拟现实技术的推广性和应用性较强。受到时间和空间的限制，一些珍

贵的文化遗产无法对公众开放或需要严格限制访问时间。但虚拟现实技术可以打破时间和空间的限制，提供新颖的互动方式，为游客带来全新的体验。

综上所述，智能精准营销、智能导览和虚拟现实体验在文旅领域具有广阔的应用前景，可以应用到多种文旅融合项目中，具有较强的可推广性，对促进文旅产业的数字化转型和创新发展有一定意义。

四 福建"人工智能+文旅融合"的布局与规划

（一）运用大模型精准定位潜在客户

福建将充分运用大模型精准定位潜在客户，通过深度挖掘游客行为数据、兴趣偏好及历史消费记录，绘制涵盖年龄、性别、地域等基本信息以及游客文化旅游偏好、消费能力及潜在需求的多维度游客画像。依托强大的AI算法，实现个性化推荐与定制化服务。同时，结合实时数据，不断优化营销策略，提升客户转化率与满意度。

（二）实施面向国内外的广告投放与精准营销策略

依托先进的人工智能技术，精准分析国内外目标市场客群的文化背景、消费习惯及媒体偏好，制定差异化的广告内容与传播策略。通过人工智能大模型，识别并锁定潜在游客群体，利用线上、线下等多渠道进行精准营销，同时结合市场反馈，持续优化相关内容与策略，提升广告效果与转化率。此外，福建将强化品牌故事与文化内涵的传播，打造极具吸引力的地方特色文旅品牌，持续提升福建文旅产业在国际舞台上的影响力与竞争力。

（三）收集游客诉求并及时反馈

福建高度重视游客诉求的收集分析与及时反馈机制，通过构建智能游客服务平台，利用自然语言处理与情感分析技术，实时捕捉并分析游客在线上平台等多渠道的反馈与建议，并进行智能分类、优先级排序，确保游客的关键诉求得到快速响应。同时，利用大数据分析游客需求的变化趋势，为文旅产品与服务的持续优化提供数据支持。此外，AI 驱动的即时反馈系统能够自动生成个性化解决方案，并快速传达给游客。

（四）智能定制个性化旅行内容

根据游客的旅行历史、兴趣偏好和实时数据，自动生成个性化的旅行攻略；根据游客的时间、预算和交通状况，智能规划行程，提供最优的旅行方案；整合大量数据，为游客提供详尽的目的地信息；实时更新旅游信息，确保游客获取最新信息；与游客进行实时互动，根据游客的反馈和实时体验，动态调整旅游攻略的内容，为游客提供更加个性化的建议；提供多语言服务，破除国际游客的语言壁垒。通过提供个性化和高质量的内容，提高游客的满意度和忠诚度，从而推动文旅经济发展。

（五）完善并优化智能客户服务

AI 客服能实现实时互动与响应，随时为游客答疑，提供即时的建议和服务，快速处理游客的投诉和建议，缩短了游客的等待时间；分析游客的反馈数据，为景区提供决策支持，优化景区服务和产品；对游客的评论进行情感分析，了解游客的真实感受，及时调整服务策略。通过提供更加完善的服务，景区可以吸引更多游客，增加收入，降低运营成本，实现可持续发展。

（六）创新文旅消费渠道及体验场景

人工智能技术运用机器学习算法对游客的饮食偏好进行分析，智能推荐匹配的餐厅，并提供在线预订服务；针对文创产品，利用线上橱窗进行 3D 展示，借助 AR 技术，游客能够模拟文创产品在现实生活中的使用场景。此外，将人工智能技术与景区的票务预订系统相结合，通过系统内部优化，实现自动排程、智能推荐最佳购票时机等功能，减少游客等待时间，提升购票效率。

（七）实现智能安全监控与预警

人工智能技术为游客的安全提供良好的保障。景区的实时监测与预警系

统利用摄像头、传感器等设备收集数据，通过计算机视觉技术实时监测景区内的人流密度、车辆状况、环境变化等，及时发现异常情况，自动触发预警机制，并通知相关人员采取行动。借助人工智能技术，景区可建立智能疏导系统，实现不同景区间的协同管理，预先规划人流疏散路径，以此有效避免局部区域过度拥挤的现象发生。此类系统能够显著降低节假日等高峰时段发生踩踏事故的风险，从而确保游客安全，也能降低景区设施因客流大而产生的损耗，降低维护成本。

五 推动人工智能赋能文旅融合发展的建议和对策

（一）优化人工智能赋能文旅融合的顶层设计

从顶层设计的角度出发，制定全面系统的规划是推动文旅产业与人工智能技术深度融合的基石。首先，在规划阶段统筹考虑基础设施建设与人工智能技术的融合，包括算法优化、数据处理能力等，打造具备高度智能化管理能力的文旅产业体系。其次，加大技术研发与基础设施升级的资金投入，充分发挥人工智能技术的优势，提升文旅产业效率与服务水平。最后，促进文旅、交通等关键部门之间的数据共享，打破信息孤岛，优化资源配置。此外，建立健全相关法律法规，加强数据安全和知识产权保护，确保"人工智能+文旅融合"的健康发展，为产业的可持续发展提供法律保障。

（二）丰富融合应用场景与完善推广应用机制

应用场景的挖掘与技术成果的推广应用能有效推动"人工智能+文旅融合"战略发展。首先，鼓励掌握人工智能技术的企业与文旅企业展开深度合作，实现技术交流，促进思维碰撞，搭建创新平台，共同探索人工智能技术与文旅产业融合的路径。深入挖掘文旅产业的交互场景，为游客打造便捷化与个性化的旅游体验。其次，采取积极措施推动创新成果的快速落地和普及。第一，通过试点示范，选取具有代表性的文旅景区或项目作为先行先试的样本，率先应用人工智能技术，形成可复制、可推广的成功经验。第二，政府提供资金支持，降低技术应用的门槛和风险，鼓励更多的文旅企业采用人工智能技术。第三，通过各种方式宣传人工智能技术在文旅产业中的应用成果和典型案例，提高公众的认知度和接受度。

（三）保障大模型应用与数据资源的基础条件

保障大模型应用与数据资源的基础条件是推动文旅产业创新发展的重要举措。首先，政府积极引导文旅企业与人工智能公司紧密合作，共同构建文旅数据平台，整合现有数据资源，并强化摩崖石刻等特色文化资源的数字化采集，丰富文旅数据的维度，为后续的数据分析和应用奠定坚实基础。其次，利用先进的大模型接口，结合大数据和人工智能技术，对文旅数据进行深度挖掘和分析，以提供更多有价值的信息，推动文旅产业的创新发展。最后，为确保数据平台的安全、稳定和高效运行，制定严格的数据管理制度和保护措施，并加强技术研发和人才培养，为平台的持续优化升级提供有力保障。

（四）加强文旅智能化项目库建设

在推进"人工智能+文旅融合"的进程中，加强文旅智能化项目库建设十分重要。首先，贯彻"成熟一批推广一批"的原则，优先选择文旅融合的国家5A级旅游景区及条件成熟的博物馆、文化馆作为示范，凭借其文化底蕴和运营优势，实施智能化项目。其次，构建并持续优化文旅智能化项目库，对入选项目进行系统化管理、跟踪和定期评估，更加精准地识别和推广具有市场潜力和创新价值的项目，确保项目的质量和效益达到预期目标。最后，加强跨部门的协作与沟通，并引入专业咨询团队，提升项目库的综合效能，为项目库的建设与运营提供智力支持。

（五）推动人工智能与文旅融合复合型人才培育

文旅产业的创新发展离不开人才的支撑，构建多层次人才培养体系，建设高素质、专业化的文旅人才队伍。首先，招聘环节注重人才的数智化技能背景和跨界融合能力。其次，深化旅游管理学科与人工智能学科的融合，通过课程更新、实践教学和跨学科研究，培养兼具旅游专业知识与人工智能技术的复合型人才。最后，持续强化培训和学习支持，提供丰富的在线资源、培训课程和自主学习平台，提升文旅从业者的数字化技能。

B.23
演出经济带动福建省文旅消费研究[*]

邹永广　雷振仙　廖金斤　方　煜　衷浩滢^{**}

摘　要： 本文对福建省演出市场的类型、特点和发展现状进行分析，深入探讨了福建省演出经济对文旅消费的带动作用，并提出演出经济促进文旅消费水平提升的具体路径：实景演出应注重文化资源的深入挖掘和文化创新、品牌建设与 IP 开发，只有这样才能更好地将地方旅游资源优势和文化特色转化为具有吸引力的文旅产品，从而带动文旅消费；民俗演出应丰富文化体验项目，提升旅游互动性，并创新商业模式；举办大型演唱会的城市应提升服务水平，加大文化产品供给，满足消费者的多样化需求。

关键词： 演出经济　文旅消费　产业关联　福建省

随着旅游市场的复苏，"为了一场演出奔赴一座城"成为文旅市场的"爆点"。演出经济作为文化产业的重要组成部分，在促进经济发展、丰富人民群众精神文化生活方面发挥重要作用。[①] 福建省以其独特的地理位置、丰富的文化资源和繁荣的经济发展态势，为演出经济的蓬勃发展创造了得天

 * 本文系 2024 年福建省文化和旅游研究重点咨询课题（编号：2024WLYJ10）、福建省社会科学基金项目（编号：FJ2022B074）阶段性研究成果。

** 邹永广，博士，华侨大学旅游学院副院长、教授、博士生导师，主要研究方向为旅游安全与区域旅游发展战略；雷振仙，华侨大学旅游学院 2023 级博士研究生，主要研究方向为旅游安全与旅游大数据；廖金斤，华侨大学旅游学院 2022 级硕士研究生，主要研究方向为旅游安全与区域旅游发展战略；方煜，华侨大学旅游学院 2022 级硕士研究生，主要研究方向为旅游安全与智慧旅游；衷浩滢，华侨大学旅游学院 2023 级硕士研究生，主要研究方向为旅游安全与文化遗产。

① 何志武：《"演出经济"成为城市新流量密码》，《人民论坛》2024 年第 3 期。

独厚的条件。近年来，福建省的演出市场持续活跃，涌现出大量优秀的文艺作品和演出团体，而且吸引了众多观众的目光，为文旅消费水平的提升注入新的活力。

本文旨在深入探讨演出经济对福建省文旅消费的带动作用，提出演出经济促进文旅消费水平提升的具体路径。研究范围主要包括福建省内的各类演出活动，包括演唱会、音乐节、艺术节等大型文化活动，结合相关理论和实际案例，对福建省演出市场的现状进行全面梳理和深入分析，探讨福建省典型演出案例对文旅消费的带动机制。通过对福建省演出经济带动文旅消费的机制进行研究，为福建省文旅融合发展和消费升级提供有益参考，同时为全国范围内的文旅融合发展带来一些启示。

一　福建省演出经济的发展概况

（一）演出的类型

福建省演出主要类型包括演唱会、音乐节、实景演出、话剧、儿童剧、音乐剧等（见表1），它们在规模、收益、演出形式、演出内容等方面有所不同，对地区文旅消费及其他相关行业的带动效果显著。[①]

表1　演出的类型、特征及福建省代表性演出产品

类型	细分类型	特征	福建省代表性演出产品
大型演唱会及音乐节	大型演唱会	体量、规模较大，票房收入高，"明星效应"突出，逐步向中小城市下沉	2024李荣浩"纵横四海·龙年"演唱会—福州站、薛之谦"天外来物"巡回演唱会—厦门站
	户外音乐节	沿海城市举办较多，具有较强的社交属性，主题多元	2024泡泡岛音乐与艺术节、泉州好势音乐节
	Live House	多在室内场馆举行，以说唱、电子音乐类演艺为主	—

[①]　兰仁娥：《群众文化活动策划与组织实施》，《戏剧之家》2019年第19期。

类型	细分类型	特征	福建省代表性演出产品
沉浸式演出	大型实景演出	注重互动及氛围的营造,通常对观众以多感官刺激	《印象大红袍》《偷心晚宴》
	数字技术演艺	利用数字技术、虚拟现实(VR)、增强现实(AR)等现代科技手段进行演艺活动	—
戏剧类演艺	舞剧	受众较为稳定、演出内容和周期较为固定、观赏性较强	《花儿与海》《咏春》
	话剧		《共饮一江水》《过海》
	戏曲		闽剧《生命》《闽南神韵》、莆仙戏《踏伞行》、歌仔戏《侨批》、高甲戏《连升三级》、木偶戏《四将开台》
	音乐剧		《瞿秋白》《我爱沙坡尾》
	儿童剧		《爱丽丝梦游仙境》《西游记之三打白骨精》
	曲艺(含脱口秀)		来疯脱口秀
	杂技		《坊巷时光》《土楼年轮》
其他	音乐会	演出形式多样、内容丰富、创新性强	"幻乐之城"钢琴独奏音乐会、厦门爱乐乐团交响音乐会
	其他		泉州·CCD动漫游戏嘉年华、《帽子戏法》魔术秀

在福建省代表性演出产品中,大型演唱会、《印象大红袍》实景演出以及闽台民俗演出成为近年来福建省演出项目的典型代表,不仅产生了极大的经济效益,还有一定的社会效益。大型演唱会是一种具有艺术属性的商业演出,通常以音乐表演为主要内容,歌手或乐队作为主体,具有一定规模的、在观众面前进行的现场演出;大型实景演出类旅游演艺产品以其丰富的文化内涵、氛围营造、科技融入以及旅游者的高参与度著称,它体现了传统旅游范式的转变,是对旅游新发展模式的有益尝试;闽台民俗演出广泛取材于闽台人民生活,深刻展现两地风土人情和文化特色,体现"旧中见新,新中见根"的文化品格。

（二）演出经济业态

1. "演出+旅游"：跨城流动观演掀热潮

"演出+旅游"作为一种新兴业态，正深刻改变文化消费市场的格局。跨城观演现象的兴起，成为演出经济的一个显著特征，促进了不同城市间的文化交流。随着演出活动向三线、四线城市下沉，旅游市场得以拓展。演出活动为当地带来了经济效益，也为当地文化的展示提供了平台，增强了地方的文化软实力。

2. "科技+旅游"：景区夜间演出增流量

"科技+旅游"的融合为景区夜间演出带来了新的发展机遇，成为促进旅游目的地夜间经济发展和提升游客体验的重要手段。通过利用先进的科技手段，如增强现实（AR）、虚拟现实（VR）、3D 投影技术等，景区能够创造出更加震撼和沉浸式的观演体验，从而吸引并留住游客。随着消费者对高质量旅游产品需求的提升，景区旅游演出正逐步向沉浸式和科技化发展。场景呈现、文化创意和观演模式的升级，使得演出活动更加引人入胜，形成了独特的"沉浸式演出"经济。

3. "文化+旅游"：民间传统演艺添动力

"文化+旅游"的融合模式为传统民间演艺注入新的活力和动力，使之成为推动文旅产业发展的重要力量。民间传统节庆活动，如福州的"游神"、湄洲岛的妈祖祭典、泉州的踩街等，均具有深厚的文化底蕴，展现了浓郁的地方特色和烟火气。因其独特的文化魅力和传统韵味，吸引了大量游客的关注和参与。随着网络媒体的普及和曝光度的提升，传统节庆活动得以迅速"出圈"。大众对"传统"和"特色"的追求，使节庆活动及相关演艺成为满足人们外出旅游"求异心理"的重要方式，让人们体验与众不同的文化氛围，感受地方独特魅力。

（三）演出经济发展和繁荣的驱动要素

演出从小众的"粉丝经济"拓展到覆盖面广泛的"演艺经济"，这一演变过程受到了多种要素的驱动。具体来说，主要包括以下五个方面。

1. 政府政策激励：演艺经济发展的"催化剂"

政府出台的一系列促进演艺产业发展的政策，为演艺经济发展提供了良好的环境，激发了市场活力，促进了演出内容的创新和多样化，为演出市场的繁荣奠定了坚实的基础。国家发展改革委在 2020 年发布措施明确支持文旅消费，促进了文娱、体育、会展消费，直接为演艺经济的繁荣提供了政策和资源支持。此外，政府还通过举办各类文化活动和艺术节，提升公众对文艺演出的关注度和参与度。

2. 市场需求驱动：消费升级的新趋势

民众对精神文化生活需求的日益增长直接推动了演艺经济的发展，尤其是对高质量文化产品的追求，促使演艺市场不断推出新的、多样化的产品和服务。观众对演出内容的需求越来越多样化，从传统的戏剧、音乐剧到现代的音乐会、舞蹈表演等，观众的选择更加丰富。同时，越来越多的观众愿意为高品质的演出体验支付高票价，这为演出市场的持续发展提供了动力。

3. 数字技术革新：创新观演体验的重要手段

数字技术的快速发展为演出经济的大众化提供了技术支持。虚拟现实（VR）、增强现实（AR）、在线直播等的应用，使演出活动突破了时间和空间的限制，不仅改变了传统的观演模式，还为观众提供了全新的观演体验，极大地拓宽了演出的传播渠道和观众群体。同时，技术的创新应用也为演出内容的创作和传播提供了更多可能性，推动了演出内容的创新和多样化，从而吸引了更多的消费者参与演艺活动，推动演出经济繁荣发展。

4. 文旅产业协同：跨界融合的新动力

演出经济与旅游、文化等其他产业的协同发展为演出市场的大众化提供了新的增长点。"演艺+旅游"模式不仅提升了演出活动的吸引力，还带动了相关产业的发展，形成了新的消费热点和经济增长点。① 此外，演出经济

---

① 熊哲欣、丹妮：《实景演出对旅游经济增长的影响——以张家界〈天门狐仙〉为例》，《中国集体经济》2020 年第 11 期。

的产业链也在不断整合，从演出制作、宣传推广到票务销售、观众服务等，各个环节都在不断优化和完善，形成了一个高效、协同的产业链。

5. 企业战略引领：品牌建设与市场拓展

文旅企业的管理创新和市场策略对演出经济的大众化起到了关键作用。文旅企业通过品牌建设、营销策略等手段，提升演出项目的知名度和影响力；还通过跨界合作，与其他行业和机构建立合作关系，共同推广演出活动，扩大演出市场的影响力。此外，企业还通过创新的商业模式、多元化的产品开发和有效的市场推广，提高演艺产品的市场竞争力，扩大市场影响力，促进演出经济发展。

二 演出经济促进福建省文旅消费现状

（一）演出经济引领文旅消费，带动产业链高质量发展

近年来，福建省通过举办各类高品质的演出活动，如音乐节、戏剧表演、儿童剧和大型实景演出，吸引了大量游客，提升了游客的文化体验，推动演出经济蓬勃发展，也为当地提供了更多的就业机会，带动住宿、餐饮、交通等相关产业迅速发展。[①] 福建省通过积极规划文化旅游线路、主题旅游项目等形式实现演艺项目与旅游产品的融合发展，增强了旅游产品的吸引力与竞争力。

（二）演艺新业态发展与创新，推动文旅消费多元化发展

福建省通过引入和发展沉浸式演艺、虚拟现实演出、跨界艺术表演等新型演出形式，丰富了演出市场的供给，满足了不同观众群体的多样化需求。演出企业借助 VR 技术打破了时空限制，让观众通过科技手段享受身临其境的演出体验。福建省也鼓励地方演出团队、机构和创作者努力探索音乐、舞蹈、戏剧等多元艺术形式的融合创新，打造出时代气息与地方特色相结合的演艺作品，为观众提供更新颖、更丰富的舞台演出效果。

---

① 张国川：《厦门旅游演艺业发展研究》，硕士学位论文，厦门大学，2019。

（三）将演艺项目打造成宣传文旅融合创新的名片，提升消费吸引力与附加值

福建省通过品牌塑造推动演艺活动与旅游营销相结合，提升了游客的文化认同感和体验感。如地方政府和演出企业协力打造实景演出活动、海峡两岸民俗文化节等演出项目，展示了福建省深厚的历史文化底蕴和优美的自然风光，提升了福建省演艺活动的知名度和影响力，同时吸引了大量国内外游客前来体验。福建省通过将演艺项目打造成宣传文旅融合创新的名片，带来了持续的游客流量与经济效益，也有效彰显了地方文化的影响力，为文旅产业的可持续发展奠定了坚实的基础。

三　演出经济带动福建省文旅消费
典型案例剖析

（一）实景演出对文旅消费的带动作用：武夷山《印象大红袍》案例

1. 概况

《印象大红袍》是一场以武夷山的自然山水为背景、以茶文化为主题的大型山水实景演出。《印象大红袍》展示了茶史、制茶工艺，通过展示茶文化倡导生活节奏张弛有度、生活方式健康有序、生活态度积极乐观，契合武夷山茶道茶韵。[①] 自 2010 年 3 月 29 日全球公演以来，《印象大红袍》已成为武夷山的独特文化品牌。

2. 影响机制

武夷山《印象大红袍》山水实景演出作为一项重要的文化旅游项目，对当地文旅消费产生了深远影响，以下是从驱动机制、影响过程以及带动效应三个方面进行的详细分析（见图1）。

---

① 卢玉平：《〈印象大红袍〉中武夷山茶文化元素开发现状探究》，《安徽科技学院学报》2016
　年第 1 期，第 88~93 页。

福建蓝皮书

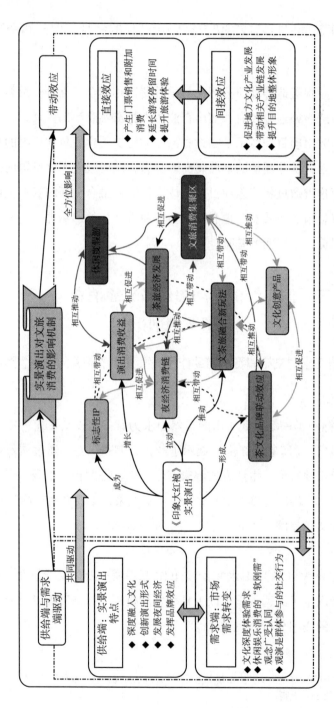

图1 实景演出对文旅消费的影响机制

第一，促进武夷山夜间经济发展，加快夜间文旅消费集聚区建设。《印象大红袍》通过演艺品牌化，拥有了强大的市场吸引力，为游客带来独特的夜间文娱活动。《印象大红袍》凭借其品牌形象，能够最大化利用当地的文化资源和旅游资源，成为游客了解武夷山的重要途径。自演出以来，已成为广受游客欢迎的夜间文化娱乐活动，剧场周边的民宿、夜市、夜宵摊点等人气高涨，夜间文旅消费集聚区建设步伐得以加快。

第二，激发茶文化品牌联动效应，带动当地茶旅经济发展。《印象大红袍》作为以茶为主题的实景演出，有效激发了武夷山茶文化品牌的联动效应，促进了茶旅经济的稳定发展。演出通过视觉和叙事手段，让游客深入了解武夷山的茶叶种植和制作工艺，激发了游客对大红袍茶的兴趣。游客在观看演出后，往往会参与茶园的参观和体验活动，提升了他们对茶文化的认同和购买意愿。此外，演出通过营销活动和品牌衍生产品，如文化创意影像制品、饮料、服饰等，提升了武夷山茶叶品牌的知名度，推动了文旅消费。

第三，推动传统观光游向休闲度假游转变，文旅消费动能持续释放。武夷山通过加强旅游基础设施建设、创新旅游产品、改善服务和出台奖励政策等措施，发挥演出的综合效应，促进文旅消费水平的持续提升。开发了云清美食城、极地海洋公园、武夷水秀等项目，完善了旅游服务链。《印象大红袍》的演出延长了游客的停留时间，同时，通过推出夜游、生态游、文化游等多样化旅游产品，丰富了游客的旅游体验。

（二）民俗演出对文旅消费的带动作用：厦门《闽南神韵》案例

1. 概况

厦门《闽南神韵》是一种结合了传统戏剧、音乐、舞蹈和杂技等多种艺术形式的剧院类文化旅游演艺产品，融合了海洋文化和闽南文化的精华，运用了多种先进的声光互动技术，呈现完美的舞台效果，展现了闽南文化的历史渊源、风情诗画和精神面貌，吸引了大量国内外游客。[①]

---

① 刘桂茹：《〈闽南神韵〉的文化创意及产业化运作》，《福建艺术》2013 年第 4 期。

2. 影响机制

《闽南神韵》作为以闽台文化为主题的大型旅游文化演出，是综合性的剧院类文化旅游演艺产品，其对旅游目的地文旅消费产生多方面的影响，以下是驱动要素、中介作用以及带动效应三个方面的详细分析（见图2）。

第一，积极接洽国际商业演出，促进文化的交流和互鉴。《闽南神韵》通过积极接洽国际性商业演出，实现了收入增长，推动了文化的交流与互鉴。通过参加国际文化节和艺术节，《闽南神韵》被推广到世界各地，向全世界的观众展示闽南文化的独特魅力，吸引了大量观众，提升了闽南文化的国际知名度，并且通过门票销售和文创产品销售，实现了经济收益的显著增长。

第二，设计和推广特色旅游线路，实现"文化+旅游"套餐式消费。《闽南神韵》通过结合文化和旅游资源，设计和推广特色旅游线路，实现了"文化+滨海旅游"的套餐式消费，延长了游客停留时间，提高了住宿、餐饮、购物、邮轮交通等综合消费水平。"闽南神韵+鼓浪屿文化/南普陀寺禅修之旅"通过旅游网站、社交媒体和旅行社进行多渠道推广。与禅修中心、文化团体合作，推出禅修与文化体验相结合的旅游套餐，实现综合性文旅消费。

第三，汲取当地资源，形成文旅品牌，实现文旅深度融合，激发当地消费市场活力。《闽南神韵》通过整合文化与旅游资源，提升了游客体验，刺激了旅游综合性消费。[①]《闽南神韵》及其他演出活动，展示了闽南文化的独特魅力，同时拓展了业务范围，增强了市场竞争力。将《闽南神韵》作为主打品牌，辅之以"非物质文化遗产木偶大观园"，并以"闽南乡韵"和"鼓浪神韵"为外演品牌，多方位的运作方式使闽南文化得以传承。

（三）大型演唱会对文旅消费的带动作用：晋江演唱会案例

1. 概况

晋江能够承办万人室内演唱会，得益于其丰富的场馆资源。2023年晋江

---

① 唐黎：《闽南文化与旅游产业融合动力机制及对策研究——以〈闽南神韵〉剧院类文化旅游演艺产品为例》，《中南林业科技大学学报》（社会科学版）2017年第5期。

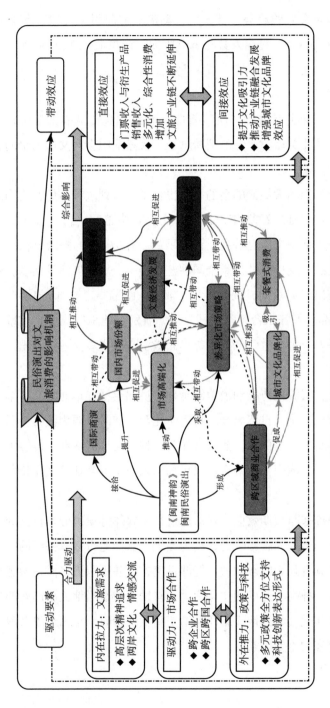

图 2 民俗演出对文旅消费的影响机制

演出市场呈现繁荣发展的趋势，已成为拉动消费的新引擎。2023年晋江成功举办6场大型演唱会，观演人数达62091人，门票收入为5556.58万元，共拉动晋江住宿、餐饮、娱乐等消费1.35亿元。

2.影响机制

晋江大型演唱会主要通过"明星效应"和媒体宣传吸引大量观众，带动门票销售收入及相关旅游服务的消费增长。大型演唱会对文旅消费的影响机制如图3所示。

第一，政府为推动大型演唱会的举办出台了一系列政策措施，为当地的文旅产业发展奠定基础。2023年，福建省文化和旅游厅出台《关于进一步释放旅游消费潜力促进文旅经济高质量发展的工作方案》，提出要积极发展旅游演艺等新业态，支持举办各类全国性艺术赛事、展览展演等活动，引导旅游企业结合演出展览活动，策划推出"演出+旅游""展览+旅游""赛事+旅游"等产品。晋江出台各类利好政策，鼓励企业承接或引入大型演唱会，鼓励演出举办单位通过降低票价等形式吸引观众观看营业性演出，扩大演出市场规模。

第二，以文旅资源优势推动消费链延伸。演唱会举办地通常具有丰富的文旅资源，如历史遗迹、自然风光、特色文化等，旅游资源为演唱会后的文旅消费提供了丰富的产品供给。演唱会作为一种文化体验活动，能够引起观众的情感共鸣。通过演唱会，游客可以更加深入地了解当地的文化特色和风土人情。

第三，口碑传播与长期效应。观众通过社交媒体等渠道分享自己的观演体验，增强了演唱会的品牌影响力，也为当地文旅产业带来了持续的客源和收入。口碑传播具有强大的影响力，能够迅速扩散并吸引更多潜在游客的关注。演唱会作为一种高曝光度的文化活动，有助于塑造当地文旅产业的品牌形象。当观众对演唱会和当地文旅产品给予高度评价时，正面形象会深入人心，成为吸引游客的重要因素。

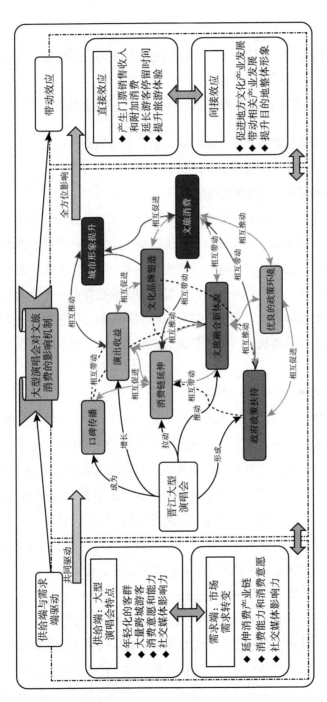

图 3　大型演唱会对文旅消费的影响机制

四　演出经济带动福建省文旅消费持续发展的对策建议

（一）演出经济带动福建省文旅消费水平提升的建议

以演出经济带动福建省文旅经济发展，扩大市场规模与八闽文化在全国的影响力，可以从以下几个方面着手。

1. 文化资源的深入挖掘与创新性融合

为充分挖掘和利用福建省深厚的文化底蕴，推动文化资源的转化与创新发展，建议成立专项工作组，让其承担系统搜集、整理和研究福建省丰富文化遗产和地方特色文化资源的任务，旨在构建一个地方文化艺术资源库。通过深入挖掘文化资源并进行创新性融合，福建省能够在保护和传承优秀传统文化的同时，不断推陈出新，创作出既有深厚文化底蕴又符合现代审美的演艺作品，满足观众日益增长的文化消费需求，推动地方文化在新时代焕发新的生命力。

2. 演艺产品质量与多样性的全面提升

福建省应支持地方剧院和艺术团体的发展壮大。通过提供必要的财政资助、政策倾斜和专业指导，激励这些地方剧院和艺术团体创作出更多具有鲜明地方特色的剧目。此外，与国内外知名演艺制作公司和艺术家展开合作，拓宽本地艺术家的国际视野，推动本地演艺产品"走出去"。通过采取这些措施，福建省的演艺产品能够在保持本土文化特色的同时，吸收其他民族文化的精华，创作出既具有地方特色又具有较高国际水准的高质量演艺作品，满足不同观众群体的需求，推动演艺市场的繁荣和多元化发展。

3. 品牌建设与市场营销策略的多元化

首先，通过制定长期的品牌战略，塑造具有独特魅力的文化品牌。其次，运用大数据和分析工具洞察消费者行为，为精准营销提供决策支持。通过分析消费者的偏好、习惯和反馈，能够实现更加个性化和有针对性的营销推广，提高营销活动的效率和效果。最后，通过举办演艺节、文化市集等活动，不仅能够提高演艺产品的曝光度，还能为观众提供亲身参与和体验的机会。总之，多元化的品牌建设和市场营销策略，结合故事营销、数据分析和文化活动的举办，能够为福建省演艺产品的推广和发展提供强有力的支撑。

（二）福建省演出经济促进文旅消费的措施

面对演出经济带来的新机遇，城市应急管理与服务部门需采取一系列适应性措施，以有效应对各种新挑战。

1. 增强风险评估与管理能力

首先，建议组建一个专门的风险管理小组，该小组由多领域专家组成，负责对演艺活动进行全面的风险评估，包括安全风险、交通拥堵、公共秩序等方面。在此基础上，制定详尽的应急预案，其中包含突发事件的快速响应流程、资源调配方案和恢复计划，确保在紧急情况下能够迅速有效地采取措施。其次，通过定期组织风险管理培训和应急演练，提高相关人员的专业能力和应对突发事件的能力。这些培训和演练有助于检验预案的有效性，同时加强跨部门之间的协作和沟通，确保在紧急情况下能够快速响应。通过采取这些综合性措施，福建省为演艺经济的健康发展提供坚实的安全保障，最大限度地减少潜在风险对演出活动和参与者的影响。

2. 提升公共安全与服务水平

首先，加强基础设施建设，包括在演艺活动场所周边增设监控设备，以实时监控活动情况。同时，明确疏散路线和安全出口，并设置清晰的指示标识，以便在紧急情况下快速引导观众撤离。其次，活动现场需部署充足的专业安保人员和志愿者，负责维护秩序、引导观众有序进出，并在必要时提供紧急疏散指导。这些人员将作为现场安全管理的重要力量，确保观众遵守安全规则，防止拥挤和混乱。医疗急救服务同样至关重要，需要在演艺活动现场设置急救站点，并配备必要的医疗设备，如自动体外除颤器、担架、急救药品等。通过采取这些措施，可显著提高演艺活动的公共安全水平，为观众创造一个安全、有序的观演环境，避免安全事故的发生，提高观众的安全感和满意度。

3. 优化交通组织与疏导策略

首先，与交通管理部门紧密合作，提前规划并制定详尽的交通管制和疏导方案。包括为大型活动设置专用公交车道，以便快速运输大量观众；划定临时停车区域，减轻主要道路上的停车压力；以及设置清晰的交通指示标识，引导车辆和行人有序流动。其次，利用智能交通系统和移动应用，实现对交通状况的实时监控，及时向公众更新交通信息，提供出行建议，如提供最佳路线、出行方式和停车场。技术的应用不仅提高了信息传递的效率，也增强了公众对交通状况的认识，鼓励他们选择乘坐公共交通工具，减少私家车的使用，从而有效缓解交通拥堵问题。在活动举行的高峰时段，特别是开始前和结束后，增加公共交通的班次和运力，如增加公交车、地铁和出租车的数量，延长营运时间，确保观众能够快速且安全地到达和离开演艺现场。同时，为特殊需求群体如老年人、儿童和残疾人提供便利的交通服务，确保他们也能享受到便捷的交通服务。通过采取这些综合措施，福建省提升了大型演艺活动期间的交通组织与疏导能力，缓解了交通拥堵问题，提高了观众的出行体验，确保演出活动顺利进行。

权威报告·连续出版·独家资源

皮书数据库
ANNUAL REPORT(YEARBOOK)
DATABASE

分析解读当下中国发展变迁的高端智库平台

所获荣誉

- 2022年，入选技术赋能"新闻+"推荐案例
- 2020年，入选全国新闻出版深度融合发展创新案例
- 2019年，入选国家新闻出版署数字出版精品遴选推荐计划
- 2016年，入选"十三五"国家重点电子出版物出版规划骨干工程
- 2013年，荣获"中国出版政府奖·网络出版物奖"提名奖

皮书数据库　　"社科数托邦"
　　　　　　　微信公众号

成为用户

　　登录网址www.pishu.com.cn访问皮书数据库网站或下载皮书数据库APP，通过手机号码验证或邮箱验证即可成为皮书数据库用户。

用户福利

- 已注册用户购书后可免费获赠100元皮书数据库充值卡。刮开充值卡涂层获取充值密码，登录并进入"会员中心"—"在线充值"—"充值卡充值"，充值成功即可购买和查看数据库内容。
- 用户福利最终解释权归社会科学文献出版社所有。

数据库服务热线：010-59367265
数据库服务QQ：2475522410
数据库服务邮箱：database@ssap.cn
图书销售热线：010-59367070/7028
图书服务QQ：1265056568
图书服务邮箱：duzhe@ssap.cn

社会科学文献出版社　皮书系列
SOCIAL SCIENCES ACADEMIC PRESS (CHINA)

卡号：566696763933
密码：

S 基本子库
SUB DATABASE

中国社会发展数据库（下设 12 个专题子库）

紧扣人口、政治、外交、法律、教育、医疗卫生、资源环境等 12 个社会发展领域的前沿和热点，全面整合专业著作、智库报告、学术资讯、调研数据等类型资源，帮助用户追踪中国社会发展动态、研究社会发展战略与政策、了解社会热点问题、分析社会发展趋势。

中国经济发展数据库（下设 12 专题子库）

内容涵盖宏观经济、产业经济、工业经济、农业经济、财政金融、房地产经济、城市经济、商业贸易等 12 个重点经济领域，为把握经济运行态势、洞察经济发展规律、研判经济发展趋势、进行经济调控决策提供参考和依据。

中国行业发展数据库（下设 17 个专题子库）

以中国国民经济行业分类为依据，覆盖金融业、旅游业、交通运输业、能源矿产业、制造业等 100 多个行业，跟踪分析国民经济相关行业市场运行状况和政策导向，汇集行业发展前沿资讯，为投资、从业及各种经济决策提供理论支撑和实践指导。

中国区域发展数据库（下设 4 个专题子库）

对中国特定区域内的经济、社会、文化等领域现状与发展情况进行深度分析和预测，涉及省级行政区、城市群、城市、农村等不同维度，研究层级至县及县以下行政区，为学者研究地方经济社会宏观态势、经验模式、发展案例提供支撑，为地方政府决策提供参考。

中国文化传媒数据库（下设 18 个专题子库）

内容覆盖文化产业、新闻传播、电影娱乐、文学艺术、群众文化、图书情报等 18 个重点研究领域，聚焦文化传媒领域发展前沿、热点话题、行业实践，服务用户的教学科研、文化投资、企业规划等需要。

世界经济与国际关系数据库（下设 6 个专题子库）

整合世界经济、国际政治、世界文化与科技、全球性问题、国际组织与国际法、区域研究 6 大领域研究成果，对世界经济形势、国际形势进行连续性深度分析，对年度热点问题进行专题解读，为研判全球发展趋势提供事实和数据支持。

法律声明

"皮书系列"（含蓝皮书、绿皮书、黄皮书）之品牌由社会科学文献出版社最早使用并持续至今，现已被中国图书行业所熟知。"皮书系列"的相关商标已在国家商标管理部门商标局注册，包括但不限于LOGO（ ）、皮书、Pishu、经济蓝皮书、社会蓝皮书等。"皮书系列"图书的注册商标专用权及封面设计、版式设计的著作权均为社会科学文献出版社所有。未经社会科学文献出版社书面授权许可，任何使用与"皮书系列"图书注册商标、封面设计、版式设计相同或者近似的文字、图形或其组合的行为均系侵权行为。

经作者授权，本书的专有出版权及信息网络传播权等为社会科学文献出版社享有。未经社会科学文献出版社书面授权许可，任何就本书内容的复制、发行或以数字形式进行网络传播的行为均系侵权行为。

社会科学文献出版社将通过法律途径追究上述侵权行为的法律责任，维护自身合法权益。

欢迎社会各界人士对侵犯社会科学文献出版社上述权利的侵权行为进行举报。电话：010-59367121，电子邮箱：fawubu@ssap.cn。

社会科学文献出版社